本书出版得到
广东省东方历史研究基金会
资　助

东方历史学术文库

清代人丁研究

"REN-DING"
IN THE QING DYNASTY

薛理禹 ◇ 著

社会科学文献出版社
SOCIAL SCIENCES ACADEMIC PRESS (CHINA)

《东方历史学术文库》
改版弁言

从 1998 年起，文库改由社会科学文献出版社出版。

设立文库的初衷，"出版前言"都讲了，这是历史记录，改版后仍保留，这也表明改版并不改变初衷，而且要不断改进，做得更好。

1994 年，面对学术著作出书难，由于中国社会科学出版社的毅然支持，文库得以顺利面世，迄 1997 年，已出版专著 25 部。1998 年，当资助文库的东方历史研究出版基金面临调息困难时，社会科学文献出版社又慨然接过接力棒，并于当年又出了改版后专著 6 部。5 年草创，文库在史学园地立了起来，应征书稿逐年增多，质量总体在提高，读者面日益扩大，听到了肯定的声音，这些得来不易，是要诚挚感谢大家的；而需要格外关注的是，我们的工作还有许多缺点、不足和遗憾，必须认真不断加以改进。

如何改进？把这几年想的集中到一点，就是要全力以赴出精品。

文库创立伊始就定下资助出版的专著，无例外要作者提供完成的书稿，由专家推荐，采取匿名审稿，经编委初审、评委终审并无记名投票通过，从制度上保证选优原则；评委们对专家推荐的书稿，是既充分尊重又认真评选，主张"宁肯少些，但要好些"；前后两家出版社也都希望出的是一套好书。这些证明，从主观上大家都要求出精品。从客观来说，有限的资助只能用在刀刃上；而读者对文库的要求更是在不断提高，这些也要求非出精品不可。总之，只有出精品才能永葆文库的活力。

出精品，作者提供好书稿是基础。如"出版前言"所指出的，开辟研究的新领域、采用科学的研究新方法、提出新的学术见解，持之有故，言之成理，达到或基本达到这些条件的，都是好书。当然，取法乎上，希望"上不封顶"；自然，也要合格有"底"，初步设想相当于经过进一步研究、修改的优秀博士论文的水平，是合格的"底"。有了好书稿、合格的书稿，还需推荐专家和评委的慧眼，推荐和评审都要出以推进学术的公心，以公平竞争为准则。最后，还要精心做好编辑、校对、设计、印装等每一道工序，不然也会功亏一篑。

5周岁，在文库成长路上，还只是起步阶段，前面的路还长，需要的是有足够耐力的远行者。

《东方历史学术文库》编辑委员会
1998 年 9 月

《东方历史学术文库》
出版前言

　　在当前改革大潮中，我国经济发展迅猛，人民生活有较大提高，思想观念随之逐步改变，全国热气腾腾，呈现出一派勃勃生机，举国公认，世界瞩目。社会主义市场经济在发展而尚待完善的过程中，不可避免地也会产生一定的负面效应，那就是在社会各个角落弥漫着"利之所在，虽千仞之山，无所不止；深渊之下，无所不入"的浊流。出版界也难遗世而独立、不受影响，突出表现为迎合市民心理的读物汗牛充栋，而高品位的学术著作，由于印数少、赔本多，则寥若晨星。尚无一定知名度的中青年学者，往往求出书而无门，感受尤深。这种情况虽然不会永远如此，但已使莘莘学子扼腕叹息。

　　历史科学的责任，是研究过去，总结经验，探索规律，指导现实。我国历来有重视历史的传统，中华民族立于世界之林数千年者，与此关系匪浅。中国是东方大国，探索东方社会本身的发展规律，能更加直接为当前建设有中国特色的社会主义所借鉴。

　　新中国成立以来，国家对历史学科十分关心，但限于财力尚未充裕，资助项目难以面面俱到。我们是一群有志于东方史研究的中青年学人，有鉴于此，几年前自筹资金设立了一个民间研究机构，现为中国史学会东方历史研究中心。创业伊始，主要是切磋研究。但感到自己研究能力毕竟有限，于是决定利用自筹资金设立"东方历史研究出版基金"，资助有关东方历史的优秀研究成果出版。凡入选的著作，均以《东方历史学术文库》作为丛书的总名。

我们这一举措，得到了老一辈史学家的鼓励、中青年同行的关注。胡绳同志为基金题词，在京的多位著名史学专家慨然应邀组成学术评审委员会，复蒙中国社会科学出版社允承出版，全国不少中青年学者纷纷应征，投赐稿件。来稿不乏佳作——或是开辟了新的研究领域；或在深度和广度上超过同类著作；或采用了新的研究方法；或提出了新的学术见解，皆持之有故，言之成理。百花齐放，绚丽多彩。这些给了我们巨大的鼓舞，也增强了我们办好此事的信心。

资助出版每年评选一次。凡提出申请的著作，首先需专家书面推荐，再经编辑委员会初审筛选，最后由学术评审委员会评审论证，投票通过。但由于基金为数有限，目前每年仅能资助若干种著作的出版，致使有些佳著不能入选，这是一大遗憾，也是我们歉疚的。

大厦之成，非一木能擎。史学的繁荣，出版的困难，远非我们这点绵薄之力能解决其万一。我们此举，意在抛砖引玉，期望海内外企业界，或给予我们财务支持，使我们得以扩大资助的数量；或另创学术著作基金，为共同繁荣历史学而努力。

《东方历史学术文库》编辑委员会

1994 年 9 月

目　　录

Contents

第一章
绪　论

一　相关研究回顾

有关清代的"人丁"（有时也称"丁口"，亦简称"丁"）和"丁银"（亦称"丁徭银"、"徭里银"），以往相关研究很多，大体可分为以下方面。

（一）对清代"人丁"实质的看法

关于人丁的实质含义，学术界主要有以下几种看法。

一是认为清代官方册籍中的"人丁"正如该词的本义，指的是能承担赋役的青壮年男子。由于清代前期朝廷只统计丁数（即"户口人丁"数），而不计人口数，基于这样的认识，自然要根据史籍中历年的丁数来估算清前期全国的人口数。萧一山先生在其《清代通史》中指出清初"布政编制黄册，民年六十以上者开除，十六以上者增注，别其籍丁，总其成数。"[①]萧先生根据史料中的丁口数，推断出"大抵自康熙九年至三十九年，户数增殖，不过百分之五；其后雍正八年，增加率稍大，然亦未尝超过百分之二五也。"[②] 20 世纪 80 年代初马小鹤先生提出："清代前期从 16 岁起算成丁，并且有所隐漏，我们估计成丁占 20% 左右。即总人口约是成

---

① 萧一山：《清代通史》（卷中），中华书局，1986，第 480 页。
② 萧一山：《清代通史》（卷中），第 482 页。

丁的 5 倍。"① 稍后郭松义先生指出："在我国封建社会中，丁与口是有明确界线的。《大清会典》载，'凡民，男曰丁，女曰口，未成丁亦曰口。'所谓未成丁，即指男年十六以下者。此外，六十以上男丁，属于衰老，不能承担丁役，也不在编丁之例。因此，按丁编审户口，实际上只指十六以上、六十以下的一部分男子丁壮而言。"郭先生通过对数十个府州县的统计，以各省的平均每丁带口数为基础，然后稍作调整，"把当时丁口的比例，大致定为 1∶4"。郭先生同时指出，这一人口统计"只能说反映了当时政府册籍上的人口数。在我国的封建社会中，长期以来，户口统计是与赋役联系在一起的。历代统治者重视户籍编审，并使今天还能够保存大量的户籍统计资料，正与此有关。但是，也由于这个原因，使得政府册籍中的户口统计与实在户口数，总是存在着一定的差距。一般说来，统计数要少于实在数"。② 吴慧先生亦赞同"人丁、丁口都是指十六岁以上（包括十六岁）至五十九岁的男子"的观点，在估算出不同时段人丁增长率和人丁隐漏率的基础上（如推断清初"丁占总人口的比重约为 30%"），根据丁数还原口数。③ 王跃生先生则认为"18 世纪前期的人丁数字只包括 16～59 岁之间的男子"，并推算得出"18 世纪初期和中期的清代的丁口比平均为 1∶2.35"，借此推断 18 世纪初期清代的人口数量。④ 耿占军先生对清代陕西人口统计中存在的折丁问题进行了分析，认为清代前期文献记载中陕西的人丁数并非实际人丁数，而是经过折算的下下人丁数，并提出了下下人丁数与实际人口数之比值。⑤

---

① 马小鹤：《清代前期人口数字勘误》，《复旦学报（社会科学版）》1980 年第 1 期，第 78～82 页。

② 郭松义：《清初人口统计中的一些问题》，中国人民大学清史研究所编《清史研究集》第 2 辑，中国人民大学出版社，1982，第 66～87 页。

③ 吴慧：《清代人口的计量问题》，《中国社会经济史研究》1988 年第 1 期，第 46～52 页。

④ 王跃生：《十八世纪初期中国的人丁数量与人口数量变动研究》，《中国人口科学》1996 年第 6 期，第 17～25 页。

⑤ 耿占军：《试析清代陕西的折丁、折田问题》，《中国农史》2000 年第 1 期，第 67～71 页。

一是认为"人丁"与"承担赋役的青壮年男子"本义脱钩,实质是当时的赋税单位,基于这一点,不能通过丁数还原当时口数。何炳棣先生在 20 世纪 50 年代于海外首先提出这一观点,他通过研究 17 世纪初期长江下游七县由地或丁负担的代役钱的确切比例,指出早在明代,"当地和丁负担的代役费的比例成为惯例后,不管实际人口中的丁男有何变化,丁额也多少固定不变……在南方某些特殊地区,官方的丁数与成年男性人口已经毫不相干,因为进入 16 世纪之前丁税已完全转由土地征收"。而在北方各省,"山西有些地区丁税高达每丁四五两,甘肃有的县更高至八九两以上,与其他大多数省份大致每丁一两的水平相比,恰恰证明了这些地区并不是每户派一丁的。明末清初山西及甘肃部分地区丁税都是由富商户交纳的,而不是或多或少根据户数摊派的。甚至在丁税比地税重要得多的山西省,有的县从 17 世纪中叶以后已将二者完全合并。另一方面,淮河流域既无富商,又少良田,地方官急于科敛,因而丁数大大超过户数,甚至有一个万户的县摊派的丁多达三万的例子。所以即使在北方,用官方的丁数作为实际户数的指标是十分危险的"。"清朝定下的原丁额并不代表真正的成年男子人口","在此后五年一度的丁口编审总数自然也并不反映清初人口增长的实际……一些地方官无疑企图增加他们辖地的丁额,尤其当朝廷将扩大丁额作为升迁的理由。但出于习惯和传统道德的支持,公众对这种举措的抵制相当强烈。当地丁口上报数的增加一般都并不能反映当地人口增加的实际状况。根据当地人口的多寡和贫富程度每次上报三四百或一二百这样微小的增加,已经成为地方官的惯例"。清代前期"在全国绝大多数的县里,丁已经与成年男子人口相脱离了……这一时期的丁统计数既不是人口数,也不是户数或纳税的成年男子数,而只不过是赋税单位。"①

在国内,从 20 世纪 80 年代开始,许多学者提出或赞同人丁

---

① 何炳棣:《明初以降人口及其相关问题:1368~1953》,葛剑雄译,三联书店,2000,第 34~41 页。

"赋税单位"的观点。高王凌先生 1983 年撰文指出:"清代编审并不是意在统计全部人丁,也不可能计入全部人丁;它的着眼点,实际上并非是人丁数目之准确与否,而是一种赋额的确定,与赋税负担的如何分配……用人丁编审数字推算清初各时期的中国人口,确实是很不可靠的一种方法。"① 稍后,陈锋先生提出: "清初所谓的'丁',已经不是单纯意义上的十六至六十岁的男丁,'丁'的含义,呈现出多样性与复杂性。编审在册的丁额,并不代表十六至六十岁的实际男丁人数,而是承纳丁银的人丁定额。"② 潘喆、陈桦二先生合作《论清代的人丁》一文中写道:"清政府编审和统计的人丁,并不是实际的人头,仅只是赋税的单位和尺度,是不能赖以推求人口的。"③ 姜涛先生在借鉴、赞同何炳棣观点的同时,借助现代法学中有关"法人"的概念阐明人丁的实质:"对于编审人丁,完全可以借助现代法学中有关'法人'的概念加以理解。即应将编审人丁理解成是一种纳税法人。编审人丁的统计实质上是纳税法人而不是自然人人数的统计。由于它的总数往往是预定的,所以区别于正常的人口统计;又由于它必须转化为具体的人户姓名,即落实到具体的人户,所以又不是丁赋本身。"④ 曹树基先生赞同何炳棣的观点,引用大量史料,论证"从省级的数据看,有相当一部分的省是以货币来作为'丁'的计算单位的……清代浙江、江南、湖北、四川、广西、福建和山东的人丁都是以折钞或粮食的形式出现的纳税单位。在这七个省份中,人丁不是人口,而是一个货币化的税额或应交纳的粮食额。这不仅是'原额',而且包括康熙年间新增的'丁额'……广东、河南二省的情况也与此同。""四川的情况与其他六省稍有差异,明代末

---

① 高王凌:《清代初期的人口数量和人口控制》,载氏著《政府作用和角色问题的历史考察》,海洋出版社,2002,第 77 ~ 111 页。
② 陈锋:《也谈清初的人丁统计问题》,《平准学刊》第 5 辑下,光明日报出版社,1989,第 270 ~ 281 页。
③ 潘喆、陈桦:《论清代的人丁》,《中国经济史研究》1987 年第 1 期,第95 ~ 110 页。
④ 姜涛:《中国近代人口史》,浙江人民出版社,1993,第 19 ~ 20 页。

年成都府的原额人丁，是以粮食'斗'的单位出现的。至清代，'斗'变成了'钞'。"即使有某些例外情况，"但却不能推翻何炳棣关于清代前期的中国的'丁'与人口无关，而是'纳税单位'的论断。"①据此结论，曹先生认为丁的实质是"应该结束的讨论"。

上述两种观点分歧较大，而"赋税单位说"自何炳棣先生的著作在国内翻译出版后，在学术界有着较大的影响。近年来亦有学者主张清代的"人丁"兼有"青壮年男子"和"赋税单位"两种含义。代表者陈桦先生指出："作为社会成员中的特殊群体，人丁具有社会的与自然的双重属性。作为封建社会赋役的承担者，体现了人丁的社会属性，而从人口及生理的角度讲，人丁又具有自然人的属性……尽管清朝中央政府仍然从传统的意义上理解并界定人丁的概念，坚持和反复重申确定人丁的正统原则，但是各地不仅没有与中央保持一致，而且相互之间在人丁的界定方面，也存在着很大的歧异。不同的地区，对人丁概念有着不同的认识和解读。"②

为什么针对同样一个研究客体，学者却众说纷纭，观点各异？从清史的研究总体来看，研究资料的片面，往往不可避免地导致研究结论的片面。就清代人丁问题而言，无论是持"青壮年男子"说，还是持"赋税单位"说的研究者，其研究大都未能利用现存的大量清代原始档案，如编审题本、黄册、赋役全书等。部分学者对于人丁编审制度上的研究，史料依据集中于《清会典》、《清文献通考》、《清经世文编》等政书典籍和文集汇编等，视角集中在国家制度的层面上，往往仅侧重关注"立法"范畴，而忽视各地官府具体的"执法"和民众"守法"情况，未能注意到不同历史时期、不同地域、不同语境下"人丁"实际含义上的迥然差异。还有的学者虽然发现了某些地域、语境的"人丁"概念上与本义存在的差别，例如载籍

---

① 葛剑雄主编，曹树基著《中国人口史》第 5 卷（清时期），复旦大学出版社，2001，第 56 ~ 58 页。

② 陈桦：《语言与历史：清代"人丁"概念的异变》，《清史研究》2006 年第 4 期，第 87 ~ 93 页。

丁数中出现了"分厘毫丝"一类的地亩单位或钱粮单位，然而其所用史料中既缺少《赋役全书》等样本量大、内容翔实、时段划一的地方原始资料，亦缺乏题本、奏折等反映人丁编审运作实况的中央原始资料，而是集中依靠各类地方志的记载，采用枚举法说明问题。由于不同时段、不同地域编纂的方志在数量上多寡不一详略不均，质量上良莠不齐，用地方志作为研究各地人丁编审、丁银征收的核心史料，难免影响结论的普遍性、准确性。而事实上，除了因编审体系迥异，研究民丁者均未涉及的清代八旗人丁由于不承担丁银，而与赋税单位无关外，根据档案等史料，在一定的历史时期内的某些地域、某些语境之下，汉民"人丁"同样并非赋税单位。这一点不仅体现在对"人丁"实质的把握上，也体现在人丁研究的其他方面。

（二）明代的人丁和丁银

清代的人丁编审和丁银征收制度，是清廷入关后在明代相关制度的基础上加以改革形成的。清代的人丁编审和丁银征收制度，是对明代的继承和发展。因此，要厘清清代人丁的来龙去脉，就必须探究明代相关制度的源流。明代赋役制度的发展改革，尤其是"一条鞭法"的形成，是明史学者关注的热点之一，梁方仲、黄仁宇、樊树志、唐文基诸先生对此都有深入的研究，即以江西而论，该省是较早推行差役折银雇募和一条鞭法的区域，张伟保先生系统整理了该省在明一代赋役制度的发展脉络，这些著述中都或多或少地牵涉徭役向丁银的转化。① 然而迄今为止，对于明代的人丁编审以及丁银征收制度的形成发展，专门的研究著述尚不多见。仅袁良义先

---

① 梁方仲：《一条鞭法》，刘志伟编《梁方仲文集》，中山大学出版社，2004，第1～49页。黄仁宇：《十六世纪明代中国之财政税收》，阿风等译，三联书店，2001，第109～176页。樊树志：《一条鞭法的由来与发展——试论役法变革》，中国社会科学院历史研究所明史研究室编《明史研究论丛》第1辑，江苏人民出版社，1982，第124～151页。唐文基：《明代赋役制度史》，中国社会科学出版社，1991，第111～328页。张伟保：《明代江西役法之改革》，《新亚学报》第21卷，2001，第217～260页。

生阐述了明代丁银的源头，"丁银起源于明初，或出自户口食盐钞，或出自丁米，或出自计口算绵，以户口食盐钞较为普遍……明中期后，差徭日繁，丁银在其影响下，又开始具有差役的性质。"① 明代人丁研究的欠缺，势必影响到对清代前期人丁的总体把握，因此有必要加以研究和梳理。明代政书典章、实录、时人文集和地方志中的相关记载，尤其是辗转留存的嘉靖《江西赋役纪》、万历《江西赋役全书》等一系列原始赋役资料，是能够支持相关工作的。

（三）清代人丁编审制度的建立与"原额人丁"

顺治年间，清军入关伊始，继承明代旧制编审人丁，征收丁银；同时，对以往各地杂乱不一的编审旧例加以整顿规范，逐步着手建立统一规范的人丁编审制度，影响深远。对清初人丁编审制度确立过程的研究，陈桦先生成果最为卓著。② 陈先生搜集、查阅了大量的清初题本等原始资料，指出了一些《清会典》等典籍上与实不符的记载，清晰梳理了清初人丁编审制度的建立、发展脉络。③ 美中不足的是，陈先生对各地具体的实施情况研究相对较少，未能将中央的"立法"与地方的"执法"有机结合起来。而其他学者则通过研究各地"原额人丁"，探究清初人丁编审的建立情况。

---

① 袁良义：《清一条鞭法》，北京大学出版社，1995，第 355 ~ 359 页。
② 陈桦：《清顺治十三年前编审人丁年限考》，《清史研究通讯》1984 年第 3 期，第 6 ~ 9 页。陈桦：《清代人丁编审初探》，中国人民大学清史研究所编《清史研究集》第 6 辑，光明日报出版社，1988，第 169 ~ 194 页。陈桦：《清代户口统计制度的演变》，中国人民大学清史研究所编《清史研究集》第 7 辑，光明日报出版社，1990，第 1 ~ 25 页。
③ 例如康熙《大清会典》卷二三《户部·户口·编审直省人丁》记载："（顺治）五年题准，三年一次编审，责成州县印官，察照旧例造册，年六十以上开除，十六以上添注。"（《大清五朝会典》第 1 册上，线装书局，2006 年影印本，第 265 页）而陈桦先生考证认为："顺治五年，清政府确实曾颁令全国照明代'旧例'编审人户，但鉴于当时的社会状况，并未就以后编审的确切年限做出具体规定。直至顺治十一年，也只依明代各地'旧例'，或三年举行一次，或五年举行一次，十三年才明定五年一次。"参见陈桦《清顺治十三年前编审人丁年限考》。

研究清代前期的人口，很难绕过"原额人丁"这一术语。无论是清代的赋役全书，还是各地通志、府州县志，在介绍本朝人口情况时一般首先要写明"原额人丁"或"原额户口人丁"的数量。那么，原额人丁的确切含义究竟如何？弄清这一问题至关重要，但也确实颇为复杂，故迄今尚无定论。

晚清曾任职于户部的王庆云说："顺治三年诏定《赋役全书》，悉复万历间原额。"① 20 世纪 70 年代末，学者彭云鹤、李华等先生亦指出，由于明末中央政府的土地、户口册籍毁于战火，清顺治年间制订《赋役全书》时，以万历年间的赋役额为根据。② 然而，无论是王庆云，还是彭、李二人，均未具体指明清初的人丁额是否沿袭万历年间的数额。

何炳棣先生较为明确地指出："虽然户口的编审一直延续到崇祯十七年（1644）明朝覆灭，这些数字大多是十分武断的。清初政府深知这种户口登记不实，乃停止户口编审，而以明代后期各府县的赋役全书作为征调赋役的依据……像清初的地税额一样，清代的'原'丁税额也是根据明末的统计数确定的。只要有可能，省和地方的官员都沿用明末的定额。在战争和迁徙后果严重的地区，则酌情削减。"③ 何先生通过地方志等史料，对一些州县的情况加以考察，得出了上述论断。

郭松义先生亦认为："当时，清朝政府还规定，编造《赋役全书》一依明万历年间为准，所以田土和人丁的数额也都以万历时作为原额……清朝政府也规定，地方州县可以题请豁免荒亡的田土人

---

① （清）王庆云：《石渠余纪》卷三《纪赋册粮票》，北京古籍出版社，1985，第111 页。
② 彭云鹤：《试论清代的"摊丁入亩"制度》，《北京师院学报》1979 年第 3 期，第38～44 页。李华：《清代前期赋役制度的改革——从"滋生人丁永不加赋"到"摊丁入亩"》，中国社会科学院历史研究所清史研究室编《清史论丛》第 1 辑，中华书局，1979，第 100～109 页。
③ 何炳棣：《明初以降人口及其相关问题：1368～1953》，第 28～38 页。

丁。"① 在何先生和郭先生看来，原额人丁一般来说就是明晚期的载籍人丁，少数则是清初经过豁免后的人丁额。其后，潘喆、陈桦、何平等人均赞同这一观点。②

曹树基先生对"原额人丁"则给予了新的看法，他在比较了数省的明代户口数与清代的原额丁数后提出，某些地方"原额人丁"沿用的是明代"户"的定额，在另一些地方，"原额人丁"则包括明后期的成丁数与食盐课口数。③

对此，余艳女士认为"无可否认，零碎的县级数据不足以成为充分的论据，但以省为单位展开的讨论同样存在问题。事实上，对大多数地区而言，在同一省之中、甚至同一府之内，人丁统计口径也并非完全相同。因此，无论以抽样的县级数据还是以省或府级数据为基础进行的研究都有待商榷。"她系统地分析利用县级数据，对清初直隶和江南两省的"原额人丁"来源、人丁等则、丁银负担等作了全面细致的研究，指出这两个地区清初"原额人丁"沿用明代中后期的统计数，在编审上由各则不等编丁及"折丁"组成。④ 然而，余女士的研究对于清初人丁编审制度的形成缺乏认识，同时缺少时间划一的大样本原始资料，不免影响到某些结论的准确性。如何全面系统地利用中央和各地两方面的史料，有机地把当时清廷对编审法规的修订和地方对编审法规的实施结合起来，准确判断"原额人丁"的实质及清代前期各地人丁编审和丁银征收的特点，值得进一步深入研究。

（四）摊丁入地

摊丁入地是经济史上的重要事件。以往关于摊丁入地的研究成

① 郭松义：《论摊丁入地》，《清史论丛》第 3 辑，中华书局，1982，第 1～60 页。
② 潘喆、陈桦：《论清代的人丁》。何平：《清代赋税政策研究：1644～1840 年》，中国社会科学出版社，1998，第 62～67 页。
③ 葛剑雄主编，曹树基著《中国人口史》第 5 卷（清时期），第 62～66 页。
④ 余艳：《清初"原额人丁"的性质——以直隶和江南省为例》，硕士学位论文，华东师范大学，2007，第 8～27 页。

果很多，既有以全国为视角进行综合研究的，亦有研究特定省区摊丁入亩情况的。① 以全国视角看待摊丁入地，固然有全局把握，周到全面的优点，然而各省的摊丁入地，背景各不相同，方式差别迥异，时间跨度长短不一，可谓千差万别，而全国视角在具体的论述分析上，主要采用枚举的方式，难以做到详细分析和具体把握。那么，就各省区的摊丁入地具体情况进行具体论述，就能填补全国视角留下的诸多空白，达到相得益彰的效果。

以往研究区域性摊丁入地的著述，主要涉及广东、山西、吉林、四川等省份。但对于浙江、湖北等同样在摊丁入地过程中"故事较多"的地域，迄今学术界尚无对此类事件详细研究探讨的论著，也没有专题研究这两省摊丁入地具体过程的论文，可以说是摊丁入地研究领域较为薄弱的地方。此外，以往学者讨论摊丁入地，多侧重于从制度角度出发，重点研究制度上的变革经过，表现这一改革在制度上的演变历程和取消按丁征银对社会发展的进步意义，而对于不同的摊丁入地方式带来的不同结果，以及当时官僚集团内

---

① 跨区域综合研究摊丁入地的著述主要有王庆云《石渠余记》卷三《纪丁随地起》，第115~129页。李华《清代前期赋役制度的改革——从"滋生人丁永不加赋"到"摊丁入亩"》。彭云鹤《试论清代的"摊丁入亩"制度》。郭松义：《论"摊丁入地"》。樊树志《"摊丁入地"的由来与发展》，《复旦学报（社会科学版）》1984年第4期，第92~98页。史志宏《摊丁入地的过程和各地实施中的特点》，《平准学刊中国社会经济史研究论集》第4集下，光明日报出版社，1989，第609~635页。袁良义《清一条鞭法》，第355~399页。李三谋《清代"摊丁入亩"制度》，《古今农业》2001年第3期，第51~55页。项怀诚主编、陈光焱著《中国财政通史清代卷》，中国财政经济出版社，2006，第16~32页。戴辉《清代"摊丁入亩"政策研究》，《广西社会科学》2007年第2期，第118~121页。研究区域性摊丁入地的著述包括史志宏《山西摊丁入地若干问题辨析》，《历史档案》1984年第3期，第92~98页。陈启汉《广东的"摊丁入地"》，广东历史学会编《明清广东社会经济形态研究》，广东人民出版社，1985，第363~377页。刘志伟《广东摊丁入地新论》，《中国经济史研究》1989年第1期，第21~28。陈支平《福建省"摊丁入地"时间补订》，《清史论丛》，辽宁古籍出版社，1994，第137~141页。衣保中、孙淑萍《清代吉林地区"摊丁入地"考》，《吉林大学社会科学学报》1995年第6期，第63~70页。王丽《山西清代摊丁入亩政策初探》，《晋阳学刊》2004年第3期，第14~16页。侯玲《论清朝前期四川的摊丁入亩》，硕士学位论文，四川师范大学，2007，第28~40页。

部和不同阶层民众对于摊丁入地改革的具体应对态度，相关的考察并不多见，而这些，恰恰是摊丁入地过程的重要环节。如此，就需要改变研究方法，以事件史角度出发，以群体性事件的历程为主线，利用稀见史料和原始档案，对于群体性事件的产生背景、发生经过、平息过程加以研究，能够完整而鲜活地展现这些地方摊丁入亩的历史进程，也能够直观体现摊丁入地对于社会不同阶层的利益影响和他们对于摊丁入地的利益诉求，还能够清晰展现当时朝廷官员中摊与不摊、通省摊与州县摊的"路线斗争"，以鲜明的史实对照表明，摊丁入地的成败不仅是"摊不摊"的问题，而且是"如何摊"的问题。

（五）"人丁"研究中前人较少涉及的领域

关于"人丁"以及"丁银"的著述，研究内容大体集中于上述几个方面，其他研究则相对较少。民丁之外，人丁还有屯丁、灶丁等类别，民丁之内，除了普通承担丁银的"当差人丁"，还有豁免丁银负担的"优免人丁"。关于这些特殊人丁，涉及的著作不少，但专门的研究不多。比如优免人丁，主要涉及士绅阶层，以往对于士绅特权的研究不乏著述，但基本上都是围绕政治层面，很少从经济层面加以探究。① 此外，对于清代丁银优免制度发展脉络的系统性研究也较为稀见。食盐自古以来即为不可或缺的民生和战略物资，封建王朝对食盐的生产、购销、运输、分配等各环节制定了严格的法规制度加以管理控制。盐政史向来是经济史领域的一项研究重点，有关食盐产销运输的著作相当丰富，然而相比之下，对于食盐的生产者——灶丁的研究著述数量较少，有些较为关键的问

---

① 代表作如瞿同祖《清代地方政府》第 10 章"士绅与地方行政"深入地探讨了士绅对地方政治的影响作用（范忠信、晏锋译、何鹏校，法律出版社，2003，第 282～330 页）。史志宏《从获鹿县审册看清代前期的土地集中和摊丁入地改革》利用清代直隶获鹿县的编审册反映了绅衿优免人丁及其他阶层人丁摊丁入地前后的负担变化，而对于清代人丁优免制度的演变过程及优免人丁牟取法外特权的情况涉及不多。（《河北大学学报》1984 年第 1 期，第 138～147 页）

题也尚待解决。① 研究此类特殊人丁的编审和丁银征收制度的特点与发展变化，既是清代人丁研究中不可或缺的环节，也是了解清代前期社会政治经济状况的重要窗口。

清代边疆地区的人丁编审情况，由于史料相对缺乏，学界关注不多。《会典》记载，"凡腹民计以丁口，边民计以户"，② 很容易引起这样的误解，即人丁编审仅涵盖内地民众，不包括边疆居民。③ 事实上，有相当一部分边疆地区的居民，甚至是少数民族民众，不仅被纳入人丁编审，而且向清廷缴纳丁银或丁米。探究边疆地区的人丁和丁银，不仅有利于全面了解清代人丁编审和丁银征收在全国的施行状况，也有助于研究把握清廷的治边理念和管理模式。

清代中期摊丁入地在各省推广后，丁银不再按丁派征，但这并不表明"人丁"一词从此退出历史舞台。直到晚清，"人丁"仍是官府文书册籍上频繁出现的术语，而其实际含义与清代前期出现了极大的差异。陈桦先生认为，"人丁"一词在清代后期意义发生转变，与"人口"含义等同。④ 而曹树基先生指出，清代中期开始，"丁"或"人丁"大都是指"人口"，有时指成年男性，有时指所有男性人口。⑤ 清代后期的"人丁"究竟是何种含义，有必要结合《赋役全书》等原始资料进一步详加研究。

---

① 明清灶户和灶丁的研究者多为盐政史专家，代表著作包括刘淼《明清沿海荡地开发研究》，汕头大学出版社，1996，第 139～158 页。温春来《清代广东盐场的灶户和灶丁》，《盐业史研究》1997 年第 3 期，第 28～33 页。吴海波《清代两淮灶丁之生存环境与社会功能》，《四川理工学院学报（社会科学版）》2009 年第 5 期，第 16～20 页。研究清代人丁的学者，多局限于对民丁的探究，而对灶丁大都未加涉及。

② 嘉庆《大清会典》卷一一《户部》，《大清五朝会典》第 12 册，第 139 页。

③ 如高王凌先生认为，"我们所见到的清代人丁或人口统计，实际上只包括了各直省的'腹民'在内。"参见高王凌《清代初期的人口数量和人口控制》，载氏著《政府作用和角色问题的历史考察》，第 80 页。

④ 陈桦：《语言与历史：清代"人丁"概念的异变》，《清史研究》2006 年第 4 期，第 93 页。

⑤ 葛剑雄主编，曹树基著《中国人口史》第 5 卷（清时期），第 68 页。

二 本书的内容结构

本书研究的对象是"人丁",主要研究人丁编审和丁银征收制度的发展过程,考察不同时代、地域、语境之下"人丁"的实际含义,探究人丁与当时社会其他政治、经济要素的关联。

本书的研究时段,上迄明代中后期,下至清代后期,重点研究自顺治初年清廷入主中原始,至雍正年间绝大多数省份完成摊丁入地这一阶段的人丁问题。这一时段的各地人丁"原额"来源年代多元,编审方式多样,名目众多,且各种史料中围绕丁银征收及推行丁从地起、丁随粮派发生的事件较多,具有较大的研究价值。

本书研究的人丁编审和丁银征收,同时从国家整体"立法"和各地官府"执法"及社会各阶层"守法"展开,研究地域遍及南北省区,但有重点和兼顾之分。明代主要针对江西,清代重点关注江南①和浙江,除此以外,对于其他在人丁编审、丁银征收上有特色的地域,如直隶、湖北、福建台湾府等处,亦安排独立的章节加以分析探讨。受时间和史料等因素的限制,笔者的研究无法遍及全国各个省区、各种类型的人丁和丁银,选择江西、江南与浙江作为研究重点地域,主要考虑到以下几个因素。

(一) 上述地域史料丰富,原始资料较多,为其他区域所不具备

首先,这些省区均有保存完整的《赋役全书》。《赋役全书》是明代后期与清代由官方编纂的记载各地赋役数额的册籍,为当时官府赋税征收情况的依据来源,"凡征收完纳、解运支销、考成黜免诸法,悉据此书,用垂永久。"② 其中有关"人丁"的记载,一般包括人丁数量(原额、实在)、名目类别、丁银税率标准、征银数额等,颇为详细,对于研究当时的人丁与丁银征收状况均具有很高的史料

---

① 本书中的"江南",均系清初政区,顺治二年由明南京(南直隶)改设,包括后来的江苏、安徽两省。

② 《清世祖实录》卷八三,顺治十一年四月丙寅,中华书局,1985年影印本,第650页。

价值。明代《赋役全书》流传至今的，仅嘉靖《江西赋役纪》、万历《江西赋役全书》与泰昌①《徽州府赋役全书》三部。清前期编纂的《赋役全书》流传至今的同样为数不多，且多残损。相比之下，国家图书馆藏顺治《江南赋役全书》与复旦大学图书馆藏康熙《浙江赋役全书》，保存较好且完整度较高，适合作大样本研究。② 江苏和浙江清代后期的《赋役全书》亦完整保存。

其次，这些省区的通志、府州县志数量、质量兼优。明代江西、清代江南、浙江皆是经济繁荣、文化昌盛之乡，各府州县均热衷修志，各类地方志书不仅数量繁多，而且内容丰富翔实，较其他省区更胜一筹，其中不仅收录了大量人丁和丁银的微观数据，而且记录了许多围绕人丁编审和丁银征缴发生的事件，方便了相关制度史和事件史的研究。

再次，江南、浙江等地还留下了记载人丁编审、丁银征收情况的多种册籍。如中国第一历史档案馆藏《康熙六十年分杭、处等十一府属清编旧额人丁滋生增益人丁总数文册》、《雍正四年分杭、处等十一府属清编旧额人丁滋生增益人丁总数文册》，国家图书馆藏《浙江杭州府於潜县乾隆二十六年分清编完赋人丁庄名户口数目文册》，上海图书馆藏《清康熙十一年（休宁县）红册底》和《乾隆元年休宁县十三都一图编审红册》等，都是极其珍贵的反映当时编审实况的原始资料。此外，明清江浙一带文士辈出，刊刻文集的风气盛行，其中收录了许多当地官员、士绅、文人阐述有关人丁、丁银等问题的文章、奏疏，对了解各地人丁编审和丁银征缴的具体情况也都大有裨益，史料的丰富也是其他地域望尘莫及的。

（二）上述地域的人丁与丁银特点显著，代表性强

明代江西是赋役制度改革的先行者、缩影和典范，较早在全省

---

① 明光宗朱常洛的年号，也即万历四十八年（1620）。

② 其中《江南赋役全书》仅缺少赣榆县，《浙江省赋役全书》缺少严州府各县、衢州府各县（除西安县）、温州府永嘉县等十一个县份的赋役人丁资料，实际掌握县份为65个。

范围推广差役折银和各项丁银（里甲银、均徭银、食盐钞银）的汇总。江南所辖的长江以南各府州与长江以北各府州地理环境迥异，不同的差徭折银分配方式，形成了清代前期长江南北府州在人丁编审等则、人均丁银负担、丁银在赋税中的比重等各方面的显著区别，这也可视为全国南北方人丁编审和丁银征收差异的一个缩影。而在全国各省中，浙江的人丁情况最为复杂，无论是人丁的名目，还是人丁的编审方式，乃至"原额人丁"的时代来源，各州县可谓千差万别，大体覆盖了全国不同地域"人丁"的种种特点，而按丁口除了计征白银，一些州县还另征米（全国惟该省有此情况）。因此，将江南、浙江及江西作为重点研究地域，同时结合其他具有特色的地域，能够大体体现明清全国"人丁"的全貌。

本书除第一章"绪论"与第八章"结论"外，其余各章结构如下。

第二章探讨的是明代的人丁和丁银。要研究好清代人丁，首先要弄清人丁编审和丁银征收制度在明代的形成和发展情况。丁银在明前期尚不存在，它乃是明代中后期赋役制度改革的产物。嘉靖中期，为解决徭役扰民的弊端，江西官府逐步将徭役改行雇募，把代役银两或摊入地亩，或按人丁、田赋分别派征。隆庆年间，官府开始推行"一条鞭法"，将各项照丁派征的差役折银和原本计丁口征缴的食盐钞等合为一项开载派征，形成统一的丁银。随着赋役改革的深入开展，人丁与差徭脱离了直接的联系，官府的丁口编审亦日渐趋于形式化。

第三章研究清代前期，大体即顺治、康熙两朝江南和浙江两省的人丁编审情况。顺治年间，清廷在明代人丁编审制度的基础上形成了五年一届编审之制和统一的奏报制度。部分地区将明代晚期的丁额作为"原额"，而另一些地区则根据实际情况重新订出"原额"。作为全国南北方的缩影，在迥异的地理环境下，明代中后期不同的差徭折银分配方式，造成了江南省长江南北府州在人丁编审等则、人均丁银负担、丁银在赋税中的比重等各方面的显著区别，进而导致了顺治年间南北部丁数增长模式上的明显差异。为了完成税额，江北部分地区采取将缺额丁银摊入田亩征收的措施，进一步推动了一些州县摊丁入地的尝试。

清代前期浙江的人丁数量变化体现着一个长期停滞，而后突然显著上升，其后增长趋于平缓的过程。"滋生人丁永不加赋"之前，人丁与丁银直接挂钩，致使丁银的缴纳与催征令众多民众和地方官不堪其累。尽管清廷制定了严格的人丁编审制度，在民众的抵制和地方官的敷衍塞责之下，这一制度形如具文，人丁数额往往因循旧额。而随着"滋生人丁永不加赋"诏的颁布，丁银趋于固定化，人丁数量与税赋之间不再具有直接的联系，这样便无形中消除了干扰人丁编审的主要负面因素。虽然清廷对于人丁的控制趋于松弛，增丁议叙的奖励机制也被废止，实在人丁数量却迅速增加。

浙江人丁的复杂多样体现在：各州县"原额人丁"来源时代多元，其早可溯及明中期的弘治、隆庆年，晚则落实于康熙前期。多数县份的原额人丁撷取万历时数，也有相当部分的州县因战乱或编审方法改变而在清初根据实际情况确定人丁原额，另有一些县份取明末天启、崇祯人丁之数作为原额；人丁编审方式多样，既有照人起丁者，还有照粮起丁及照田地起丁者；各地人丁的名目也五花八门。"人丁"既不等于成年男子，也不能笼统概括为"赋税单位"，其含义必须结合具体的语言环境与时代背景加以判断。

第四章主要从事件史角度探讨清代中期的摊丁入地。清代中期的摊丁入地，减轻了无地少地百姓的负担，同时缓解了基层征缴丁银的压力，得到州县基层官吏和广大百姓的支持拥护，其施行大体是顺利的、成功的，然而在某些地区（如浙江），由于有产阶层（尤其是士绅）的大力抵制，加剧了阶层对立，抑或是官府摊派方式不当（如湖北），增加了部分百姓的负担，造成社会普遍不满，甚至成为引发社会群体性事件的导火索。评价"摊丁入地"的成败，不仅要着眼"摊不摊"的问题，还须关注"如何摊"的问题，方能获得全面客观的研究结果。

第五章分析一些府县地域（包括直隶顺天府三河县、江南徽州府休宁县、浙江杭州府於潜县、福建台湾府等）基层的人丁编审和丁银征收情况。将这些地方特别加以详细探讨，或因其有为稀见独到的史料（基层的人丁编审册籍，地方官记载的详尽的编审流程及相关事件），或因其在人丁编审或丁银征收上的独特性。

以顺天府三河县为代表的直隶各州县，人丁编审与实际成丁挂钩，相对南方多数地区也更为严格，人丁编审除了作用于丁银征缴，还发挥着年龄核实、身份核查等社会功能。江南徽州府休宁县的情况则同三河县大相径庭。从康熙和乾隆两朝的"编审红册"记载表明，休宁县长期推行"照田起丁"的人丁编审方式，载籍人丁（包括滋生人丁）的升除与实际成丁完全脱钩，而与地亩的增减挂钩。

杭州府於潜县的情况表明，"滋生人丁永不加赋"后，浙江各州县的"实在人丁"由"原额完赋人丁"和"滋生增益人丁"两部分相加构成。"原额完赋人丁"与实际人丁状况相差甚远，其实质是一种赋税单位。而"滋生增益人丁"，则来源于烟户内成丁，"实在人丁"其实是赋税单位和成丁的复合概念，与"人丁"的固有含义是迥异的，不能作为推算人口的依据。

作为东南边陲，自明郑时期起，台湾除汉族民丁外，部分归附原住民丁口也被纳入人丁编审体系，缴纳丁银或丁米。清代台湾民丁编审较为严格，丁银负担亦较重，乾隆初年清廷减轻丁银负担后，方完成摊丁入地。原住民"番丁"负担原重于民丁，乾隆初年丁银负担始与民丁相同。番丁的丁银虽未曾摊入地亩，但其丁额与丁银额呈现显著的定额化特征。

第六章研究的是几类"特殊"人丁，包括优免人丁、江南的屯丁和浙江的灶丁。清朝入关伊始，继承明代的人丁优免制度。由于优免比重过大，加之士绅利用优免特权追求不法利益，朝廷的赋税征收受到影响，而当差人丁实际负担加重。清廷在顺治中期以后对优免特权着手限制。摊丁入地推行之后，士绅豁免丁银的特权被取消，"优免人丁"一词淡出历史舞台。

清代的屯丁是由卫所军丁转化而来的特殊人丁。江南的屯丁按其归属形式分为卫所屯丁和归并州县屯丁。屯丁名目繁多，差役和丁银负担各不相同。清代前期，沉重的差役和丁银迫使屯丁逃亡隐匿，致使载籍屯丁数量不断减少。屯丁银于雍正年间摊入地粮征收，乾隆年间清廷废止了对非漕运屯丁的编审。但由于漕运需要，江南漕运屯丁的编审一直延续到清末。

清代前期的浙江灶丁按其归属可分为州县灶丁和盐场灶丁。州县灶丁税负较轻，而盐场灶丁税负沉重，加之战乱和浅海政策的影响，各盐场灶丁逃亡，载籍丁数不断下降。摊丁入地的推行，不仅减轻了无地少地灶丁的赋税压力，也使清廷的赋税征收有了保障。

第七章讨论清代后期史料中的人丁。乾隆三十七年清廷废止人丁编审制度，此后"人丁"一词虽未从官方文书中消失，但其含义逐渐发生转变。从《赋役全书》及地方志等史料看，在清代后期，一些语境下的"人丁"继续保留成年男子和与地亩挂钩的赋税单位等固有含义；而另一些地方，"人丁"则指的是男性人口乃至全体人口。判断清后期"人丁"的含义，仍须具体情况具体分析。

三　研究方法和学术意义

本书是一部系统讨论清代的人丁编审及丁银征收制度发展过程的论著。在前辈学者的基础上，笔者主要尝试采用以下方法和思路开展研究。

（一）选取最有价值的史料

上文业已提到，明清两代涉及人丁编审和丁银征收的史料甚多，而史料是否原始、翔实、可靠，直接决定结论的准确与否。笔者经多方查找，获得了许多原始性强、样本量大、时段划一、内容翔实的档案史料，如赋役全书、人丁编审黄册、奏疏、户科史书等，结合政书典籍、地方志、时人文集等，力求充分发挥史料优势，翔实鲜明准确地还原历史真相。

（二）多元化视角

一方面，利用奏疏等原始资料，结合会典、实录等，梳理朝廷对于人丁编审及丁银征收的立法规定，把握人丁编审在朝廷视野的地位变化及清廷君臣对此的相关认识。另一方面，在重点研究的江南、浙江、江西等省份内，以州县为基本研究单位（部分县份中，以里、图、庄、户等为基本研究单位），在系统收集整理丁数、丁银额以及相关的地亩数、田赋额等数据的基础上，开展数据比较分析，纵向考察不同时段人丁数量、丁银数额上的变化，横向考察不同地域的丁银负担差异，用客观数据说话，深析其原因与内在实质。同时，结合具体的地理环境与当时政治、经济、社会状况，研究各级官府对于人丁编审与丁银征收的具体执行措施和各阶层的反应对策，揭示朝廷、地方官员、胥役、里甲头目、各阶层民众对于人丁编审及丁银征收各自不同的价值取向。

（三）多学科交融

"人丁"本身是中国人口史的要点和难点，而人丁编审制度的朝廷"立法"、地方"执法"及各阶层民众参与人丁编审的"守法"行为显属法制史范畴，与人丁编审直接联系的"丁银"是经济史研究对象，此外，人丁编审和丁银征收既是国家大计，又与民众日常的生产生活息息相关，从而与政治史和社会史密切挂钩。可见，这是一个涉及多学科领域的复杂问题，任何单一的研究方法都不足以胜任，而有必要采取多种方法交融的方式进行研究，例如将对制度的研究与对事件的研究相结合。明清时人丁编审和丁银征收在各地引发的事件数不胜数，其中不少经典事例为各级官府档案较为完整地记述保存下来，包括人丁编审和丁银征收给民间（尤其是无地贫民）和基层官府带来的困扰，一些地方官吏将丁银摊征于地亩的尝试，士绅和普通民众因摊丁入地引发的对立冲突，以及朝廷官员围绕摊丁入地方式展开的论争，等等。本书中，笔者以明清人丁编审及丁银征收的制度发展演变为主线，穿插对重要事件的探析，用史实说话，全面反映这一制度在地方上的具体实施过程和实施效果。又如，利用经济学的数理统计方法，对各州县人丁、丁银和地亩、田赋的关系进行相关性研究，比较不同地域丁银在地丁钱粮总额中的比重，探讨地理环境同人丁、丁银的联系及其对制度变革的潜在影响。

本书的学术意义大致有下列几点。

首先，本书是一篇全面系统探讨清代人丁编审及丁银征收制度发展演变的论著，研究时段上迄明代中后期，下至清代晚期，时间跨度相较以往相关著述更长，重点讨论清代初年至清中期推广摊丁入地期间的人丁编审制度变化。笔者在前人研究的基础上，集中整理利用原始资料，不仅厘清了人丁编审及丁银征收在立法层面的制度演变，更着重于分析探讨各地在执法层面上对于朝廷法规的实施，以及各社会阶层的民众从守法层面上对法规制度的响应等，从而得以对这一重要历史现象得出更为全面和准确的认识。

其次，笔者以大量的原始档案及其他史料为基础，通过细致研究，对于清代"人丁"的实质，有了新的认识。在不同的历史时段，不同的地域，不同的编审方式下，"人丁"的实际含义千差万别，既不完全是承担赋役的青壮年男子，也非尽数为同自然人脱钩的赋税单位。判断某处"人丁"的真正含义，只能具体情况具体分析。而在某些时段，某些地区，即便"人丁"确实指的是承担赋役的青壮年男子，载籍丁数与实际情况亦有较大差异。所以，利用载籍丁数推断清代初年的人口数，尤其是全国的人口数，是不可行的。

最后，对于具体的人丁名目，如"原额人丁"、"滋生人丁"、"优免人丁"、"屯丁"、"灶丁"等前人较少关注，或研究尚待深入的内容，文中作了专门的阐释。对于明代人丁及丁银、清代边疆地区人丁以及清代后期人丁的研究，在一定程度上填补与完善了相关领域的空白与不足之处。探究清代人丁同其他社会政治、经济要素的联系，不仅有利于人口史研究的完善，也有益于法制史、经济史、社会史等学科的发展。

第二章
明代的人丁和丁银

　　"人丁"一词，古已有之，指的是能够承担赋役的青壮年男子。按丁口征银，亦古已有之，秦代的"头会箕敛"、汉代的算赋和口赋、唐代的庸税、五代和两宋的身丁钱，等等，都系按丁口征缴。然而，这些税收，与清代的"丁银"并无直接联系。清代的人丁编审和丁银征收制度，是在继承明代既有制度的基础上加以改革从而形成的，与明代既有制度有着密不可分的联系。要探究清代人丁和丁银的渊源，首先必须弄清明代的人丁编审和丁银征收的源流。

第一节　明代丁银征收制度的演变

　　自明代后期到近代以前，丁银（亦称"徭银"、"丁徭银"、"徭里银"等）是各地官府除田赋以外的另一项基本税收。所谓丁银，就是官府按"人丁"计征银两的一种赋税。清代丁银的征收沿袭明制。丁银在明前期尚不存在，"明初但有夏税小麦，秋税粟米，及丝绵之征，百姓皆听役于官。十六成丁而役，六十而免，无所云丁银也。自后乃有银力二差，力差者差役也，银差者雇役也。又其后虽有二差之名，亦皆一例征银而已。"[①] 丁银的源头，主要是明代中后

---

① （清）盛百二：《编审论》，贺长龄编《清经世文编》卷三〇，中华书局，1992 年影印本，第 751 页下栏。

期赋役制度改革，将徭役折成银两后照人丁摊派转化而成，此外还有户口食盐钞等税赋的衍化。"一条鞭法"推行后各种按丁计征的税赋合一征收，成为日后的丁银。

一　从徭役到丁银

（一）明代前期：有徭役无丁银

明太祖制定了严格的户丁审编与徭役征发制度。"国初因赋定役。每十年，大造黄册。户分上中下三等。差役照册佥定。"[1]　"丁曰成丁，曰未成丁，凡二等。民始生，籍其名曰不成丁，年十六曰成丁。成丁而役，六十而免，又有职役优免者。役曰里甲，曰均徭，曰杂泛，凡三等。以户计曰甲役，以丁计曰徭役，上命非时曰杂役，皆有力役，有雇役。府州县验册丁口多寡，事产厚薄，以均适其力。"[2]《明史》将明代的役归纳为里甲、徭役、杂泛三种，其中徭役（即通常所谓的"均徭"）是"以丁计"，即按照人丁征发。

明代徭役的审编周期，实地来看差异甚大，以广东肇庆府为例，"旧高要、四会、高明、广宁十年一编，新兴、阳江、恩平、德庆、开建五年一编，阳春、封川三年一编。有银差，即宋雇役法；有力差，即宋差役法，亦计银者，准工食也。"[3]　由于日后的丁银主要由徭役转化而成，加之明代丁银大多由地方支配，各地徭役编审周期的差异导致了明代后期丁银编审周期的差异。直至清初，各地"凡编审直省人丁，原无定期，或三年一次，或五年一次，或十年一次"，[4] 呈现多样化的特点。

（二）明代中期：按丁征银的萌芽

明中期后，尽管朝廷有煌煌严旨令徭役均平："凡遇审编均徭，

---

①　《大明会典》卷二〇《赋役》，广陵书社，2007 年影印本，第 361 页下栏。
②　《明史》卷七八《食货志二·赋役》，中华书局，1974，第 1893 页。
③　（明）顾炎武：《天下郡国利病书》第 27 册《广东上》引《肇庆府赋役志·杂役均徭》，昆山顾炎武研究会点校，上海科学技术文献出版社，2002，第 2306 页。
④　康熙《大清会典》卷二三《户部·户口·编审直省人丁》，《大清五朝会典》第 1 册上，第 265 页上栏。

务要查照律例，申明禁约。如某州县银力二差原额各该若干、实该费银若干，从公查审，刊刻成册，颁布各府州县，候审编之时，就将实费之数，编作差银，分为三等九则，随其丁产，量差重轻，务使贫富适均，毋致偏累。"① 但实际上，徭役轻重不均，日趋繁扰，人丁隐匿以逃避差徭的现象日益凸现。嘉靖年间海瑞担任知县的浙江严州府淳安县，"查得通县洪武初人七万七千三百七口，嘉靖三十一年册止四万六千口。减额之多若此。自国初至今人口不啻数倍之矣，而以渐减额何？欺隐之弊也。然今日丁多止此差徭，丁少亦此差徭，丁多则散于众人而轻，丁少则积于数人而重。欺隐者为不肯欺隐者之害，为不能欺隐者之害。谓之不能欺隐者，如户有二三百丁，只报五六丁，户有三四丁者报二三丁，户只一丁者尽报之。隐者五六十丁役一丁，不隐者丁丁着役。孤丁得重役，由多丁欺隐者使之。一家隐丁则害及二三甲人，一都隐丁则害及二三都人，淳安县隐丁则害及他县，严州府隐丁则害及他府。"② 为解决应役人丁负担畸轻畸重的问题，明代中期，不少地方开始实行将徭役折银后按丁派征的方法。

福建各州县原本将官府所需物料责成里甲供应，令基层不堪苛扰。"正德十四年，沈御史灼欲民易办，始行八分法。每一丁岁征银八分以充岁办等料。惟差役仍旧十年一事。"③ 八分法的最大特点是上供物料的征派形式由十年一轮的里甲徭役变更为每一年向全体人丁派征银两，具备了丁银的特征。

与此同时，南直隶苏州府开始将徭役折银后按人丁、田地、山荡及其他产业分别派征（参见表2-1）。现在尚不能判定按丁、田等分派征银的徭役的具体名目，但从正德《姑苏志》的记载来看，应不包含里甲、均徭等主要役种。各州县分派的情况差别较大，丁

---

① 《大明会典》卷二〇《赋役》，第363页上栏。
② （明）海瑞：《兴革条例》，陈义钟编校《海瑞集》上册，中华书局，1962，第72页。
③ （明）何乔远：《闽书》卷三九《版籍志·户口》，厦门大学历史系古籍整理研究室、古籍整理研究所《闽书》校点组校点，福建人民出版社，1994，第958页。

银占役银的比例自 1.7% ~ 29.7% 不等，每丁负担部分州县仅银一分，其他州县则须银三分，后一类县份的丁银比重明显高于前一类县份。明代的徭役征派由各地视具体需要而定，而徭役的折银分派亦是根据各地的具体状况安排，故而一府之内各州县亦各不相同。

表 2 - 1　苏州府各州县徭役折银后分派情况

州县名	人丁数	每丁征银	官民田地（顷）	每亩征银	山荡等项（顷）	每亩征银	附郭市民家资编银（两）	银数总和（两）	丁银比重（%）
吴　县	145100	3 分	5011	1 分 2 厘	3031	4 厘	3500	14660	29.7
长洲县	162300	3 分	12232	1 分 2 厘	703	4 厘	1500	20106	24.2
昆山县	69940	1 分	11192	7 厘 7 毫	396	4 厘	0	9476	7.4
常熟县	70100	1 分	14821	7 厘 7 毫	2645	4 厘	0	13171	5.3
吴江县	95660	3 分	11459	1 分 2 厘	1042	4 厘	0	17038	16.8
嘉定县	157640	1 分	12931	7 厘 7 毫	393	4 厘	0	11691	13.5
太仓州	45550	1 分	9406	1 分 1 厘	20	4 厘	0	10811	4.2
崇明县	5020	1 分	1972	1 分	2531	4 厘	0	3035	1.7

资料来源：正德《姑苏志》卷一五《徭役》。

（三）"四差"的按丁征银与一条鞭法的推行

里甲、均徭、驿传、民壮作为明中期后四种基本徭役，合称"四差"。嘉靖年间，有不少地方尝试将"四差"徭役折算为银两后按丁征银。"四差"的陆续折银征收，给一条鞭法的推行铺平了道路。

1. 驿传的按丁征银

驿传是官府为供官员公务往来和文书邮递设置驿站而征发的徭役。应役者不仅需要为往来人员置备骡马、器具、铺盖，还要为其筹措饮食粮草。而时至明中期，由于兵部滥发勘合，加之官员假公济私，应役者不堪重负，纷纷逃避，驿站系统面临崩溃的危险。一些地方州县尝试改徭役为雇募，将驿传的开支费用按照人丁、田地等摊派征收。据嘉靖《宁波府志》记载，其时该府各县均实行这一方法，其中鄞县、慈溪、奉化三县是将田地折为人丁后，与实际人丁合计摊征（具体情况将在下文详述）；定海、象山二县则是完全照田地摊派，而不涉及人丁。

2. 民壮的按丁征银

民壮即为民兵，自弘治起，官府从里甲中拣选田多殷实的成年男丁应役，补充卫所军丁不足。然而到嘉靖年间，"民壮之设专为防守，而近多役占"，[①] 与原旨大相径庭，不少地方亦改行雇募。如扬州府仪真县，民壮、兵快等徭役均折银按丁征派。

> 凡户必计里编审丁银，官为立则。凡户上上每丁银二两，上中银一两五钱，上下银一两，中上每丁银六钱，中中银四钱，中下银三钱，下上每丁银二钱五分，下中银一钱五分，下下银一钱。通计三等人户每年出办丁银共一千一百六十四两八钱，但每审人户上上者仅数户，中三则者颇多，而下三则者为最众矣，此亦可以知土著人民户数之不加于他州邑矣。
>
> 凡丁银每岁各输于官，给民壮、兵快工食。
>
> 旧额本县民壮一百名，正德以前俱以丁粮编金，自备衣甲、弓矢、器械差操，岁久累乏。嘉靖间变通，宜民只审丁银以给雇募。每名一岁该银七两二钱，百名岁该银七百二十两，外加巡江快手二十八名，巡捕二十名，巡盐一十名，每名每岁工食如民壮。又把截义官二名岁给工食各十两，俱丁银。[②]

该县的丁银征派方式不是按丁均派，而是将人户根据资产状况分为三等九则，即"按户定丁"，丁银负担随户的高下递减，一名"上上丁"的丁银负担为一"下下丁"的二十倍。而与之相反，人

---

① 《明世宗实录》卷二四三，嘉靖十九年十一月丙辰，台北：中研院历史语言研究所，1962 年影印本，第 4906 页。

② 隆庆《仪真县志》卷六《户口考》，第 3 页 a。

丁数量则随人丁所在户的由高至下而递增，从上上则"仅数户"到下三则"最众"呈金字塔状分布，亦体现了当时的社会经济状况。

3. 里甲的按丁征银

里甲在明初负责催征赋税与公事传达，但到明代中期，官府聚敛苛繁，凡祭祀、宴飨、营造、馈送等负担，都责成于里甲。浙江台州府，"里甲每十户户甲首一名，岁输一户应役，十年而周，谓之递。旧例，止令输纳物料、供给差使而已。今则百凡官府所需，悉出于此。县取于里，里取于甲，而府又取之县。盖视景泰、天顺间不啻其几数十倍矣。厥后，有愤其弊者，乃更为丁田之制。今田既诡寄，丁亦隐匿而官府但随其现在以为科派。"① 由此可知该府在弘治以前，就将里甲银按人丁、田地分派。严州府淳安县，嘉靖年间"里长十年一役，是在催征钱粮，勾摄人犯，他非所与也。流弊至今，官府中百凡用度，一一责之。初年所用尤微，至今则日增一日，每丁多则出银四两，少亦三两。自本县（即海瑞——引者注）到任以来，只科银二钱五分应用，百凡用度，尽出于是，用多日以用少日补之，不论阄分日期。"② 该县只因更易知县，丁银的负担减为原来的十数分之一，可见当时的丁银完全由州县自行支配。

4. 均徭按丁征银与一条鞭法的展开

均徭"有力役，有雇役"，雇役也即银差，由应役人丁向官府纳银代役；力役也即力差，由应役人丁承担劳力（亦可自行雇役）。应役人丁的负担轻重由官府参照其经济与家庭状况（北方门丁事产四者兼论，南方偏论田粮）③ 加以征派，"令各处赋役，必验丁粮多寡，产业厚薄，以均其力，违者罪之。"④ 然而事实上，"所编之差

① 弘治《赤城新志》卷一八《职役》，《四库全书存目丛书》史部第177册，齐鲁书社，1996年影印本，第341页。

② （明）海瑞：《兴革条例》，陈义钟编校《海瑞集》上册，第58页。

③ （明）刘光济：《差役疏》，《古今图书集成·食货典》卷一五一《赋役部·艺文四》，鼎文书局，1977年影印本，第83722页中栏。

④ 《大明会典》卷二〇《赋役》，第361页下栏。

有正银一两而止纳一两者，此必世豪汇缘者得之，有加至一二倍者以至数十倍者，此必平民下户无势力者当之，则患在不均……粮多殷实之家平日则花分诡计以图轻差，及至审编则营求贿嘱以脱重差。"① 一些力差，如输运贡赋的"解户"重役，本由上则户承担，但由于上则户多方避役，往往转嫁中下则户承担，令其不免破产逃亡，差役亦无法完成。不少地方官试图采用折价雇役的办法解决逃避力差的问题。如南直隶松江府，"系力差者计其代当工食之费量为增减，系银差者计其扛解交纳之费加以赠耗，又其后派银雇役，力差变为银差，而听差并罢之矣。"②

在力差逐渐转向银差的基础上，与其他三种徭役一样，明代中期，均徭也开始分别按照人丁、地亩分派。正德年间，御史柳应辰奏言顺天、永平二府"有司均徭当出于人丁，近年兼征地亩。"③ 南方一些府县在嘉靖年间也对均徭役制实行改革，南直隶常州府"嘉靖十六年，本府知府应槚议得各县丁照黄册，田照实征，岁岁通编，每丁银一分，每民田一亩银七厘……隆庆四年，复奉巡抚朱大器明文，议将均徭总作一条鞭法，将合县田地每亩派银一分六厘四毫，每丁派银二分二厘八毫（此外又有小人丁银五厘九毫三丝）。"④ 浙江"余姚、平湖二县，原著有均徭一条鞭之法，凡岁编徭役，俱于十甲内通融随粮带征，行之有年，事尤简便。概以十年之差，而责之一年，则重而难；以一年之役而均之十年，则轻而易。官免编审之劳，民受均平之赐。然人户有贫富不同，复将丁田分而为二：有田之丁及以田折丁者，每丁编银必增其数；有丁无田者，每丁编银

① （明）刘光济：《差役疏》，《古今图书集成·食货典》卷一五一《赋役部·艺文四》，第83722页中栏。
② （明）顾炎武：《天下郡国利病书》第6册《苏松》引《松江府志·田赋一》，第422页。
③ 《明武宗实录》卷一九，正德元年十一月乙酉，台北：中研院历史语言研究所，1962年影印本，第561页。
④ （明）顾炎武：《天下郡国利病书》第7册《常镇》引《无锡县志·里役》，第560页。

量为递减，始于均平之中，曲寓存恤之意。"①

均徭改革的关键在于：原本一般是十年一度结合资产状况对人丁编审差役，现改为每年分别按丁、田征派银两来雇募。"一条鞭法"的展开是在"四差"折银照丁、地摊征的基础上应运而生的。应当指出，不同地域徭役分摊人丁、地粮的情况各不相同。如江西"查得本省各项差徭，自嘉靖二十八年，该前任巡抚都御史张酌定《赋役总汇文册》，内开南北京库漕运本折米银起运存留宗藩司府仓米皆出于粮，户口食盐起存钱钞则出于丁，惟里甲、均徭丁粮兼派。里甲一丁折米一石，均徭二丁折米一石，及查各该州县，有以粮独编驿传，有以丁粮配编民兵，有以丁折米独编民兵、全不编驿传者，各因丁粮之轻重而为之调停以免偏累。"② 这自然导致了日后各地丁银的构成、额数等的复杂多样。正因为丁银很大程度上由徭役转化而成，因此晚明及清代的许多场合下，丁银亦称为"徭银"或"丁徭银"。除均徭外，一些其他徭役也改为折银雇役的方式。在一些地方，丁银主要包括由均徭转化成的"均徭银"和由里甲派生的"里甲银"，故又被称为"徭里银"。

最早大规模推广"一条鞭法"的省份是江西。"（隆庆）四年题准：江西布政司所属府州县各项差役，逐一较量轻重。系力差者，则计其代当工食之费，量为增减。系银差者，则计其扛解交纳之费，加以增耗。通计一岁共享银若干，照依丁粮编派。开载各户由贴，立限征收。其往年编某为某役、某为头户贴户者，尽行查革。如有丁无粮者，编为下户，仍纳丁银。有丁有粮者，编为中户。及粮多丁少，与丁粮俱多者，编为上户，俱照丁粮并纳，着为定例。"③ 此后，随着"一条鞭法"的推广，丁银征收制度也在全

---

① （明）庞尚鹏：《题为均徭役以杜偏累以纾民困事》，陈子龙编《明经世文编》卷三五七，中华书局，1962，第3834~3835页。
② （明）刘光济：《差役疏》，《古今图书集成·食货典》卷一五一《赋役部·艺文四》，第83723页上栏。
③ 《大明会典》卷二〇《赋役》，第364页上栏。

国范围普遍确立。作为制度改革的先行者，江西明代中后期的人丁编审和丁银征收情况值得特别关注，笔者将在下一节对此作专题论述。

明代长期以来，"天下农民之病自江而南由粮役轻重不得适均，自淮而北税粮虽轻，杂役则重"，[①] 即大体说来南方田赋重而徭役轻简，北方田赋轻而徭役繁重。徭役折银后丁田分派，南北地域差异亦十分明显。"户口已载之黄册矣，此外复有审编丁则者，以江北税役比江南不同。江南田地肥饶，诸凡差徭全自田粮起派，而但以丁银助之。其丁止据黄册官丁，或十而朋一，未可知也。江北田稍瘠薄，惟论丁起差；间有以田粮协带者，而丁长居三分之二。其起差重，故其编丁不得不多；其派丁多，故其审户不得不密。期以三年为限，而法以三等九则为准，有不足九则者，亦不妨变通之以便民，此审编之大较也。"[②] 大体上，长江以北诸地徭役折银后大部分转化为丁银，比重通常在三分之二以上；而长江以南则大部分摊入田赋，仅少部分派于人丁。这就造成明代后期直至清代前期北方诸省人丁编审执行严格，且丁银负担普遍较重；而南方多数地方丁银负担相对较轻，且人丁编审日益形式化，以至在晚明即有若干州县试行将丁银完全摊入地亩或田赋征收，成为摊丁入地的先行者。

徭役转化为丁银是赋役制度史上的一大进步。"嘉（靖）、隆（庆）后，行一条鞭法，通计一省丁粮，均派一省徭役。于是均徭、里甲与两税为一，小民得无扰，而事亦易集。"[③] 把强制的徭役改为雇募，不仅使官府的行政效率得以提高，也让民众对于国家的人身依附大大减轻，这对于提高生产力、促进社会流动都有正面意义。

---

① （明）章潢：《图书编·赋役版籍总论》，《古今图书集成·食货典》卷一四二《赋役部·总论五》，第 83639 页下栏。

② （明）顾炎武：《天下郡国利病书》第 9 册《凤宁徽》引《泗州志·审编丁则》，第 675 页。

③ 《明史》卷七八《食货志二·赋役》，第 1905 页。

（四）特殊意义的人丁——"余丁"和"半丁"

1. 田地折丁与余丁的出现

无论是明代还是清代，一些州县中人丁数额存在分、厘等零尾余数，称作"余丁"。"余丁"的出现，一般来说是以田折丁后合征丁银的结果。如宁波府鄞县、奉化、慈溪三县实行以田折丁，与实际人丁合计的方式，因此人丁总数中均有余数。嘉靖《宁波府志》卷一三《徭役》记载如下：

> 鄞（县）：该征四明驿水夫工食、船只铺陈什物支应等项银八百五十二两九钱七分三厘八毫并河南马价银四千五百八十六两五钱四分三厘八毫。本县人丁除免、逃、绝等丁外大约该七万八千七百四十五丁。民田地七千九百一十六顷六十九亩，每田地十亩折人一丁，共七万九千一百四十六丁九分。官田地一千三百三十八顷一十三亩五分，每田地二十亩折人一丁，共六千六百九十丁八分五厘。三项共一十六万四千五百八十二丁七分五厘，每丁派银三分三厘五丝五微一尘。
>
> 慈溪：该征车厩等驿水夫工食、船只铺陈什物支应等项银一千四百九十四两五钱五分九厘七毫并河南马价银九百六十两二钱四分六厘六毫，二项共银二千四百五十四两八钱六厘三毫。本县人丁除免、逃、绝等丁外该二万四千三百七十五丁。原额民田地四千七百五十六顷四十一亩五分九厘，每田地十亩折人一丁，共四万七千五百六十四丁一分。官田地四百六十七顷五亩七分，每田地二十亩折人一丁，共二千三百三十五丁二分八厘五毫。三项共七万四千二百七十四丁三分八厘五毫，每丁派银三分三厘五丝五微一尘。
>
> 奉化：该征连山、西店二驿步轿夫工食、铺陈什物支应等项银二千二百五十三两九钱四分三厘三毫四丝并河南马价银四百七十四两三钱三分六厘，二项共银二千七百三十两二钱七分九厘三毫四丝。本县人丁该三万九千一百四十一丁。原额民田地四千一

百六十三顷五十八亩一分，每田地十亩折人一丁，共四万一千六
百三十五丁八分一厘。官田地五百九十二顷九十一亩，每田地二
十亩折人一丁，共二千九百六十四丁五分五厘。三项共八万三千
七百四十一丁三分六厘。今议扣减逃、绝等丁银三百八十一两八
分四厘，扣除该丁一千一百三十二丁六厘四毫，外实该丁八万二
千六百九丁二分九厘六毫，每丁派银三分三厘五丝五微一尘。

这三县统一将民田地十亩折为一丁，官田地二十亩折为一丁，与
实际的人丁合计通派丁银。同样，浙江新昌县亦是将田地亦折成人丁：

> 田土折丁则例：每民寺职田一十亩准丁一丁，民寺地五十亩
> 准丁一丁，民寺山一百亩准丁一丁……均徭则例：每折丁一丁派
> 银五分四厘八毫。均平则例：每折丁一丁派银一钱二分八厘。①

田地折丁后，"人丁"一词已经与成丁男子的本意脱钩，纯粹作
为一种赋税单位，其具体所指，必须结合具体的语境加以判断。清代
前期鄞县、奉化等县的人丁含有零尾余数，其历史的源头即在此处。②

2. 半丁

明代差徭，视应役人丁的家庭资产情况区别佥派。时人何孟春
在记述马役时写道："前项丁地论丁则分乡逐里三等九则，务见某人
有何事产。除京官、军匠人等户内例优免外，其余不问豪民、黠胥
逐一审实，各照养马丁数添编佥金。某应堪作一丁，某应减为半丁，
与某朋作一丁，共若干丁，补足原额领养一马。"③ 这里，资产殷实

---

① 万历《新昌县志》卷六《民赋志》，第 6 页 b ~ 第 7 页 a。
② 据康熙《浙江赋役全书》（复旦大学图书馆藏，索书号 0127）记载：鄞县原额人
　丁二十一万四千七百一十丁七分，实在人丁同，奉化县原额人丁六万四千五百四
　十丁，实在人丁六万一千五百五十三丁四分六厘八丝五忽。
③ （明）何孟春：《何文简疏议》卷三《议马政疏》，《景印文渊阁四库全书》第
　429 册，台北：商务印书馆，1986 年影印本，第 77 页下栏。

者一人视作一丁，承担全份徭役；次者减为半丁，徭役赋担亦相应减半，与另一人合力承担一份徭役。有时逃亡人丁与不成丁的差徭也照一般人丁减半，"至于逃绝人丁，原额注于实征册内，有据者照旧免编外，其新开逃绝遽难概免，合照不成丁则例，比实丁减半编差。"①

当徭役衍化为丁银后，对于某些特殊情况的人丁，丁银减半征收，这就出现了"半丁"。"今载在《会典》者各项差役有银力均徭等件，近岁始通融为一条编，而有无粮者仍纳丁银，有粮有丁及粮多丁少、丁粮俱多一切照丁粮办纳，夫绝户逃亡既有所以处之矣，其余所征之丁亦乞大张告示，开载某郡某甲某户某人，或数丁或一丁或半丁，使人人自晓，不至有里递诳骗。"② 由此看来，一个实际纳税人，可能承担一份丁银，也可能承担多份丁银或仅缴纳半份丁银。这实质上同样说明，纳税册上的"人丁"在一些具体场合下是赋税单位，并不等同于实际的人丁。

（五）丁银的等则

晚明时的人丁编审和丁银征纳，各地已体现出复杂多样的特点。崇祯年间大臣毕自严在奏疏中提到："国初田赋之法，量田征役，而丁口漏报与税粮诡寄者同科。迨于累朝沿革不一，而四方奉行亦异：有三等九则，每丁自一钱以至九钱者，此昔年海内之制也；有徭役偏重，每丁自一两以至八九两者，此近年秦中之制也；有定额派田，其丁止寄虚籍空名者，此近年中州之制也；有条鞭法行，不分等则，每丁止银一钱五分或二钱者，此近年北直、山东之制也。"③

明代后期丁银的派征主要有两种方式，一是人丁不分等则，每

---

① （明）刘光济：《差役疏》，《古今图书集成·食货典》卷一五一《赋役部·艺文四》，第83723页中栏。

② （明）佚名：《征丁议》，《古今图书集成·食货典》卷一五二《赋役部·艺文五》，第83726页中、下栏。

③ （明）毕自严：《度支奏议》堂稿四《会议边饷条陈六款疏》，崇祯二年三月十九日题，《续修四库全书》第483册，上海古籍出版社，1996年影印本，第162页。

丁承担相同的负担。长江以南地域大都属这一类型。二是按照资产状况将户分为不同等则，不同等则户内的人丁丁银负担轻重不等。北方州县多属此类。"北畿州县审编均徭，初止审三等九则户门，并不注定差银多寡数目。审定户则，然后通算三等人户，除役占优免外，该当差者共有若干丁，却算本州县银力差该用银共计若干两，方令三等九则户丁差等出银，期足供银差、力差之用而已。"①

丁分等则，北直隶、山东等地一般是分"三等九则"，但也有诸多例外，即使在一府之内，丁银征派也会大相径庭。山东兖州府曹州下辖曹县、定陶两县，"顾条鞭丁银……曹县丁不论贫富，每丁止编银七分二厘；定陶丁虽论九则，然上户一丁止于九钱；两县者外无余差，亦无余征矣。独（曹）州上户一丁编银九钱，兼编门银三十两；其余八则，每一户丁，门银各不下一二十两；至下户人丁，尚编银一钱。"② 随着明后期一条鞭法的深入推行，不少州县由"三等九则"渐转为单一等则。如山东青州府益都县，旧制户分九则，"自万历二十年条鞭之法行，户不分则，均之田亩，每丁例编银一钱七分，后因加派兵饷，增至二钱七厘。"③

把多等则编丁改为一则征丁，往往受到士绅作梗，施行并不顺利。例如，朱长春在晚明时担任南直隶庐州府舒城县的知县，赴任之前，该县丁分九则，弊病颇多，"以九则定征，是极弊而苦细民也。按旧则，上上一丁征银一两七钱，下下一丁征银二钱四分，上不复增，下不复减。法谓渐次降杀，可以疏通，独不计名田数百石之家，稍出赢息，则安坐享利，尺土偶耕及无业之民，日夜作苦不能自活。计丁银二钱四分得卖米一石，以升粟无措，朝不谋夕，而责输石米，则死笞而不得完矣。又故事，舒中无多荐绅先生之家，其士能记诵补弟子员，及民以赀入官为吏，皆冒免例复其身，并复

①　（明）何瑭：《均徭私议》，陈子龙编《明经世文编》卷一四四，第1443页。
②　（明）顾炎武：《天下郡国利病书》第15册《山东上》引《条鞭总论》，第1203页。
③　（明）顾炎武：《天下郡国利病书》第16册《山东下》引《益都县志》，第1247页。

其家余丁，每年输粮之外毫不与征。所谓九则之丁，独责无役之民耳。而又有豪家大猾，诡计漏版其中，彼颟蒙无力者，安得不益急也！"①豪绅大族中的成丁照例应编为上则，承担较高的丁银，但其千方百计隐匿丁口，逃避编审，将税负大都转嫁给贫丁穷户。后曾有陈姓知县推行改革，将税银丁田分派，"除去九则，悉以丁银照田地塘弓口散派，每三石以内出银每石二钱，三石以外出银每石一钱，其人丁分有妻者出四分，无妻者出二分，不足又取之经济及在官差役。"陈知县"其所为救弊而疏穷，心甚苦，计亦甚周矣"，但问题在于"然而三石以内者业少民穷，而银倍征；三石以外者业渐廓、户渐殷而减征，是法不等而穷户犹困也。丁银多寡计妻有无，县官安能家至而核之？是里书犹借缘为奸也。"百姓的困苦未能根治，而豪绅大族"因隙借口群赴告府不便，欲复九则"，使改革有流产之虞。

朱长春就任伊始，"集县中父老乡民温词委问，则皆道：'陈令法，其便民者已十得五，独二钱一钱之数稍稍未均，通而均之可使永久不困，甚无愿九则，愿九则者皆私也。'职复经查前词，都无百姓告苦，独县中小乡官等言之，则皆旧所为籍则冒免者也，是不足信。"弄清事件原委后，朱知县"旦暮焦思，以为法欲宜民，当使富贫一均，征额画一"，贯彻既有改革，在清理出大量隐匿人丁的基础上，适当调整纳税额度，"仅照县额丁银一万一千三百四十两七钱七分七厘七毫七丝，总计丁产合一均征。每丁一丁出银一钱四厘五毫五丝，县丁额旧三万一千八百七十二丁，近经招流搜隐，又得八千一百三十五丁，共丁四万有七，内除优免丁七百三十有五，实征三万九千二百七十二丁，计得银四千一百一两九钱九分九厘六毫七丝正。县田地塘除学田不纳差外，共六万九千三百三石一斗六合，其优免原在四差，今可无免，共计得银七千二百八十八两七钱七分八

---

① （明）朱长春：《舒城县丁役申文》，《朱太复文集》卷三七，四库禁毁书丛刊编委会《四库禁毁书丛刊》集部第60册，北京出版社，1997年影印本，第529～531页。本段及下一段引用文字均出于此处。

厘九丝正。二银共额征如旧,立为定则。"如此,当差人丁(尤其是无地少地的穷丁)的负担较以往大为减轻,而官府的赋税征缴也更为便利。

二 从户口食盐钞到丁银

明初虽无"丁银"名目,但存在按丁口征收的"户口食盐钞"(也称"户口食盐课",简称"盐钞"、"盐课"),这是丁银的另一来源。

户口食盐钞在明代之前存在已久。明代始征收于永乐二年,"令两京官吏人等,及各处官民户口食盐,每岁大口纳钞一十二贯,支盐一十二斤;小口纳钞六贯,支盐六斤。"① 永乐四年,明确规定"大口"为十五岁以上者,"小口"为十岁以上者,均须纳钞支盐(日后亦一度规定以米、钱代钞,数额亦有变化)。可见户口食盐钞起初乃是官府计口配售食盐之法。不久以后,官府虽不再向民众支盐,但仍旧征钞。② 除了"未出幼男女,及孤寡残疾、充军当匠亡故人口,免征盐钞",其他全体官民均有缴纳义务,户口食盐钞衍化成了一种对全体丁口征课的人头税。

户口食盐钞与夏税秋粮一样,其中相当一部分需要起运上缴中央。"嘉靖六年诏,各处起运京库户口盐钞,今后每钞一贯,折银一厘一毫四丝三忽。每钱七文,折银一分。计钞一块,共折银四两。经收大户人等,不得分外科敛,侵欺入己。"③ 在万历《会计录》中各州县的户口食盐钞额度均详细载明,而徭役折银则悉数由地方自行支配,故不见于《会计录》中——这是两者之间的重要区

---

① 本节制度方面内容,皆引自《大明会典》卷四一《官民户口盐钞》,第758~759页。

② 《明宪宗实录》卷六〇,成化四年十一月庚申,台北:中研院历史语言研究所,1962年影印本:"旧例户口食盐止令纳钞而支盐。景泰初乃令纳米。夫户口不得食盐而虚令纳钞,已为损民,今又转令纳米,实所不堪,乞敕户部仍如旧例,验口纳钞为便。"(第1218页)

③ 《大明会典》卷四一《官民户口盐钞》,第760页下栏。

别之一。

"一条鞭法"推行后，徭役折成银两按丁征派，从而与户口食盐钞在性质上具有相近之处，惟相比之下，户口食盐钞的额度低于徭役折银。为便利征缴，官府往往将户口食盐钞并入徭役转化而成的丁银一并征收，如福建泉州府等地，"嘉靖七年，御史聂豹议将户口钞价并入八分料银内征纳"。[①] 由此时人往往将户口食盐钞视为徭役的一种："今日之徭役，其类有六：曰银差，曰力差，曰里甲，曰额办，曰杂办，曰盐钞。"[②]

由于户口食盐钞数额不大，照人征收则颇为烦琐，有些地方的户口食盐钞在明中后期即被摊入田赋之中。如南直隶常州府等地，"户口食盐钞自永乐以后，用岁报口数概征之，其增损不一，民多烦扰。成化十七年巡抚尚书王恕便宜于秋粮耗米内，官给解户起运，各县并同。"[③] 而在照人征收户口食盐钞的地域，其征收对象囊括了妇女与未成丁在内的几乎全部人口，而并非只为成年男丁，惟前者的税赋负担轻于后者。如浙江新昌县，万历初年"每成丁一丁派盐粮钞二分三厘七毫八丝……遇闰加银一厘八毫二丝九忽，妇女一口派银如男丁之半。"[④] 在男丁缴纳的户口食盐钞并入丁银后，南方一些地方由妇女和未成年人负担的户口食盐钞继续存在，直至清代。"（顺治十三年）议准：江西、福建、广东三省《（赋役）全书》内，有妇女盐钞银，按口征派不等。余省无妇女名色，其盐钞银均派地丁内，仍照旧行，不必更张。"[⑤] 更有甚者，承担户口

---

① （明）顾炎武：《天下郡国利病书》第 26 册《福建》引《泉州府新志·盐课》，第 2197 页。

② （明）顾炎武：《天下郡国利病书》第 15 册《山东上》引《泗水县志》，第 1194 页。

③ 成化《重修毗陵志》卷七《课程》，收入《中国方志丛书》，成文出版社，1983 年影印本，第 537 页。

④ 万历《新昌县志》卷六《民赋志》，第 7 页 a。

⑤ 康熙《大清会典》卷二三《户部·户口·编审直省人丁》，《大清五朝会典》第 1 册上，第 265 页下栏。

食盐钞的妇女与未成年人被纳入人丁之内。清代前期浙江许多州县的人丁中有"食盐钞丁"（即未成丁）、"食盐课口"（即妇女）等名目，其丁银实际上即为旧时户口食盐钞衍化而来，税额普遍低于普通人丁。

综上所述，丁银的形成，是明代中后期役法改革的结果。经过"一条鞭法"改革，原本的徭役（主要是均徭）折为银两，一部分派入地亩，另一部分和户口食盐钞等税赋结合，按丁派征，成为丁银。丁银是徭役货币化的体现，人民在缴纳丁银的同时摆脱了大部分徭役的苛扰，这对于农业生产与商业发展均有正面意义。但丁银的派征亦建立在人丁编审制度下，这意味着国家对于人民（尤其是成丁男子）的人身控制并未出现根本改变。而丁银负担对于广大人民，尤其是无产业者来说，仍是一项较为沉重的负担。征发丁银所引发的一系列社会问题，从全国而言，直至清中期摊丁入亩普遍推行后，方得以根本解决。

第二节　明中后期江西的人丁编审和丁银征收

上文的研究表明，丁银形成的关键是明代中期的嘉靖到万历年间。江西作为此项赋役制度改革的先行者、缩影和典范，研究意义尤其突出，而嘉靖《江西赋役纪》和万历《江西赋役全书》这两部一手的赋税册籍大体完整地存留至今，进一步提升了其研究价值。《江西赋役纪》约成书于嘉靖三十九年（1560年），[1]《江西赋役全书》成书于万历三十九年（1611年），[2] 两书迄今保存的涵盖地

---

[1]　《江西赋役纪》提要曰："此书是明嘉靖年间江西赋役改革中形成的各地赋役额数档册，为地方官吏汇总档案资料编订而成……考书中内容，应在江西实行一条鞭法前后编订，记载之事，时间最晚至嘉靖三十九。"见《天一阁藏明代政书珍本丛刊》第 8 册《江西赋役纪》，线装书局，2010 年影印本，第 3 页。

[2]　参见刘兆祐《叙录》，屈万里主编《明代史籍汇刊》第 25 册《江西赋役全书》，台湾学生书局，1970 年影印本，第 1～2 页。

域范围如表 2-2 所示。它们是反映明中后期江西实施差役折银雇募和一条鞭法前后赋役改革过程的极为珍贵的原始资料。这一节中，笔者在上一节研究的基础上，着重利用这些资料，结合其他史料，对明代中后期的人丁和丁银作进一步的分析研究。

表 2-2　《江西赋役纪》和《江西赋役全书》保存的地域范围

	《江西赋役纪》	《江西赋役全书》		《江西赋役纪》	《江西赋役全书》
南昌府	√	√	南康府	√	
瑞州府	√	√	九江府	√	√
袁州府	√	√	赣州府		√
临江府	√	√	抚州府		
吉安府	√	√	建昌府		
广信府	√	√	南安府		
饶州府	√	√			

一　嘉靖年间江西徭役向丁银的转化
——以《江西赋役纪》为核心

明代中期，江西的徭役派征积弊日久，贻害百姓。《明孝宗实录》记载："北畿之民苦于应办，江西之民苦于力役，苏松之民苦于赋贡，松潘等处及南北沿边苦于夷虏，加以寇盗生发，贪残横行，赋役无艺，民失生理。"[①] 明代中期后，官府滥行科派，徭役名目繁杂，时常耽误农时，影响百姓生计，而官府对于户口的管制较明前期有所松动，百姓为逃避赋役，千方百计隐匿户口，以致承担赋役的载籍人丁日益减少，当差人丁负担则日趋加重。此外，部分州县的实在丁数锐减，但赋税册上的额征丁数却沿袭明初"原额"。江西吉安府吉水县就是这样一个典型：

---

① 《明孝宗实录》卷二〇六，弘治十六年十二月丁巳，台北：中研院历史语言研究所，1962 年影印本，第 3835 页。

按攒造京省黄册，不敢亏损原额丁口，曰遵制也。府县编派，别有实征数目，曰便民也。原额不敢亏损，故假立推收册，无可据实征，便于编派，故丁有新旧，岁必增减，此江右之通例也。吉水成丁男子一十四万二千二百零七丁，犹永丰一十一万有零，盖洪武初年之原额也。嘉靖年间止有九万七百一十丁，而永丰则减为五万八千八百有零。二十六年前令王君之诰奉本院刊刻实征，以革宿弊事例，研除补凑，止有七万九百一十七丁，刊册申缴，永丰亦减而为四万五千七百，此编派之所据也。二十七年使司类撰《总会文册》，吉水仍以九万旧丁载入课程项下，而永丰得书新丁四万五千，由永丰推之他县可知也。是时申诉再三，未得允改。三十六年使司编派皇木，又以原额十四万丁起数，而他县皆从实征。日者详查本府三十一年改造实征总册，吉水仍载十四万原额，而永丰又书五万旧丁，彼此舛错竟无归一。[①]

嘉靖前期吉水县实在人丁数尚及洪武初年原额人丁的三分之二，到嘉靖二十六年，实在丁数已不足原额的一半。尽管知县王之诰据实上告，但次年布政使司编修的《总会文册》里，该县额征人丁沿用嘉靖初年旧数，而非实在数额。知县虽多次申诉，但未得改正。更有甚者，嘉靖三十六年朝廷派征木料，该县额征人丁竟为洪武初年的原额数。可以想见，该县的当差人丁，必然因此不堪重负。其他州县，固然有如邻县永丰那样照实额征，然而"江右之通例"，地方官明知载籍丁口锐减，"不敢亏损原额丁口"，以原额丁数核征赋役，责成于实在当差人丁，引发人丁不断逃亡，里甲日益虚耗的恶性循环，各项徭役的派征也越发成为官府的一大难题，赋役制度的改革迫在眉睫。

---

① （明）罗洪先：《与台省诸公论核丁》，《古今图书集成·食货典》卷一五一《赋役部·艺文四》，第 83718 页下栏。

　　改革的第一步，是将征发徭役改为征银雇募。正统年间创行于江西的均徭法，就将徭役分为"银差"和"力差"，前者征银雇募，后者派征人力。力差里的重役，如征缴赋税的"粮长"、输运贡赋的"解户"、保管仓库的"斗级"等，有包赔破产的风险，本应由产丰丁多的上户承担，然而其多以贿买、诡寄之法逃脱，往往转嫁难以胜任的中下户承担，中下户常常为此逃亡躲避，差役亦无法完成。州县官着手以折价雇役的办法解决力差的弊端，力差亦开始向银差转化。

　　嘉靖九年，朝廷开始推行按人丁、田亩派征徭银的政策，"令各该司府州县审编徭役，先查岁额各项差役若干、该用银若干，黄册实在丁粮，除应免品官、监生、生员、吏典、贫难下户外，其应役丁粮若干，以所用役银，酌量每人一丁、田几亩，该出银若干，尽数分派。如有侵欺余剩听差银两入己者，事发查照律例，从重问拟。"[①] 在江西，"嘉靖十年，南赣都御史陶谐以赣名邑而徭役重，其杂差之故耳。乃奏行条鞭法，概算于田，总括众役。每夏税秋粮计田一亩纳银止于二分三分，民自乐于征输，而官不劳于督理。编审之时更无分外诛求，官民两获其利。"[②] 嘉靖十四年，"巡抚浦南胡公因坐派增加，虑里甲虚耗难于均平，始改算丁粮以便征收"，[③] 差役由按里派征改为按人丁、田赋分别派银。到嘉靖后期，从《江西赋役纪》来看，各州县的四差——里甲、均徭、驿传、民兵四项差役分列记载，均已改行征银雇募。其中，里甲、均徭银系人丁、田赋分征，驿传、民兵的代役银本系丁粮分派，但各州县均载明"今奉议随粮带征，照项解给"，不再按人丁派征。限于本书主旨，笔者着重讨论《江西赋役纪》中记载的里甲银、均徭银和户口盐钞的征派情况。

―――――――――

　　① 《大明会典》卷二〇《赋役》，第363页。
　　② （明）张萱：《西园闻见录》卷三二《户部一》，明文书局，1991年影印本，第468页。
　　③ （明）罗洪先：《与台省诸公论核丁》，《古今图书集成·食货典》卷一五一《赋役部·艺文四》，第83719页上栏。

（一）里甲银

在明代，差役折银并非国家税赋，不入朝廷《会计录》，因而地方灵活性很大。江西一省，仅吉安府里甲、均徭银系"以九县丁粮均摊"，各县里甲银每二丁折粮一石，每石该派银三分六厘九毫零，每丁征银一分八厘四毫零；各县均徭银每丁折粮五斗，每丁派银二钱三厘四毫零，每石派银四钱六厘九毫零。其余诸府则是各州县自行按丁粮分派，丁折为粮，通算征银。以南昌府南昌县的里甲银为例：

> 坊乡共六百三十八里，计人丁一十一万三千四百八丁，内除逃绝并坊社人丁不派，实丁七万五百七十丁，每丁折粮一石。民粮一十一万二百一十七石八斗三升五合六勺，内免胡尚书坟域米五石三斗五升，又沙逃改重湖田米一万七千四百九十九石五升七合三勺，外新升米一十四石三斗一升，俱二石折一石。实编丁粮一十七万二千四十石一斗一升五合九勺五抄。除坐派并鱼油共银一千九百二十九两一钱三分二厘五毫今入秋粮代征，又除杂夫灯夫另计，该额办银五百六十一两一钱一分八厘，杂办银七千六十九两六钱五分三厘九毫，内除各州县代编公费银二千一百四十六两三钱四分八厘八毫五丝，实征银五千四百八十四两四钱二分三厘五丝。丁粮每石派银三分一厘八毫七丝八忽七微五纤。[①]

各州县体例皆然，只是人丁折粮的比例不一。每人丁折粮一石的是南昌府各州县、瑞州府各县、临江府清江、峡江、新喻三县、广信府各县、饶州府鄱阳县。每丁折粮五斗的有袁州府各县、临江府新淦县、吉安府各县、饶州府各县（鄱阳县除外）、南康府各县、九江府德安县。值得一提的是，九江一府下辖五县，其里甲银丁粮分派的方式多达四种。

从表 2-3 可见，尽管该府各县的人丁折粮比例不一，但各县里

---

① 《天一阁藏明代政书珍本丛刊》第 8 册《江西赋役纪》，第 11~13 页。

甲银丁地摊派的比例相当一致，摊派人丁的比重在20%上下，其余则摊派于田赋。可见，每丁折粮的比例尽管是各县自主安排，其内在还是有着一定规律的。

表 2-3 九江府各县里甲银丁、粮分摊情况

名	实在人丁数	每丁折粮比例	人丁折粮数（石）	民粮数（石）	实编丁粮数（石）	人丁折粮占实编丁粮比重(%)
德化县	5999	二斗五升	1499.75	5647.90	7147.65	20.98
德安县	4144	五斗	2072.00	6219.52	8291.52	24.99
瑞昌县	4070	三斗	1221.00	5632.61	6853.61	17.82
湖口县	6187	1/3 石	2062.33	9978.42	12040.75	17.13
彭泽县	6722	三斗	2016.60	10416.92	12433.52	16.22

资料来源：《江西赋役纪》九江府各县部分。

（二）均徭银

均徭银同样是丁折为粮，丁粮分派，但人丁折粮比例与里甲银有所差别。江西绝大部分州县均为每丁折粮五斗，仅临江府新喻县、南康府都昌县每丁折银一石；九江府彭泽县每丁折粮三斗；南康府星子县、九江府德化县每丁折粮二斗五升；九江府湖口县每三丁折粮一石。以南昌府南昌县为例：

> 均徭原额银力二差共银六千七百二十五两七钱五分三厘二毫，内除裁减各差银二十四两一钱，实增银三千二百六十三两四钱一分二厘，备补闰月优免银二百五两五钱四分，共一万一百七十两六钱五厘二毫。通计人丁一十一万三千四百零八丁，每丁折粮五斗，民粮一十一万二百二十五石二斗四升四合七勺，内除优免及沙逃虚丁量减丁粮四万二千七百八十五石六斗二升七勺，实编一十二万四千一百四十三石六斗二升四合，以十段分之，每年丁粮一万二千四百一十四石三斗六升二合四勺。每丁银四钱零九厘六毫三丝二忽，每石银八钱一分九厘二毫六丝四忽。

与里甲银一年一次通征的方式不同，均徭银"以十段分之"，采用的是"十段法"的征派方式。"十段法"即"十段锦法"，成化年间初行于福建，正德以后通行于南方各地。其法仍保持明初轮役制，只是在编审之时打破以户为编审单位的界限，而将全县各里甲人户名下的人丁、地亩、田赋数额加以清查，有的以田粮折丁，但更多的是将丁折成田粮核算。然后分成十段，各段负担能力大体均平，一州一县之徭役，逐年按段编派，每十年一轮。上述南昌县均徭银，每丁十年一征银四钱零九厘六毫零，平均每年负担均徭银四分九毫零。江西其他各州县亦如此例，惟九江府各县"以五段分之"，均徭银五年一轮，是为例外。

（三）户口盐钞

户口盐钞并非徭役转化，笔者已在上一节就其源流作过考证，此处不赘。户口盐钞的数额低微，每年不过征银数厘，而承担者不仅有男子成丁，还包括妇女大口。

从表 2-4 来看，里甲银、均徭银和户口盐钞银各成系统，派征的人丁数各不相同。里甲银一项内，人丁分额载人丁和去除逃绝虚丁后（南昌、新建二县的坊社人丁亦不派里甲银）的实征人丁两项。从实征人丁的比例来看，江西近半数的州县并无逃绝虚丁的记载，而南昌瑞州、临江、饶州三府部分州县逃绝虚丁比重较大。其中，临江府新喻县、清江县、饶州府乐平县逃绝虚丁的比重达到或超过额载人丁之半。均徭银一项记载的人丁数基本上等同于里甲项内的额载数，未载明实征丁数，仅在人丁折粮后的合计项下记载"内除优免及沙逃虚丁量减丁粮"。[①] 明代对于官吏士大夫等特权阶层（即优免人丁）仅豁免均徭等杂役，里甲正役并不予优免，差役折银派征后，这个原则继续维持。照此推断，均徭银的实征人丁应当少于里甲银的实征人丁。

---

① 仅都昌县载明优免及虚逃丁数："计人丁一万六千四百九十三丁，民粮一万九千八百七十石二斗五升四合三勺，除优免并虚逃三千五百二十三丁，粮一千六百四十一石九斗，实编丁一万二千九百七十丁。"（《天一阁藏明代政书珍本丛刊》第 9 册《江西赋役纪》，第 337～338 页）该县里甲银与均徭银项下额载人丁数有出入，江西各州县仅此一例外。

表 2 - 4 《江西赋役纪》所载各项人丁与丁银

州县名	上级政区	里甲银				均徭银		户口盐钞			
		人丁数	实征人丁数	实征比例(%)	每丁科银(钱)	人丁数	每丁年均科银(钱)	男子成丁数	妇女大口数	性别比	每丁口科银(钱)
南昌县	南昌府	113408	70570	62.23	0.32	113408	0.41	113408	86267	131	0.03
新建县	南昌府	40623	26607	65.50	0.39	40623	0.29	40623	20560	198	0.05
丰城县	南昌府	57848	39454	68.20	0.16	57848	0.25	57848	36190	160	0.06
进贤县	南昌府	48807	40428	82.83	0.17	48807	0.24	48807	36362	134	0.05
靖安县	南昌府	8234	7907	96.03	0.28	8234	0.23	8234	13129	63	0.02
武宁县	南昌府	23902	23902	100.00	0.16	23902	0.17	14344	20852	69	0.05
宁州	南昌府	29750	29750	100.00	0.20	29750	0.22	29750	56963	52	0.02
奉新县	南昌府	23437	16800	71.68	0.18	23437	0.24	23437	24069	97	0.03
高安县	瑞州府	73889	73889	100.00	0.11	73889	0.23	73889	52185	142	0.03
上高县	瑞州府	46497	39612	85.19	0.12	46497	0.21	46497	49938	93	0.02
新昌县	瑞州府	30666	19730	64.34	0.16	30666	0.22	30666	19627	156	0.04
分宜县	袁州府	13415	8457	63.04	0.11	8457	缺	13415	19915	67	0.05
萍乡县	袁州府	16024	16024	100.00	0.10	16024	缺	12279	35919	34	0.05
万载县	袁州府	12833	12833	100.00	0.08	12833	缺	12833	29623	43	0.04
宜春县	袁州府	15684	13580	86.59	0.11	13580	缺	15684	39348	40	0.04
清江县	临江府	38543	19271	50.00	0.36	38543	0.32	38543	36189	107	0.05
峡江县	临江府	16056	10124	63.05	0.27	16056	0.04	16056	32773	49	0.02

续表

州县名	上级政区	里甲银				均徭银		户口盐钞			每丁口科银（钱）
		人丁数	实征人丁数	实征比例（%）	每丁科银（钱）	人丁数	每丁年均科银（钱）	男子成丁数	妇女大口数	性别比	
新淦县	临江府	22704	13634	60.05	0.17	22704	0.33	22704	50489	45	0.02
新喻县	临江府	36593	13567	37.08	0.25	36593	0.50	36593	67545	54	0.02
吉水县	吉安府	70917	70917	100.00	0.18	70917	0.20	70917	69212	102	0.06
龙泉县	吉安府	14551	14551	100.00	0.18	14551	0.20	14551	6392	228	0.02
庐陵县	吉安府	138007	138007	100.00	0.18	138007	0.20	138007	53674	257	0.04
泰和县	吉安府	50121	50121	100.00	0.18	50121	0.20	50121	24483	205	0.05
万安县	吉安府	23432	23432	100.00	0.18	23432	0.20	23432	12326	190	0.04
永丰县	吉安府	45777	45777	100.00	0.18	45777	0.20	45777	39199	117	0.05
安福县	吉安府	31714	31714	100.00	0.18	31714	0.20	31714	4086	776	0.08
永新县	吉安府	26990	26990	100.00	0.18	26990	0.20	26990	14840	182	0.03
永宁县	吉安府	5248	5248	100.00	0.18	5248	0.20	5248	2341	224	0.08
上饶县	广信府	35313	35313	100.00	0.21	35313	0.52	33219	24313	137	0.03
玉山县	广信府	15267	13538	88.67	0.34	15267	0.60	15267	9167	167	0.04
永丰县	广信府	18490	18490	100.00	0.27	18490	0.42	15098	12207	124	0.03
铅山县	广信府	9300	9300	100.00	0.37	9300	0.73	7157	7100	101	0.03
弋阳县	广信府	23454	20980	89.45	0.23	23454	0.38	23454	14200	165	0.03
贵溪县	广信府	27412	27326	99.69	0.25	27412	0.50	21348	19012	112	0.04

续表

州县名	上级政区	里甲银				均徭银		户口盐钞			
		人丁数	实征人丁数	实征比例(%)	每丁科银(钱)	人丁数	每丁年均科银(钱)	男子成丁数	妇女大口数	性别比	每丁口科银(钱)
鄱阳县	饶州府	87384	69803	79.88	0.17	87384	0.54	87384	79380	110	0.03
余干县	饶州府	30781	27693	89.97	0.19	30781	0.35	30781	23932	129	0.04
乐平县	饶州府	36890	18001	48.80	0.17	36890	0.43	36890	20175	183	0.06
安仁县	饶州府	15838	9055	57.17	0.21	15838	0.47	15838	16047	99	0.03
浮梁县	饶州府	28369	28369	100.00	0.13	28369	0.35	28369	29135	97	0.05
德兴县	饶州府	16244	12091	74.43	0.19	16244	0.32	16244	8893	183	0.05
万年县	饶州府	15779	15779	100.00	0.10	15779	0.34	15779	11817	134	0.04
星子县	南康府	10370	7150	68.95	0.20	10370	0.32	10370	9493	109	0.02
都昌县	南康府	16602	16602	100.00	0.16	16493	0.30	16493	13910	119	0.06
建昌县	南康府	21890	21890	100.00	0.11	21890	0.59	18468	19422	95	0.04
安义县	南康府	7649	7047	92.13	0.17	7649	0.56	7649	9233	83	0.06
德化县	九江府	5999	5999	100.00	0.36	5999	0.60	3618	3916	92	0.05
德安县	九江府	4144	4144	100.00	0.22	4144	0.89	4099	4660	88	0.03
瑞昌县	九江府	4198	4070	96.95	0.06	4198	1.49	4198	4180	100	0.02
湖口县	九江府	6187	6187	100.00	0.18	6187	0.82	4818	4767	101	0.03
彭泽县	九江府	6754	6722	99.53	0.17	6754	0.74	6754	6412	105	0.02

户口盐钞项下的男子成丁数，有 11 个县与里甲银项下的额载丁数有出入。值得注意的是，考察该项男子成丁与女子大口的性别比（每 100 名妇女对应的男丁），各州县的结果可谓错综离奇，自 34 至 776 不等。由此可见，赋役文书中的载籍人口，单纯作为赋税意义上的单位存在，与实际的人口状况相去甚远。

明代官方的载籍户口，总的趋势是越来越少。当时的某些人士，已经注意到了载籍人口的失实。王士贞指出："国家户口登耗有绝不可信者……然则有司之造册，与户科、户部之稽查，皆仅儿戏耳。"①明清之际的任源祥在比较了洪武与弘治两朝载籍户口后说道："窃计洪武兵革之后，户口消耗。弘治盛时，蕃息不啻倍蓰于前。而造册总数，不惟无益，且有损焉，则脱漏者多也。脱漏户口，律非不严；弘治君臣，察非不精也。而所以得容其脱漏者，为其无甚关于会计之大数也。有司惟以赋役之办集为课最，而不以户口之消长为贤否。积玩之余，一隐于游手，再隐于相冒，三隐于浮客。田有并兼，而人亦并兼，亦法之流弊使然矣。"②而万历《南昌府志》上的一段话从更深层次揭示了原因：

按隆庆六年后户几三十万，口几九十万，此著成丁者耳，其未成丁及老病男女奚啻百万，而每户未报者总亦不下数十万，流民移户尚不在此数，是几二百余万口也。而万历十四年丈清官民田地山塘其七万顷有奇，其中田地可食者不过五万顷有奇，土壤原瘠，以上中下乘之，计一顷出谷不及一百五十石，而缩加以水旱则不及一百石有奇，计口以食，仅养二十口而不足。总计田五万顷，仅养丁百万有奇耳。是常有百万口无养也，以故郡民多半逃亡或客外不归，至父母妻子终身以衣食之故不相

---

① （明）王世贞：《户口登耗之异》，《弇山堂别集》卷一八《皇明奇事述三》，魏连科点校，中华书局，1985，第 1 册，第 326 ~ 327 页。

② （明）任源祥：《赋役议（上）》，贺长龄编《清经世文编》卷二九，第 701 页下栏。

见者多矣。仁人君子念之当为流涕。迩有欲尽数核丁者，以丁
多则差轻，不知岁久弊生，猾胥旋巧那增，日积毫厘，差将复
重。且世事难测，异时安敢料其不加，是既不能养之，又不复
役之，大非人情矣。爰详户口异览者察其蕃庶，思以生养休息
焉，而无徒曰"吾将尽役之也"，则庶其逃亡者可省也。①

明代中后期以后，官府对于户口的控制越发松弛，大量人口
或离乡流寓，或故意隐匿，处于官方册籍登载之外。对于载籍丁
口数量增长迟滞乃至衰减的问题，多数地方官以满足赋役需要为
原则，并未多加留意。严格黄册编审和人口登记制度，固然可以
增加载籍人丁数量，减轻当差人丁的负担。然而核查漏丁耗时费
力，困难重重，且州县官员唯恐载籍人丁增加后，上级借机加派
赋役，节外生枝，故此，在赋役征派得以维系的情况下，视黄册
的编纂、人丁的编审为虚应故事。如果明确了这一点，对于明代
中后期载籍人丁，乃至整个国家户口日益减少的历史谜团，答案
就不难找到了。

二　万历年间丁银的一条鞭——以《江西赋役全书》为核心

从《江西赋役纪》来看，嘉靖晚期，江西的各项差役基本已经
折银雇募，或照丁粮分派，或完全摊入田赋。然而存在的问题是，
税出多门，零散分派，吏役奔走催科，百姓频繁完纳，不胜烦扰，
亦给官吏借机加派，中饱私囊滋生了便利。且均徭银五年或十年一
纳，数额较大，贫民负担较重。这些弊端促使丁银的"一条鞭"征
法应运而生。

嘉靖十年，御史傅汉臣上疏"顷行一条编法，十甲丁粮总于一
里，各里丁粮总于一州一县，各州县总于府，各府总于布政司。布
政司通将一省丁粮均派一省徭役，内量除优免之数，每粮一石审银

①　万历《南昌府志》卷七《户口》，书目文献出版社，1985年影印本，第123页。

若干，每丁审银若干，斟酌繁简，通融科派，造定册籍，行令各府州县永为遵守，则徭役公平而无不均之叹矣。"① 但该法当时未得推广。嘉靖后期周如斗巡抚江西，"稔知民困差役，创议行条鞭法，以劳瘁卒。"② 隆庆初年，在首辅徐阶的倡导下，江西巡抚刘光济在省内各州县"通计一岁共用银若干，照依丁粮编派。开载各户由贴，立限征收。其往年编某为某役、某为头户贴户者，尽行查革。如有丁无粮者，编为下户，仍纳丁银。有丁有粮者，编为中户，及粮多丁少，与丁粮俱多者，编为上户，俱照丁粮并纳，著为定例。"③ 该法得到朝廷的批准，成为万历年间全国推广一条鞭法的先行者。

一条鞭法将各项差役折银合为一项，明确数额，一年中一次完纳，不仅公私两便，而且较"十段法"更为均衡易行。"盖轮甲则递年十甲充一岁之役，条鞭则合一邑之丁粮充一岁之役也。轮甲则十年一差，出骤易困。条鞭令每年出办，所出少，易输。譬则千石之重，有力人弗胜，分十人而运之，力轻易举也。诸役钱分给主之官，承募人不得复取赢于民，而民如限输钱讫，闭户卧而无复追呼之扰。"④ 诚为赋役制度史上的一大进步。

万历《江西赋役全书》是反映一条鞭法推行状况的原始资料。在该书内，各州县的人丁和丁银不再分列散见于里甲、均徭、户口盐钞诸项内，而是合为一项，统一开列计征。将嘉靖《江西赋役纪》与万历《江西赋役全书》有关人丁和丁银的记载加以比较，可以发现后者具有以下特点。

（一）丁银纳税主体的多样化

在《江西赋役纪》中，承担里甲银和均徭银的只有"人丁"一项，而户口盐钞银的承担者除了人丁，还有妇女。而《江西赋役全

---

① 《明世宗实录》卷一二三，嘉靖十年三月己酉，第 2971 页。
② 雍正《江西通志》卷五八《名宦二》，第 28 页 a。
③ 《大明会典》卷二〇《赋役》，第 364 页上栏。
④ （明）章潢：《图书编·一条鞭法》，《古今图书集成·食货典》卷一四二《赋役部·总论五》，第 83642 页上栏。

书》中，丁银的纳税主体较为复杂，除了普通人丁外，还有"成丁"、"不成丁"、"坊丁"、"乡丁"、"优免丁"等名目。以南昌县为例：

　　户口一十三万四千七百二十二丁口内：

　　　　坊成丁五千九百七十九丁，例不优免。每丁派公费盐钞银一钱二分五厘四毫五忽四微四纤。不成丁六百六十九丁，每丁派公费盐钞银六分二厘七毫二忽七微二纤。

　　　　乡成丁六万九千三百八十四丁，除优免人丁五千一百六十七丁，实编差人丁六万四千二百一十七丁。每丁派四差盐钞匠班银一钱四分一厘七毫三丝九微一纤。其优免增减听粮道每年派单。不成丁一万一千二百九十三丁，每丁派四差匠班银六分八厘一毫六丝二忽七微四纤。

　　　　妇女四万七千三百九十七口，每口派盐钞银五厘四毫五忽四微四纤。①

　　1. 成丁与不成丁

　　《明史·食货志》曰："丁曰成丁，曰未成丁，凡二等。民始生，籍其名曰不成丁，年十六曰成丁。成丁而役，六十而免。"② 该县坊成丁每丁承担的丁银是坊不成丁的两倍。乡成丁的丁银含有盐钞，而乡不成丁则否。前者的丁银里减去盐钞后，恰也为后者的两倍。可见，不成丁是按照成丁减半征收丁银的。其他将人丁分为成丁、不成丁的县份，如新建、鄱阳、德化、瑞昌等也是同样情况。然而，饶州府余干、安仁两县虽有未成丁载入编审，但并未派征丁银。

　　2. 坊丁与乡丁

　　在《江西赋役纪》中，省会所在的南昌、新建二县已有"坊社人丁"之称，被豁免里甲银。《江西赋役全书》中，南昌、新

_____

① 万历《江西赋役全书》，第 237～238 页。
② 《明史》卷七八《食货志二·赋役》，第 1893 页。

建、鄱阳三县人丁有"坊丁"、"乡丁"之分，其丁银的具体名称亦不相同。南昌县坊成丁缴纳"公费盐钞银"，乡成丁缴纳"四差盐钞匠班银"。新建县坊成丁缴纳"公费匠班盐钞银"，乡成丁缴纳"四差匠班盐钞银"。鄱阳县坊丁缴纳"修衙家火盐钞银"，乡丁缴纳"四差盐钞银"。坊丁的丁银负担轻于乡丁。

3. 优免丁

明代官员、士绅、胥吏根据品级地位，可以豁免相当数量的名下地亩的田赋与家中成年男子的差役，这些豁免差役的成年男子即为"优免人丁"。按照规定，优免丁的丁银只免杂役折银，正役里甲银和户口盐钞不免。例如南昌县，"优免丁每丁派里甲盐钞银四分七厘三毫二丝三忽八微三纤"。[①] 其丁银额数不仅低于普通成丁，而且低于不成丁，惟高于妇女。

除了现职官员，"以礼致仕者免十分之七，闲住者免一半"。[②] 折扣的结果，使《江西赋役全书》内"优免人丁"出现了"半丁"和"余丁"，如南昌府靖安县"优免人丁三百三十八丁半"，吉安府龙泉县"优免人丁四百八十五丁七分"。

赣州府瑞金县的优免情况较为特殊。"人丁一千二百一十五丁，除均徭优免人丁三百四十七丁，实编人丁八百六十八丁；除民兵优免人丁二百七十八丁半，实编人丁九百三十六丁半"，"优免均徭民兵丁每丁派里甲盐钞银一钱一分八厘八丝二忽九微三纤，优免均徭丁每丁派里甲民兵盐钞银五钱一分三厘二毫三丝四忽七微九纤，优免民兵丁每丁派里甲均徭盐钞银三钱一厘一毫六丝七忽五微八纤。"[③] 该县向人丁征收"三差盐钞银"，包括里甲、均徭、民兵三项差役折银。但优免人丁中只有一部分同时豁免均徭银和民兵银，其余仅豁免其中一项，个中原因，值得日后深入探究。

---

① 万历《江西赋役全书》，第 297 页。
② 《大明会典》卷二〇《赋役》，第 366 页上栏。
③ 万历《江西赋役全书》第 3131、3158~3159 页。

（二）丁银具体名称的多样化

丁银的具体名称，来源于折银派征的差役、税收名色。妇女承担"盐钞银"，各县均系这一名称。而人丁承担丁银的名称要丰富得多，根据"四差"折银后纳入丁银的数量，分为"四差盐钞银"（南昌、临江、九江三府，饶州、赣州府部分州县，其中南昌府部分州县丁银名称中还包括"匠班"）、"三差盐钞银"（袁州、吉安、广信三府，饶州、赣州府部分州县）、"二差盐钞银"（赣州府长宁县）等。赣州府定南县"四差"中只有均徭银归入丁银，故其名"均徭差银"。丁银的名称，系根据"四差"折银后纳入丁银的数量和其他归入丁银的赋税汇总形成的。丁银名称的千差万别，体现的是其构成来源的多样性。

（三）载籍户口人丁进一步赋税单位化

根据对《江西赋役纪》的研究可见，嘉靖年间，载籍丁口已经显著具有赋税单位的特征，在相当程度上与实际的人口脱离了联系。而到了万历年间，从《江西赋役全书》记载看，载籍丁口的赋税单位化更为明显。江西在这一时期，既无严重自然灾害，更无战乱可言，然而各州县额征丁数，除安福、铅山、浮梁三县增加，龙泉县不变外，其余都有不同程度的下降，部分州县降幅甚至在50%以上，而万历中后期每丁的丁银负担，较嘉靖年间各项丁银之和，有了显著上升，某些县份达原来的两三倍（参见表2-5）。民间隐匿户口，官方编审形式化，是载籍丁数锐减的根本原因。除此之外，载籍丁口赋税单位化还体现在以下两点。

1．"半丁"、"余丁"的出现

上文业已提到，优免人丁的折算，是"半丁"、"余丁"出现的原因之一。此外，袁州府萍乡县出现"半丁"的原因，是无粮单丁折半减征，"人丁一万七百二十二丁，内无粮单丁六百六十一丁，每二丁折成丁一丁，实编差成丁一万三百九十一丁五分。"[①]

---

① 万历《江西赋役全书》，第953页。

表 2 – 5 嘉靖、万历年间江西各州县人丁与丁银对照

州县名	上级政区	嘉靖额征丁数（里甲银）	嘉靖每丁征银（钱）	万历额征丁数	万历每丁征银（钱）	人丁增幅（%）	丁银增幅（%）
南昌县	南昌府	113408	0.76	87325	1.42	-23.00	86.19
新建县	南昌府	40623	0.73	40068	1.38	-1.37	90.12
丰城县	南昌府	57848	0.48	40404	1.10	-30.15	129.67
进贤县	南昌府	48807	0.47	36866	1.68	-24.47	260.69
靖安县	南昌府	8234	0.54	5460	1.39	-33.69	158.88
武宁县	南昌府	23902	0.39	12114	1.51	-49.32	290.15
宁州	南昌府	29750	0.44	18454	1.33	-37.97	201.07
奉新县	南昌府	23437	0.44	16963	1.54	-27.62	248.56
高安县	瑞州府	73889	0.37	53479	1.05	-27.62	184.60
上高县	瑞州府	46497	0.36	28000	1.16	-39.78	224.89
新昌县	瑞州府	30666	0.41	19743	0.98	-35.62	135.90
清江县	临江府	38543	0.73	20623	1.95	-46.49	168.59
峡江县	临江府	16056	0.33	12293	0.90	-23.44	169.01
新淦县	临江府	22704	0.52	17271	1.38	-23.93	167.53
新喻县	临江府	36593	0.78	16682	1.47	-54.41	89.14
吉水县	吉安府	70917	0.45	68900	0.77	-2.84	72.88
龙泉县	吉安府	14551	0.41	14551	0.84	0.00	105.08
庐陵县	吉安府	138007	0.43	137744	0.75	-0.19	76.77
泰和县	吉安府	50121	0.44	49921	0.86	-0.40	97.14
万安县	吉安府	23432	0.43	21829	1.21	-6.84	183.70
永丰县	吉安府	45777	0.44	43187	0.97	-5.66	120.43
安福县	吉安府	31714	0.47	33604	0.85	5.96	81.23
永新县	吉安府	26990	0.42	26377	0.67	-2.27	60.06
永宁县	吉安府	5248	0.47	4620	1.03	-11.97	119.36
上饶县	广信府	35313	0.75	29583	1.65	-16.23	118.06
玉山县	广信府	15267	0.98	14081	1.60	-7.77	63.88
永丰县	广信府	18490	0.73	16741	1.16	-9.46	60.32
铅山县	广信府	9300	1.13	11425	1.58	22.85	39.23
弋阳县	广信府	23454	0.64	17717	1.95	-24.46	203.59
贵溪县	广信府	27412	0.79	23088	1.01	-15.77	27.88
兴安县	广信府			6061	1.46		
鄱阳县	饶州府	87384	0.73	43062	0.81	-50.72	9.97

续表

州县名	上级政区	嘉靖额征丁数（里甲银）	嘉靖每丁征银（钱）	万历额征丁数	万历每丁征银（钱）	人丁增幅（%）	丁银增幅（%）
余干县	饶州府	30781	0.58	18503	1.82	-39.89	213.74
乐平县	饶州府	36890	0.66	14943	1.62	-59.49	147.10
安仁县	饶州府	15838	0.71	7796	1.76	-50.78	146.36
浮梁县	饶州府	28369	0.52	29911	1.24	5.44	137.22
德兴县	饶州府	16244	0.55	11276	1.65	-30.58	201.13
万年县	饶州府	15779	0.47	7059	1.46	-55.26	210.77
德化县	九江府	5999	1.00	5584	3.21	-6.92	220.87
德安县	九江府	4144	1.14	3277	2.65	-20.92	132.27
瑞昌县	九江府	4198	1.58	3722	2.01	-11.34	27.41
湖口县	九江府	6187	1.04	5605	1.79	-9.41	72.80
彭泽县	九江府	6754	0.93	6195	1.42	-8.28	52.92

资料来源：嘉靖《江西赋役纪》、万历《江西赋役全书》相关部分。嘉靖每丁征银系里甲银、均徭银和户口盐钞银汇总。

2. 部分地方"妇女"名目的消失

在嘉靖《江西赋役纪》中，每个州县都载有妇女名目，与人丁一同缴纳盐钞银。而到了万历《江西赋役全书》中，一省之内，有十余个州县不再向妇女派征盐钞银，甚至不再开列妇女名目。一条鞭法推行后，男丁的盐钞银并入丁银，妇女盐钞银单独编征，每口负担仅银数厘，一州一县总量亦不大，无论编审、核算、催收、征缴官府都费时费力，不少地方干脆将其摊入地粮或丁银中，不再单独开征，如袁州府万载县，"妇女四万二千三百九口，盐钞银在人丁内带派"。[①] 由于失去了赋税功能，时间一长，一些州县妇女的名目、数量也都从赋役册上消失了。然而，多数县份对于妇女的编审和盐钞银的征收，一直保留下来，延续至清代。

从嘉靖《江西赋役纪》到万历《江西赋役全书》，清晰展现了

———————

① 万历《江西赋役全书》，第999页。

明代中后期该省丁银征收制度的发展脉络。江西在明代是赋役制度改革的先行者、缩影和典范。《江西赋役纪》是嘉靖年间诸项差役折银派征的集中反映。为解决徭役扰民的弊端，官府逐步将徭役改行雇募，把代役银两或摊入地亩，或按人丁、田赋分别派征。差役折银派征的做法在提高官府行政效能的同时，削弱了百姓对国家的人身隶属，减轻了对于农业生产和民众生计的妨害，促进了社会流动和经济发展。然而，诸役折银各成一系，零散分派，不便于派征与核算，且易致私行科派的滋生。隆庆年间，官府开始推行"一条鞭法"，将各项照丁派征的差役折银和原本计丁口征缴的食盐钞等合为一项开载派征，形成统一的丁银。《江西赋役全书》是万历年间丁银一条鞭的集中体现。当然，外部的统一性中也包含着内部的多样性，无论是丁银的纳税主体，还是各州县丁银的具体名称，呈现着丰富多样的形态。随着赋役改革的深入开展，人丁与差徭脱离了直接的联系，官府的丁口编审趋于形式化，与社会实际情况渐行渐远。安定状态下丁口数量的锐减、男女性别比的离奇记载、"半丁"和"余丁"的出现、部分地方"妇女"名目的消失，都在说明，明代中后期，官方的载籍丁口仅仅以其赋税意义存在。当然，这绝非历史的个例。事实上，任何历史时期，但凡人口与赋税或徭役直接挂钩，百姓就会千方百计地隐匿户口，逃避赋役。凭借传统时代官府的规模和行政能力，根本无法进行准确的人口调查。那么官方的载籍人口，也就仅仅能当成"赋税单位"看待了。

第三章
清代前期的人丁

　　清初的人丁编审制度是如何确立的？"原额人丁"究竟是何时的丁额？各地的编审方式存在怎样的差异？丁银负担差异的背后有着怎样的原因？人丁的编审采用哪些不同的方式？复杂多样的人丁名目具体含义如何？本章研究清代前期江南、浙江两省的人丁编审和丁银征收的方方面面，深入分析探讨上述问题。研究清代人丁，重在将法规制度的制定（朝廷的"立法"）和地方具体的实行措施（州县的"执法"）以及民众对人丁编审和丁银征收的对策（人民的"守法"）三者紧密结合起来研究，考量法规制度在基层的实际效果，同时，必须把握住时代背景和地域环境的差异性，做到具体情况具体分析。

第一节　顺治、康熙时期的江南人丁

　　清初的江南省地跨长江南北，幅员广阔。笔者尝试在前人研究的基础上，以顺治《江南赋役全书》① 为研究核心资料，结合题本、

① 顺治《江南赋役全书》（国家图书馆藏，索书号 A03623）共 139 册，反映江南十八府（直隶州）所辖州县顺治年间的赋役情况。其中安庆、徽州、宁国、池州、太平五府及广德州及其所辖州县册籍载明系顺治十二年八月编纂，其格式、装帧均与江南其他府州有较大区别，后者虽未载明编纂时间，但苏州、常州、镇江等府所辖州县载明顺治十四年限制优免的情况，所载人丁编审年份则多系截至顺治十二年（惟泰州系顺治十三年），据此判断其反映的亦是顺治十二年前后的人丁情况。

地方志、政书、时人文集等史料，以当时的江南省为研究范围，对该省顺治、康熙时期（主要是顺治前、中期）的人丁编审、丁数变化、原额人丁年代、人丁编审方式、丁银负担情况等作一宏观的研究和微观的分析，更好地阐释历史真相。

一 顺治年间人丁编审制度的确立与江南的人丁编审

按照顺治《江南赋役全书》记载，顺治前期、中期，江南规模较大的人丁编审共有三次，分别在顺治二年、顺治五年、顺治十二年。[①] 对照《清实录》、《清会典》等史料，后两次也正是清廷在全国范围开展人丁编审的年份。

顺治二年，清军初定江南后，就在明朝旧制的基础上征缴田赋丁银，清廷颁布"平南恩诏"规定："河南、江北、江南等处，人丁地亩钱粮及关津税银、各运司盐课，自顺治二年六月初一日起，俱照前朝《会计录》原额征解。"[②] 而实际上，这一年江南许多州县开展了人丁编审，部分地区丁数增多或减少。按顺治《江南赋役全书》记载，顺治二年人丁增加的州县有淮安府山阳，宁国府宣城、太平，太平府当涂、芜湖、繁昌等；人丁减少的州县有安庆府怀宁、桐城、潜山、太湖，池州府石埭、东流等。

顺治五年，清廷颁布了人丁编审规则，下令在全国范围内实施人丁编审："清朝定鼎，臣部久已行文编审，尚多未报，合饬各该督、抚、按，转饬所属司、道、府、州、县，责成印官将该州县人丁，查照旧例，凡六十以上，即以年老开除，十六以上，即以成丁入册，逐一细加编审。某里某甲原额人丁若干，死绝逃亡若干，在册旧丁若干，新受壮丁入册若干，征收规则俱各仍旧，岁该丁银若干，备造清册送部。如有隐匿丁壮，捏报逃亡

---

① 除了上述三次大规模的编审之外，顺治三年、四年、十一年、十三年江南亦有个别县份零星进行了人丁编审。

② 《清世祖实录》卷一七，顺治二年六月己卯，第154页。

者，依律治罪。"① 清廷强调了此次编审的方式，丁银征缴规则"俱各仍旧"。是年，各直省统一开展了人丁编审，江南多数州县均有审除或审增人丁的记录。

顺治十一年，随着南方各省陆续平定，清朝统治日趋稳固，清廷再度下诏："从户部议，命各省自顺治十二年为始编审人丁地土。各省责成于布政使司，直隶责成于各道。凡人丁，故绝者除开，壮丁脱漏及幼丁成长者增补；新旧流民俱编入册，年久者与土著一体当差，新来者五年当差。"② 顺治十二年正月初一日，清廷又批准户部提出的"凡以上二项（指人丁、地土清编——引者注）自十二年清查造册进呈为始，以后人丁或三年或五年俱照各地旧例编审，每十年将人丁地土清查造册一次，似亦永垂之例，伏候皇上裁定，敕下各该督抚督率藩司州县着实举行，其清查有法、丁地增多者酌量升叙，清查不力仍前隐漏者从重议处。庶赏罚明而财用可足矣。"③ 顺治年间江南的第三次人丁编审即于是年展开。

针对各地人丁编审周期不一的弊端，顺治十三年清世祖诏令："各省自（顺治）十四年为始，酌定五年编审人丁一次，将审过地丁攒造简明黄册进呈部下磨对。其攒造册式，止造见在里甲、熟地、活丁，并应征钱粮总数，简明造入。"④ 一方面，将各地人丁编审周期统一为五年；另一方面，将黄册的编纂周期由十年改为五年，与人丁编审周期一致，并大大简化了黄册内容。至此，清代人丁编审制度大体趋于完备定型。

---

① 《顺治朝题本》户口类，顺治十年十月蔡士英奏《编审人丁事》，转引自陈桦《清代人丁编审初探》，中国人民大学清史研究所编《清史研究集》第 6 辑，光明日报出版社，1988，第 171 页。
② 《清世祖实录》卷八七，顺治十一年十一月丙辰，第 685 页。
③ 《少傅兼太子太傅内翰林秘书院大学士管户部尚书事官车克等谨题为清理人丁地土以裕国用事》，顺治十三年九月题，台北：中研院历史语言研究所藏，档案号：089124。
④ 《内阁前三朝题本》田赋类，顺治十三年闰五月二十五日孙庭铨奏《为编造黄册事》，转引自陈桦《清代人丁编审初探》，第 173 页。

明末清初战乱频仍，江南各府州均不同程度地受到战乱的影响。长江以北的凤阳、庐州、滁州、安庆、淮安、徐州等府州，在明末崇祯年间就数次为义军席卷攻伐，加之自然灾害影响，土地荒芜、人口锐减，顺治初年，又逢清军进攻，扬州府城等地为清军大肆屠戮。随着清军渡江南下，战火蔓延到长江以南的各府州，苏州府城、江阴、嘉定、泾县等均遭屠城，其他地区的生产也或多或少受到破坏，如池州府顺治二年"四五月间，已被左兵到处攻焚掳掠，在在空城，惟余贵池一县止于焚毁四关……此池州情形，惟贵池以附郭瓦全，铜陵以残毁免祸而已。"① 所幸江南的战乱在当年基本就已平息，经济渐渐恢复。然而尽管清廷一再鼓励、促使地方审增人丁、地亩，但直到顺治中期乃至康熙年间，许多地方的实征地亩、实在丁数仍远远低于原额，可见明末清初战乱惨烈，影响持久。除了战乱，黄河下游诸府州还长期罹遭河患，"淮、徐各属，介在黄、运河滨，向罹水患，田多淹没，户有流亡，较诸别郡更为困苦。"② 由于长期遭受河患，直到康熙年间，据汤斌、宋荦等地方大员奏报，淮安府山阳、桃源、睢宁、邳州等地尚有大量缺额无征人丁亟待朝廷豁除，以缓解民困，其困苦境况远非长江以南地域可比。

二　江南的原额人丁与清初的摊丁入地

（一）江南的原额人丁

经过对比研究，笔者发现，顺治《江南赋役全书》的原额人丁（安庆、徽州、宁国、池州、太平五府及广德直隶州记作"原载人丁"）均来源于明代，不少可溯及万历年间。它们有的被长期沿袭下来，数十载不变。还有一些州县人丁在天启、崇祯年间即已增多或减少，但入清之后仍将万历丁数视作原额，如顺治《江南赋役全书》

---

① 《江宁巡按毛九华揭帖》，顺治二年十一月，中研院历史语言研究所编《明清史料·丙编·中》，北京图书馆出版社，2008 年影印本，第 447 页。

② （清）宋荦：《西陂类稿》卷三九《公移二》《请免淮徐二属缺丁详文》，《清代诗文集汇编》第 135 册，上海古籍出版社，2010 年影印本，第 467 页上栏。

所载，扬州府通州"原额人丁三万九千一百五十五丁，内于崇祯五年并顺治四年审增人丁六千五百二十丁，又于顺治十一年审增人丁四千八丁，共实在人丁四万九千六百八十三丁。"又如该府海门县，"原额人丁一万三千五百八十三丁，内于万历四十三年起节次清审人丁，至顺治五年编审各里花户人等实在逃亡过二千九百二十一丁，实存一万六百六十二丁。"表3-1即为笔者结合赋役全书、方志等史料推断清初"原额人丁"系采用明代丁额的江南州县。

表3-1　江南部分州县原额人丁来源年代（一）

州县名	上级政区	原额丁数	来源年代	资料来源
常熟县	苏州府	101051	万历四十五年	《天下郡国利病书》第7册《万历四十五年分苏州府属州县赋税》
昆山县	苏州府	51365	万历四十五年	同上
嘉定县	苏州府	73343	万历三十二年	万历《嘉定县志》卷五《田赋考上·田赋》
太仓州	苏州府	34753	万历四十五年	《天下郡国利病书》第7册《万历四十五年分苏州府属州县赋税》
华亭县[1]	松江府	96419	天启二年	崇祯《松江府志》卷二《户口》
上海县	松江府	81960	天启二年	同上
青浦县	松江府	31525	天启二年	同上
沭阳县	淮安府	39006	崇祯八年	嘉庆《海州直隶州志》卷一五《食货考一·户口》
邳　州	淮安府	30466	万历年间	顺治《江南赋役全书》
宿迁县	淮安府	20651	崇祯元年	同治《宿迁县志》卷九《田赋志·户口》
宝应县	扬州府	25705	万历九年	万历《扬州府志》卷四《赋役志下》(《重订赋役成规》万历四十三年丁数同)
通　州	扬州府	39155	万历四十三年	《重订赋役成规》
海门县	扬州府	13583	万历四十三年	同上
徐　州	徐　州	73961	万历年间	顺治《江南赋役全书》,顺治《徐州志》卷二《建置卷·赋役》
丰　县	徐　州	28700	万历年间	同上
沛　县	徐　州	35461.5	万历年间	同上

续表

州县名	上级政区	原额丁数	来源年代	资料来源
萧　县	徐　州	17703	万历年间	顺治《江南赋役全书》，顺治《徐州志》卷二《建置卷·赋役》
砀山县	徐　州	23670	万历年间	同上
潜山县	安庆府	10141	崇祯年间	康熙《安庆府潜山县志》卷四《户口》
宿松县	安庆府	6074	万历四十七年	民国《宿松县志》卷七《民族志》
歙　县	徽州府	72647	万历四十八年	泰昌《徽州府赋役全书》
休宁县	徽州府	63795	万历四十八年	同上
婺源县	徽州府	30718	万历四十八年	同上
祁门县	徽州府	17701	万历四十八年	同上
黟　县	徽州府	10656	万历四十八年	同上
绩溪县	徽州府	10269	万历四十八年	同上
南陵县	宁国府	8010	万历十一年	嘉庆《南陵县志》卷五《户口》
泾　县	宁国府	9308	万历五年	万历《宁国府志》卷八《食货志》
贵池县	池州府	12710	万历年间	康熙《贵池县志》卷三《赋役》
铜陵县	池州府	3498	崇祯十五年	顺治《铜陵县志》卷三《田赋志》
建德县	池州府	2767	崇祯十五年	康熙《建德县志》卷五《食货志》
庐江县	庐州府	25183	崇祯年间	康熙《庐江县志》卷四《户口》
凤阳县	凤阳府	13894.5	万历二十九年	天启《凤阳新书》四《赋役篇》
临淮县	凤阳府	15379	万历年间	康熙《临淮县志》卷二《户口》
颍上县	凤阳府	10749	万历中	道光《颍上县志》卷四《食货志·田赋》
建平县	广德州	25960.5	崇祯六年	康熙《广德州志》卷八《户口》

说明：[1] 此处华亭县包含顺治年间析置的娄县。

　　然而，将顺治《江南赋役全书》与乾隆《江南通志》记载的原额丁数加以对比，笔者发现部分州县的两者数量并不一致（参见表3-2）。研究表明，这些州县乾隆《江南通志》的原额人丁系采用清顺治年间及其以后的丁数。换句话说，这些州县的人丁"原额"在顺治以后被重新修订了。

表 3-2 江南部分州县原额人丁来源年代（二）

州县名	上级政区	顺治《江南赋役全书》原额(原载)人丁	乾隆《江南通志》原额人丁	乾隆《江南通志》原额人丁来源年代	资料来源
溧阳县	江宁府	44037.87	52747.35	顺治五年	顺治《江南赋役全书》
山阳县	淮安府	147304	159829	顺治五年	顺治《江南赋役全书》
清河县	淮安府	12949	9802	顺治年间	顺治《江南赋役全书》
宣城县	宁国府	27950	28000	顺治二年	顺治《江南赋役全书》
太平县	宁国府	2441	2711.5	顺治二年	顺治《江南赋役全书》
石埭县	池州府	3649	2895	顺治二年	顺治《江南赋役全书》
东流县[1]	池州府	2363	1959	顺治二年 *	顺治《江南赋役全书》
当涂县	太平府	29083	32000	康熙元年	康熙《当涂县志》卷九《户口》
芜湖县	太平府	11988	16502	顺治十四年	乾隆《太平府志》卷一〇《田赋志·户口》
繁昌县	太平府	3796	6000	康熙元年	康熙《繁昌县志》卷四《户口》
盱眙县	凤阳府	14907.5	16613	顺治年间	顺治《江南赋役全书》
天长县	凤阳府	7408	11243	顺治十二年	顺治《江南赋役全书》
滁 州	滁 州	18011	12292.5	康熙十一年	康熙《滁州志》卷一〇《户口》

说明：[1] 东流县顺治《江南赋役全书》实在丁数1954，乾隆《东流县志》卷五《户口》原额丁数亦作1954，与乾隆《江南通志》原额丁数略有出入，疑后者有误。

"原额人丁"作为清代人丁的基数，是判断日后人丁增减的依据。若因战乱灾荒等造成实在丁数少于原额，即为"缺额"，清廷一般会督促地方官招徕补足。"（康熙）二十六年覆准，编审阙额人丁，令该抚陆续招徕，于下次查编补足"，①并作为官吏考课的一项依据。与明代丁银基本由地方支配的旧例不同，清廷入关之初即下令各地将丁银随田赋上缴朝廷，并建立严格的赋税人丁奏报制度

———————

① 乾隆《钦定大清会典则例》卷三三《户部·户口下》，《景印文渊阁四库全书》第621册，第19~20页。

（关于这一点在下一节还要详加讨论）。顺治年间，征战频繁，军费开支巨大，清廷为确保财政收入，往往在人丁严重缺额的情况下，按照原额额度征收丁银，以致"丁银虽有定额，但生齿凋耗之后，年老残疾，尽苦追征，甚至包纳逃亡，赔累户族，殊堪悯恻"，清廷虽下令"自今以后，各抚按官严行有司，细加编审，凡年老残疾并逃亡故绝者，悉与豁免"，① 但实际上并不轻易除豁，如徐州"地有八乡，分为一百三十里。一里十排，各有原额丁地。所谓逃亡人丁者，缘明季流寇杀伤、灾疫死亡，有全里杀绝，有一里仅存一二排，一排仅存一二人者。人死丁存谓之亡丁，向年恐丁银失额，乃以一里逃亡责之现年里长，一排逃亡责之轮管十里。始卖鬻而代赔，继无力以应比，重困莫支，现复成逃人，逃丁在谓之逃丁，虽屡经编审，有司奉为故事，不思力请除豁，拯救民生，反行加添新丁，博增溢户口之名。"②

　　某些地区甚至在战乱甫定，经济尚未完全恢复的情况下，不顾实际情况，强令州县增丁补额，如安庆府怀宁县"原额丁一万一千二百六十一丁，至顺治二年编审除豁人丁四千四百四十五丁有零，于缺额四千四百四十之中而增复一千有零之丁"，上级官员据此下令该府其他县份也照此额度增补人丁。桐城县"为流寇盘踞十余年，大荒大疫销耗数倍于怀宁"，要增加一千余丁确属苛扰，为此引发了士民不满。士绅姚文然上疏列举增丁的不合理：

　　　　若不计丁原额之多寡与除豁之多寡，而每县以增千丁为率，则有可议者三焉：怀宁缺额四千四百四十五丁有零，今增一千丁。桐城缺额九百七十一丁，今亦增一千丁，是怀宁尚缺旧额三千四百四十五丁，而桐城已增于旧额二十九丁也。一缺一增，

<hr/>

①　《清世祖实录》卷三〇，顺治四年二月癸未第 251 页。

②　（清）宋荦：《西陂类稿》卷三九《公移二》《请免淮徐二属缺丁详文》，《清代诗文集汇编》第 135 册，第 466~467 页。

其可议以候裁酌者一也。

怀宁每丁科银一钱六分八厘有零，桐城每丁科银三钱五分八厘有零。今概增一千丁，是怀宁所加一千丁之银止一百六十八两有零；而桐城所加一千丁之银已三百五十八两有零。丁数虽同，而所加之银已多一倍零二十两。值此时艰力诎，正课尚难追比，增银岂能力办？其可议以听裁酌者二也。

况六邑虽同府，丁则各有不同。若概增一千丁，则桐城增额犹止二十九丁。若望江县原额丁三千四百九十九丁有零，顺治二年止除谽三百八十四丁，今若增千丁，则望江于原额之外新添六百一十六丁矣，恐额数既相悬殊，规制万难画一，其可议以候裁酌者三也。大约增丁与省荒，事虽异而法实同，未有不从原额起规则者。生等蒭荛之愚，敬陈一得，亦仰体圣天子视民如伤之心，及内而部科外而当道公祖父母轸恤凋残之意，惟赐采择幸甚。①

桐城县的遭遇绝非个案，明末以后，江南许多州县载籍丁数锐减，但额征丁银并未减少，地方官为筹集缺额丁银，采用了以下三种措施。

1. 向里甲现存人丁摊派

北方采取这一方式的较多，但在江南省仅一例。扬州府治江都县顺治二年遭受"扬州十日"惨祸，《赋役全书》记载："查于顺治五年奉文编审开除杀戮逃亡故绝人丁一万五千四百五十三丁，据该县报称缺丁银两向系各里每年垫纳，今责令户头照册清查新增人丁详议照补概县原额。"将缺额丁银转嫁给实在人丁的方式固然以确保丁银总额不减，但这种竭泽而渔的方式造成的后果也是显而易见的，由于人民尤其是无地光丁负担激增，往往"现丁亦变为逃丁，而逃

---

① （清）姚文然：《姚端恪公集》卷一七《加丁末议》，《四库未收书辑刊》第7辑第18册，北京出版社，1998年影印本，第393~394页。

丁永不能复为现丁"，结果越发困窘。此时，越来越多的地方官开始将目光转向土地。

2. 分别向人丁、地亩摊派

将丁银兼派丁地的做法明末已有。清代道光年间《重修宝应县志》的纂修者注意到了明代官员将丁银摊入田赋征收的问题。该志记载："如前志（即康熙《宝应县志》——引者注）所载原额当差人丁若干，实征银若干，未经注明摊入田亩与否，惟核万历旧志《徭役》门里甲至加派银项分注云以上俱系田粮派征，据此则似前朝已略将人丁征款摊入田亩。而万历志又载，耿令随龙曰：'阅实丁口不盈三万，减昔之半。贫民鞭银太重，余甚悯之，量加于粮以苏民困。'岂摊丁归粮即在斯时欤？大概前代免丁之制时或暂行而旋复科敛。"① 道光《重修宝应县志》的纂修者认为，在明代万历年间，该县即已一度推行摊丁入地的政策，但作为权宜之计，未必持续较长时间。事实确实如此？笔者以为，"田粮派征"、"量加于粮"并不意味着将全部的丁银都摊入田赋，更大的可能是为减轻人丁（尤其是无产业穷丁）的负担，将部分丁银摊入田赋征收，按丁征银依然存在，只是额度上适当减轻。砀山、滁州等州县亦于明末将部分丁银分派地亩。

崇祯《砀山县志·前卷》："见今编审九则人丁二万三千六百七十丁，内优免四百六十八丁，实征丁银三千四百七十一两一钱，丁地兼派，除丁银外每顷派银七钱七分四厘一毫。"滁州"旧《全书》内开原额人丁一万八千一十一丁，共征银六千三百二十四两二钱二厘四毫三丝，后因清审除汰老弱逃亡外实在人丁一万一千七百七十七丁，每丁征银五钱七分八厘四毫，似觉徭重民苦，该州酌归田亩派征银五百二十八两七钱五分三厘三毫九忽三微七纤一沙四尘，仍照现丁每丁征银四钱九分二厘七丝八忽四微，实征徭银五千七百九

---

① 道光《重修宝应县志》卷七《丁口》，第10页 b ~ 11 页 a。

十五两四钱四分九厘一毫二丝。"① 滁州原本单纯将缺额丁银摊派给实在人丁，使之不堪重负，转而将部分缺额丁银转入地亩征收，人丁负担有所减轻。

此外，据《赋役全书》所载，庐州府无为州、舒城县、霍山县亦将逃亡丁银"于丁田内兼征"，确保完成额征任务。淮安府邳州，清初"荒寇交残"，人丁缺额严重，一方面"查本州各集镇异户客丁四百四十七丁，抵补缺额银一百零五两五分"，另一方面"查水面浮田七百零六顷五亩，抵补缺额银一千三百零六两九分二厘五毫。"② "异户客丁"在本地没有户籍，本不需承担丁银，但地方官为完成丁银额数，不得不见机摊派了。

还有本已采用丁田兼派的方式，而后又调整分派比例，增加摊入地亩的缺额丁银比重。凤阳府盱眙县"查该县旧额人丁银六千五百三十一两九钱一则编征，每丁编徭银四钱四厘有奇。今据该府县详称，该县钱粮原系丁田兼征，绅士里民纷纷呈控，以丁重田轻，民难输纳。酌派田亩，每亩摊征银二分七厘，众擎易举不失原额，公议称便，似应准从理合注明。"③ 经过改革后，每丁征银减为一钱五分，对于缺乏产业的"穷丁"而言，负担大有减轻，官府的税收也更有保障。

3. 全部摊入地亩内

采用这一方式的有淮安府清河县、安东县、桃源县、沭阳县、海州、邳州、宿迁县、睢宁县，庐州府六安州、合肥县、庐江县，凤阳府除盱眙、天长以外的各州县。

庐州府部分州县缺额丁银系"于丁田内兼征"，这里的"丁田"应理解为实在人丁、实征田地，而按照《赋役全书》记载，凤阳府、淮安府的缺额人丁摊入的是"原额田地"。凤阳县"旧额人丁银两原

---

① 顺治《江南赋役全书》，《滁州》册。

② 康熙《邳州志》卷三《民事志·户口》，《稀见中国地方志汇刊》第 14 册，中国书店，1992 年影印本，第 574 页下栏。

③ 顺治《江南赋役全书》，《盱眙县》册。

系三等九则编征，后因逃亡过多改归一则，又据布政司册开据该县申称于顺治五年编审除去老疾逃亡人丁六千五百七十九丁半，今据该县申报审增里丁一百三十五丁，又清审出流移人丁二千三百七十一丁，二项共增人丁二千五百六丁，实缺额人丁四千七十三丁半，以致额缺不敷，于顺治十三年闰五月内该漕抚院蔡具题部覆内开，看得凤属缺额人丁银两不敷，如照数除豁，未免国赋有亏，议照庐州府丁田兼征之例均摊原额田地之内，至缺额人丁严责州县设法招徕，务期清补以足原额可也等因，于本年六月十六日奉旨'是，依议行，钦此'钦遵在案。查该县旧额人丁一万三千八百九十四丁半，内除缺额人丁四千七十三丁半，该缺额银一千五百二十两七钱七分二厘九毫一丝于原额田地之内均摊外，今计实在当差人丁九千八百二十一丁，每丁征徭银三钱七分三厘三毫五丝，实征徭银三千六百六十六两六钱一分七厘八丝。其缺额丁银俟该县清审报补，于每年易知由单内注明报部查考。"①

考查《赋役全书》，淮安、凤阳二府受战乱影响，大量地亩荒芜，但田赋额度并未减少，以至除实在熟田以外，"有主荒田"也要承担田赋。将缺额丁银摊入地亩，田地所有者负担必然增加。然而正所谓"有逃丁，无逃地"，照田地起丁之后，官府的税赋征缴较以往照人起丁更为便捷，也更有保障，正如时人所说："今日之丁不能人人尽编，然必家有地亩始编其丁，使丁系于地，地出丁银，可无逃亡代赔之弊，亦免贫民偏累之苦。"②

（二）部分州县摊丁入地的尝试

上文提到的将缺额丁银摊入地亩的做法无疑是官府确保税收的权宜之计。而自明代后期推行一条鞭法之后，江南一些地方即尝试将全部丁银摊入地亩或田赋派征，甚至自行改变人丁编审的方式，将载籍人丁的增减与田赋地亩的盈亏挂钩，称为"照粮起丁"或

---

① 顺治《江南赋役全书》，《凤阳县》册。
② （清）吴柽：《编审议》，咸丰《济宁直隶州志》卷三《食货四》，第5页a。

"照田地起丁"（也叫"丁随田办"）。明代晚期，徽州府婺源县"有江西乐平、德兴二县临界民置买，号名'寄庄'……向以庄户名色漏丁避役，止量加粮数免编，以致婺民受累……有粮当丁，各府通例，独乐、德二县庄户向来漏丁，先该前任赵知县以概县丁粮摊派，每粮一石派丁一丁一分，共议庄户认丁九百余丁，向因抗不赴役，仍系婺民包赔。今议照正米四百二十八石零派认丁五百一丁，每年照则征银五十一两六钱零，减派合邑条编，少苏婺民之苦。"① 这里所说的庄户"认丁"五百一丁从何而来？"备查通县民、庄二项正米共二万六千七百一十石四斗四升二合七勺，内庄实米四百二十八石六斗八升二合九勺，照通县人丁计算，原议派丁五百一丁，该加丁银五十一两六钱三厘。"② 显然，"庄户丁" ＝庄实米/民实米 × 民丁，而其与庄户内的实际成丁并无关系，且庄丁银的征缴系庄田"每亩该派丁银六厘八毫三丝九微"零，系典型的"丁随地起"。上文《赋役全书》中提到的"有粮当丁，各府通例"，表明"丁随地起"，或至少是仅在置有田产、缴纳田赋的人户中编审人丁，乃是当时的普遍现象。

除了上述的徽州婺源，苏州府昆山县，"户口之册向多虚诡，自明季丁随田办，增减之数尤忽焉不考。"③ 溧阳县在明末清初时已出现"余丁"现象。"原额人丁四万四千三十七丁八分七厘，于顺治五年审增人丁八千七百九十七丁四分八厘，原额审增共人丁五万二千七百四十七丁三分五厘。"④ "余丁"的出现很有可能是该县当时已采用照田起丁或照粮起丁的方式。顺治初年漕运总督王文奎称："一条鞭，盖其法丁随田起，乡农相习相安，里递不得恣其骗诈，立法甚善。今省直郡邑有遵制丁地兼编者，亦有丁地分而为二者……丁地分编之害殆尤甚，为人丁户口岁有存亡消长，或三年一清审，或五

① 泰昌《徽州府赋役全书》，台湾学生书局，1970年影印本，第42~43页。
② 泰昌《徽州府赋役全书》，第235页。
③ 乾隆《昆山新阳合志》卷六《户口》，第1页a。
④ 顺治《江南赋役全书》，《溧阳县》册。

年一清审，每遇清审之年，里递视为奇货，沿门打诈重索贿赂，卖富差贫，更多偏累，或指报大户养马，或指金粮解杂差，诸凡吓骗不厌不休。而穷乡深谷之民畏之如虎，望影先逃，致令家无乐土，人思仳离。前朝陋习相沿，小民吞声无告……一条鞭之法所当急为议行，须通查概州县人丁若干，随田征纳条银，分上中下三等，至多不过三钱，以杜递里扰诈。"[1] 王文奎历数人丁编审之弊，赞同"丁随田起"的做法，建议将丁银归并入田赋进行征缴，但此项建议当时并未在全省付诸实施。

入清以后，更多的地方开始尝试将丁银派入田地，进而实行照粮起丁或照田地起丁。扬州府宝应县即为一例，史料有如下记载：

> 原额人丁二万五千八百一十四丁，顺治十四年审增四百三十丁，康熙元年审增七十一丁，通共二万六千三百一十五丁……实在当差人丁二万五千九百五十六丁。康熙七年大水，人民逃散，存熟丁七千七百八十七丁，八、九、十、十一年叠罹水灾存熟丁一千八百九十二丁，十二年江苏布政使慕天颜入觐题允照熟田验征丁银起解，存熟丁一千四百七十九丁，十三、四、五、六、七年叠罹水灾，存熟丁二千九百九十一丁，十八年大旱存熟丁二千一百七十丁，十九年复大水，存熟丁一千九百五十二丁。二十年编审，缺人丁六千三十六丁，实存二万二百七十九丁。是年及二十一、二、三年叠罹水灾，存熟丁七千七百一十七丁，二十四年存熟丁七千九百二十九丁，二十五年奉部文审归原额人丁五千六百二十五丁，开除老故一千三百三十丁，见存二万四千五百七十四丁，内除乡绅贡举生员优免三百五十九丁，实在人丁二万四千二百一十五丁，是年除被灾存熟丁七千九百二十九丁，自知县徐犍抵任，招徕流移，新增七

---

[1] 《顺治三年九月王文奎漕运总督揭为编氓赋税款项杂乱吏书加派贿赂奸弊丛滋请准议行一条鞭之法》，台北：中研院历史语言研究所藏，档案号：006105。

百七十九丁，至二十六年其存熟丁八千九百五十六丁，二十七年又增人丁七百一丁，共存熟丁九千七百三十三丁，二十八年渐增至一万四百三十四丁，又冬涸新增一万二百八十五丁，通共实存熟丁二万七百一十九丁，除灾丁三千四百九十六丁。①

康熙前期，宝应县已将丁银摊入地亩征收。由于人丁编审和丁银征收两项制度的脱节，在该县同时存在着两套"人丁"系统，如表3-3所示。一套是五年一届编审的人丁系统，其原则上与青壮年男子相挂钩，编审之际，开除年老、物故旧丁，收入招徕人丁或长成新丁抵补。另一套是"熟丁"系统，是丁银摊派到地亩之后形成的虚拟"人丁"，实质上系纯粹的丁银征税单位，与实际的成年男子并无关系。在耕土地（熟地）承载的虚拟"人丁"即为"熟丁"，与之对应的是抛荒土地上承载的"荒丁"。经地方官申请，朝廷批准，仅征收摊派到熟地上的丁银，暂时豁免荒地上承载的丁银。由于该县自然灾害频仍，造成耕地大片荒芜，使"熟丁"锐减，"荒丁"增多，这样就造成了实在人丁与实存"熟丁"在数量上的差距。康熙二十年，该

表 3-3　康熙前期宝应县编审人丁与实存熟丁数量对照表

年　　份	编审实在人丁数	实存熟丁数	年　　份	编审实在人丁数	实存熟丁数
康熙元年	25956		康熙二十年	20279	
康熙七年		7787	康熙二十年至二十三年		7717
康熙八年至十一年		1892	康熙二十四年		7929
康熙十二年		1479	康熙二十五年	24215	7929
康熙十三至十七年		2991	康熙二十六年		8956
康熙十八年		2170	康熙二十七年		9733
康熙十九年		1952	康熙二十八年		20719

资料来源：康熙《宝应县志》卷五《人丁》。

① 康熙《宝应县志》卷五《人丁》，第8页b～第10页a。

县照例开展人丁编审，实在人丁 20279 丁，而由于连年受灾，田地抛荒，该年承担丁银的"熟丁"为 7717 丁，仅为前者的 38.1%，反映出当地受灾抛荒的地亩面积极大。五年后该县再一次编审，实在人丁增至 24215 丁，而"熟丁"仅增至 7929 丁，占前者的 32.7%，较前一次编审有所下降。可见，灾后土地的复垦速度缓于人丁的恢复。随着经济的缓慢恢复，直到康熙二十八年，"熟丁"数量有了较快的增长，达到 20179 丁，两套"人丁"系统的数据方才较为接近。

将丁银摊入田亩的还有宁国府的南陵县与泾县。南陵县早在明代晚期，载籍"人丁"因为折算的缘故与实际成丁脱钩。"万历十一年知县沈尧中为清查丁口事，照得户、口、丁三字自家而言谓之户，自人而言谓之口，丁者言其力也，故壮而无疾为成丁，老幼废疾为不成丁，册十年一审，丁口月异而岁不同，又丁有贫富，富有余力而贫难自养，且富者车徒之盛而贫者不免于逃亡，于是有数丁而止当一丁者，有一丁而累赔数丁者，不均之害无处无之。又查《会典》载明有丁而家贫者为贫难户丁，须有别不得概科。本县原额八千一十丁，今当大造，除老幼废疾外清出八万一千有奇，为此定议：有田百亩之丁仍算一丁，其下渐至无田与十亩上下之丁止算一分，仍合八千一十丁。"[1] 对于缺少田产的穷苦人丁，知县特与照顾，以实际十丁当载籍一丁。入清后，"康熙十一年奉文清查，知县屈升瀛议丁派于田，以田之多寡定丁之数目。田遇别卖，丁随田转。丁之姓名随买主更易，丁额仍无增减。凡遇编审之年，按册腾送，不烦匐匐公庭，废时失业。坚持是议申请台司谕允。"[2] 泾县，"（康熙）二十七年丁派于田。先是泾有官丁、有私丁。私丁无额，官丁注籍不易，计甲坐丁，征银无定式。有田连阡陌丁无一二者；有消乏之户仍先人故册，粮去而丁尚存者，浮减隐匿苦乐不均。绅民公□知县傅则洪申请定制，丁派于田，以田之多寡限丁之数目。每田二十九

---

[1]　嘉庆《南陵县志》卷五《食货志·户口》，第 16 页 b～17 页 a。
[2]　嘉庆《南陵县志》卷五《食货志·户口》，第 17 页 b。

亩零科征实在官丁一名，田如别卖，丁随田转。凡值编审之年，按册投送，制甚善也。雍正六年通行丁随田办，而泾已久行之。"①

又如广德直隶州属建平县，"康熙五十一年，知县陆士渭详请将丁银摊入地亩。先是建邑原照田起丁，每户下有田十亩内者当半丁，十亩外者当一丁，若田去丁存，必当空丁。自陆令详准后，贫民永无赔当空丁之累矣。以前编审概无增减，不悉载。"② 苏州府长洲县，"（康熙）六十年总督常鼐、巡抚吴存礼准里民呈丁随田办，于是以长邑丁银三千八百九十三两四分一毫零均入通邑实熟田地平米中，照衣［依］各则，每石加银八厘九毫五丝八忽九微……"③ 此外还有安庆府宿松县："自康熙六十一年颁一扛则例，易丁从人起为丁从地起，谓之地丁。"④ 淮安府桃源县，雍正三年知县江之瀚发现"邑有逃亡丁口，虚纳徭银，历为官民之累"，于是"详请具题丁从地办，自雍正四年以来摊征无扰，遗德在民，数世利之。"⑤ 这些试点给雍正六年江南各府州普遍推行摊丁入地奠定了良好的基础。

三　长江南北人丁编审差异探究

江南省地跨长江南北，长江以南诸府州（江宁、苏州、松江、常州、镇江、徽州、宁国、池州、太平等府及广德直隶州）与长江以北各府州（淮安、扬州、安庆、庐州、凤阳府及徐州、滁州、和州直隶州）在人丁编审和丁银征收各方面均存在较大差异，这也可视为全国南北方差异的一个缩影。

表 3 - 4 汇总综合了江南各州县人丁与丁银的基本情况，由此可以归纳长江南北主要存在如下差异。

---

① 嘉庆《泾县志》卷五《户口》，第 44 页 b。
② 乾隆《广德州志》卷九《户口》，第 5 页 b。
③ 乾隆《长洲县志》卷一三《赋税》，《中国地方志集成·江苏府县志辑》第 13 册，江苏古籍出版社，1991 影印本，第 144 页上栏。
④ 民国《宿松县志》卷七《民族志·户口》，第 1 页 b。
⑤ 民国《泗阳县志》卷二二《名宦》，第 13 页。

表 3 - 4　顺治中期江南各府州县人丁与丁银情况表

		原额人丁	顺治十二年前后实在人丁	实在人丁较原额增加（%）	实征丁银（两）	平均每实在丁当差银（钱）	实征田赋钱粮合计（两）[1]	丁银与田赋钱粮合计（两）	丁银占地丁钱粮之比重（%）
江宁府	上元县	29025	29242	0.75	2450.40	0.86	58906.61	61357.01	3.99
	江宁县	21657	22491	3.85	1618.97	0.74	48795.75	50414.72	3.21
	句容县	46148	46204	0.12	6238.70	1.38	92340.03	98578.73	6.33
	溧阳县	44037.87	52747.35	19.78	5177.24	1.00	115201.29	120378.53	4.30
	溧水县	19605.5	19851	1.25	3850.80	2.00	52226.99	56077.79	6.87
	高淳县	7519	7619	1.33	1036.05	1.50	40527.81	41563.86	2.49
	江浦县	7547	7585	0.50	1427.50	2.00	16873.54	18301.04	7.80
	六合县	12387	12853	3.76	2470.60	2.00	10150.83	12621.43	19.57
		187926.4	198592.35	5.68	24270.26	1.26	435022.85	459293.11	5.28
苏州府	吴县	63832	64816	1.54	3796.44	0.59	149365.67	153162.11	2.48
	长洲县	100572	101476	0.90	3783.58	0.38	399566.06	403349.64	0.94
	吴江县	89704	91271	1.75	3687.35	0.41	389620.50	393307.85	0.94
	常熟县	101051	101051	0.00	1545.15	0.15	376725.49	378270.63	0.41
	昆山县	51365	51467	0.20	1575.59	0.31	335488.81	337064.39	0.47
	嘉定县	73343	73343	0.00	1198.60	0.17	299893.71	301092.31	0.40
	太仓州	34753	40103	15.39	1176.77	0.30	241985.87	243162.64	0.48
	崇明县	24268	24268	0.00	223.98	0.09	30020.55	30244.53	0.74
		538888	547795	1.65	16987.45	0.31	2222666.65	2239654.10	0.76

续表

		原额人丁	顺治十二年前后实在人丁	实在人丁较原额增加(%)	实征丁银(两)	平均每实在当差人丁征银(钱)	实征田赋钱粮合计(两)[1]	丁银与田赋钱粮合计(两)	丁银占地丁钱粮之比重(%)
松江府	华亭县	50013	50013	0.00	896.78	0.18	267889.67	268786.45	0.33
	娄县	46406	46406	0.00	825.28	0.18	246853.02	247678.29	0.33
	上海县	81960	81960	0.00	1431.71	0.18	347741.95	349173.66	0.41
	青浦县	31525	31525	0.00	676.07	0.22	200078.83	200754.90	0.34
		209904	209904	0.00	3829.84	0.18	1062563.46	1066393.30	0.36
常州府	武进县	147733	154225	4.39	3879.41	0.25	333055.98	336935.39	1.15
	无锡县	135308	136612	0.96	3435.72	0.25	206660.53	210096.26	1.64
	江阴县	135460	136000	0.40	1650.40	0.12	151916.77	153567.18	1.07
	宜兴县	148660	150352	1.14	2451.06	0.16	211609.13	214060.20	1.15
	靖江县	28481	28765	1.00	595.51	0.21	54954.24	55549.75	1.07
		595642	605954	1.73	12012.11	0.20	958196.66	970208.77	1.24
镇江府	丹徒县	39811	40595	1.97	4831.20	1.22	152359.88	157191.08	3.07
	丹阳县	14779	15405	4.24	1457.80	1.00	117346.34	118804.14	1.23
	金坛县	17320	17745	2.45	1681.60	1.00	112751.90	114433.50	1.47
		71910	73745	2.55	7970.60	1.12	382458.13	390428.72	2.04
淮安府	山阳县	147304	159829	8.50	42855.55	2.72	40634.47	83490.02	51.33
	清河县	12949	9802	-24.30	4599.04	4.80	14963.20	19562.24	23.51
	安东县	24666	23384	-5.20	7580.30	3.32	20331.80	27912.10	27.16

续表

		原额人丁	顺治十二年前后实在人丁	实在人丁较原额增加（%）	实征丁银（两）	平均每实在当差征银（钱）	实征田赋钱粮合计（两）[1]	丁银与田赋钱粮合计（两）	丁银占地丁钱粮之比重（%）
淮安府	桃源县	26005	11287	-56.60	2359.00	2.13	21956.81	24315.81	9.70
	盐城县	73108	72025	-1.48	14236.70	1.98	63290.39	77527.09	18.36
	沭阳县	39289	15323	-61.00	6000.00	4.05	27702.44	33702.44	17.80
	海州	46398	3227	-93.04	1017.48	3.15	7419.63	8437.11	12.06
	赣榆县	25495	14119	-44.62	2823.80	2.00	11480.65	14304.45	19.74
	邳州	30466	30440	-0.09	9979.79	3.28	25801.68	35781.47	27.89
	宿迁县	20651	8651	-58.11	5603.15	6.93	30613.66	36216.81	15.47
	睢宁县	16954	8599	-49.28	2721.42	3.16	25274.94	27996.36	9.72
		463285	356686	-23.01	99776.23	2.83	289469.66	389245.89	25.63
扬州府	江都县	58138	58138	0.00	9006.71	1.59	73648.23	82654.95	10.90
	仪真县	11892	11480	-3.46	1739.19	1.51	13935.54	15674.74	11.10
	泰兴县	44061	46254	4.98	1992.38	0.44	37157.24	39149.61	5.09
	高邮州	32550	27652	-15.05	6145.13	2.35	50296.84	56441.98	10.89
	兴化县	31468	31468	0.00	9644.07	3.17	44414.80	54058.87	17.84
	宝应县	25705	25814	0.42	6045.74	2.42	28849.39	34895.13	17.33
	泰州	65298	67513	3.39	8326.35	1.26	97173.04	105499.39	7.89
	如皋县	27794	38227	37.54	1922.12	0.51	24532.98	26455.10	7.27
	通州	39155	49683	26.89	2452.25	0.50	39137.23	41589.48	5.90
	海门县	13583	10662	-21.50	2686.08	2.71	2263.77	4949.86	54.27
		349644	366891	4.93	49960.03	1.40	411409.07	461369.10	10.83

续表

		原额人丁	顺治十二年前后实在人丁	实在人丁较原额增加（%）	实征丁银（两）	平均每实在当差征银（钱）	实征田赋钱粮合计（两）[1]	丁银与田赋钱粮合计（两）	丁银占地丁钱粮之比重（%）
徐州	徐州	73961	40328	-45.47	10404.81	2.60	62921.41	73326.22	14.19
	丰县	28700	19762	-31.14	2331.70	1.19	20226.03	22557.73	10.34
	沛县	35461.5	14430	-59.31	1881.80	1.33	22241.54	24123.34	7.80
	萧县	17703	7851	-55.65	1279.33	1.79	22969.86	24249.19	5.28
	砀山县	23670	18404	-22.25	2932.50	1.62	18538.57	21471.07	13.66
		179495.5	100775	-43.86	18830.14	1.90	146897.40	165727.54	11.36
安庆府	怀宁县	11261	6815.73	-39.47	971.28	1.68	37339.16	38310.44	2.54
	桐城县	8719	6935	-20.46	1915.05	3.59	46470.54	48385.59	3.96
	潜山县	10141	1953.5	-80.74	470.58	3.10	15300.72	15771.29	2.98
	太湖县	9923	4067	-59.01	1071.88	2.95	19755.16	20827.04	5.15
	宿松县	6074	4174.03	-31.28	854.52	2.26	26968.62	27823.13	3.07
	望江县	3499.5	3115.5	-10.97	751.45	2.74	29670.34	30421.78	2.47
		49617.5	27060.76	-45.46	6034.75	2.65	175504.54	181539.28	3.32
徽州府	歙县	72647	72647	0.00	7370.16	1.05	50188.68	57558.84	12.80
	休宁县	63795	63795	0.00	7213.89	1.18	38914.49	46128.38	15.64
	婺源县	30718	30718	0.00	3012.92	1.05	38579.37	41592.29	7.24
	祁门县	17701	17701	0.00	1935.24	1.18	16956.89	18892.14	10.24
	黟县	10656	10656	0.00	1271.10	1.30	15995.76	17266.86	7.36
	绩溪县	10269	10269	0.00	1135.48	1.21	19639.21	20774.68	5.47
		205786	205786	0.00	21938.80	1.12	180274.40	202213.19	10.85

续表

	原额人丁	顺治十二年前后实在人丁	实在人丁较原额增加（%）	实征丁银（两）	平均每实在人丁当差征银（钱）	实征田赋钱粮合计（两）[1]	丁银与田赋钱粮合计（两）	丁银占地丁钱粮之比重（%）
宣城县	27950	28000	0.18	5560.76	2.15	100775.16	106335.92	5.23
南陵县	8010	8010	0.00	1614.14	2.30	48849.04	50463.18	3.20
泾　县	9308	9308	0.00	1691.19	2.30	34705.16	36396.35	4.65
宁国县	6872	6872	0.00	1372.87	2.30	24137.28	25510.15	5.38
旌德县	4612	4612	0.00	852.96	2.40	20480.16	21333.12	4.00
太平县	2441	2711.5	11.08	365.95	2.60	15483.04	15848.99	2.31
宁国府	59193	59513.5	0.54	11457.87	2.24	244429.83	255887.70	4.48
贵池县	12710	12710	0.00	3553.99	3.02	42040.63	45594.61	7.79
青阳县	5133	5133	0.00	1411.17	3.41	29414.51	30825.67	4.58
铜陵县	3498	3498	0.00	734.79	2.39	26489.22	27224.01	2.70
石埭县	3649	2900	-20.53	837.24	3.56	12308.60	13145.84	6.37
建德县	2767	2767	0.00	746.90	3.42	16027.08	16773.98	4.45
东流县	2363	1954	-17.31	622.59	3.74	11649.51	12272.10	5.07
池州府	30120	28962	-3.84	7906.66	3.14	137929.54	145836.21	5.42
当涂县	29083	29480	1.37	5679.80	2.00	84770.53	90450.33	6.28
芜湖县	11988	15600	30.13	3024.80	2.00	33323.02	36347.82	8.32
繁昌县	3796	5519	45.39	980.40	2.00	20246.57	21226.97	4.62
太平府	44867	50599	12.78	9685.00	2.00	138340.13	148025.13	6.54

续表

		原额人丁	顺治十二年前后实在人丁	实在人丁较原额增加(%)	实征丁银(两)	平均每实在当差人丁征银(钱)	实征田赋钱粮合计(两)[1]	丁银与田赋钱粮合计(两)	丁银占地丁钱粮之比重(%)
庐州府	无为州	46474	33460	-28.00	3272.10	1.00	53407.43	56679.53	5.77
	六安州	57814	26000	-55.03	3031.80	1.20	28090.38	31122.18	9.74
	合肥县	137100	117014	-14.65	5794.60	0.50	64012.53	69807.13	8.30
	舒城县	48130	12172	-74.71	1183.20	1.00	19657.22	20840.42	5.68
	庐江县	25183	11439	-54.58	548.35	0.50	28179.07	28727.42	1.91
	巢县	27381	27381	0.00	2149.28	0.80	24412.02	26561.30	8.09
	英山县	11135	542	-95.13	100.06	2.12	2103.66	2203.72	4.54
	霍山县	15010	5977	-60.18	672.36	1.20	10055.45	10727.81	6.27
		368227	233985	-36.46	16751.75	0.73	229917.75	246669.50	6.79
凤阳府	凤阳县	13894.5	9821	-29.32	3666.71	3.73	7972.78	11639.49	31.50
	临淮县	15379	12191	-20.73	3450.05	2.83	11656.94	15107.00	22.84
	怀远县	24147	13335	-44.78	5907.27	4.43	23311.16	29218.43	20.22
	定远县	44693	32187	-27.98	3862.44	1.20	29566.80	33429.24	11.55
	五河县	6761	2168.5	-67.93	1127.19	5.20	4441.87	5569.05	20.24
	虹县	23192	10171	-56.14	4704.60	4.63	8414.93	13119.53	35.86
	寿州	36282	30998.5	-14.56	6199.70	2.00	41259.16	47458.86	13.06
	蒙城县	36208	15787	-56.40	1736.57	1.10	19380.60	21117.17	8.22
	霍丘县	36032	16224	-54.97	811.20	0.50	7370.76	8181.96	9.91
	泗州	34211	27678	-19.10	8611.18	3.11	26866.87	35478.05	24.27
	盱眙县	14907.5	16613	11.44	2421.75	1.50	25888.32	28310.07	8.55
	天长县	7408	11243	51.77	2274.00	2.15	20695.31	22969.32	9.90
	宿州	53915	19748	-63.37	4093.56	2.07	18124.07	22217.63	18.42

续表

府	县	原额人丁	顺治十二年前后实在人丁	实在人丁较原额增加（%）	实征丁银（两）	平均每实在人丁当差征银（钱）	实征田赋钱粮合计（两）[1]	丁银与田赋钱粮合计（两）	丁银占地丁钱粮之比重（%）
凤阳府	灵璧县	43167	22388	-48.14	7457.44	3.33	16021.67	23479.11	31.76
	颍州	58252	25233	-56.68	4950.90	1.96	19024.52	23975.42	20.65
	颍上县	10749	2436	-77.34	685.25	2.81	4867.47	5552.72	12.34
	太和县	27786	13608	-51.03	1292.76	0.95	11239.72	12532.48	10.32
	亳州	29794	10829	-63.65	1563.71	1.44	8790.36	10354.07	15.10
		516778	292659	-43.37	64816.28	2.22	304893.31	369709.58	17.53
滁州	滁州	18011	12272.5	-31.86	5795.35	4.92	14266.89	20062.25	28.89
	全椒县	20259	20259	0.00	5230.71	2.70	13503.27	18733.98	27.92
	来安县	9442	9442	0.00	2641.02	2.94	10726.54	13367.56	19.76
		47712	41973.5	-12.03	13667.08	3.41	38496.70	52163.78	26.20
和州	和州	66321	66321	0.00	6553.40	1.00	25999.02	32552.42	20.13
	含山县	19197	19197	0.00	2526.53	1.35	14018.99	16545.51	15.27
		85518	85518	0.00	9079.93	1.08	40018.01	49097.94	18.49
广德州	广德州	42638	42638	0.00	4749.90	1.14	36921.02	41670.91	11.40
	建平县	25960.5	25960.5	0.00	3771.41	1.49	27781.73	31553.14	11.95
		68598.5	68598.5	0.00	8521.31	1.27	64702.75	73224.06	11.64

资料来源：顺治《江南赋役全书》。

说明：[1]"实征田赋钱粮合计"内，粮米一石折算为银一两，是清代官府赋税计算的通例。如《题报浙省乾隆元年份编审新增人丁数目事》记载："原额完赋屯田四千七百五十四丁，共征银五百三十两一钱三分五厘三毫，征米三十石四斗二升二合一勺，折银三十二两五钱三分二厘一毫，共应征银并米折银五百八十六两五钱三分五厘六毫。"诸亲、海望等题，乾隆七年三月二十五日，中国第一历史档案馆藏，档案号02-01-04-13411-010。

（一）丁数变化：长江以南略有增长，长江以北大幅下降

从府（直隶州）层面来看，顺治十二年前后实在人丁较原额人丁略有增加的府州有江宁、苏州、常州、镇江、扬州、太平、宁国等府，除扬州府地处长江北岸外，其余均处长江以南。其中太平府增幅达 12.78%，居于首位，江宁府次之，增幅为 5.68%，其余各府增幅均低于 5%。进一步来看，一府州之内，州县人丁增长率参差不齐，部分州府的增长率偏高是基于个别州县的增长率畸高。太平府所属三县，繁昌达 45.39%，芜湖达 30.13%，而当涂仅 1.37%。江宁府仅溧阳县增幅 19.8%，其余县份均低于 4%。苏州府仅太仓州增长 15.39%，常熟、嘉定、崇明维持原额，其余县份增幅均低于 2%。扬州府许多州县丁数或减少，或保持原额，但由于如皋、通州两地增幅较大，所以总数仍有增长。

松江、徽州二府，广德、和州二直隶州的实在人丁维持原额，毫无变化。这些地方或多或少受到战乱的影响，但丁额未得除豁，照原额征缴丁银。实质而言这些地方的载籍人丁往往与实在成年男子已经脱离关系，纯粹作为一种税额单位存在。

丁数减少的府州，包括淮安、安庆、池州、庐州、凤阳等府，滁州、徐州二直隶州。惟池州地处长江南岸，其余均位于江北。除池州府、滁州多数县份丁数维持不变，仅个别州县丁数减少，因而总数出现相对较小的下降外，其他府州所辖各州县人丁均普遍减少，总体降幅均在 20% 以上。安庆、凤阳、徐州三府州降幅尤为剧烈，均超过 40%。凤阳、庐州二府均有一半以上州县丁数减少过半。庐州府英山县人丁降幅超过 95%，淮安府海州降幅达 93.04%，不可不谓惊人。

大体看来，顺治前、中期，长江以南各州县人丁多数较原额小幅增长，部分维持原额，丁数减少的州县凤毛麟角；长江以北各州县丁数则普遍大幅下降，增加和维持原额者仅是少数。前述的所受战乱程度、灾害情况、恢复速度等各有差异固然是一大原因，但笔者以为，此外还有更深层次的因素——笔者拟从各地不同的人丁编

审规则、丁银负担、丁银税额比重等方面进一步予以揭示。

（二）人丁的等则：南部一则，北部多则

清初，江南南部各府州普遍推行一则编丁，每丁承担相同的丁银；北部扬州府属仪真、海门二县，淮安府和徐州直隶州所属大多数州县则为多等则编丁，按照资产状况将户分为不同等则，不同等则户内的人丁丁银负担轻重不等。

淮安府的编丁极其复杂。如表3－5所示，淮安府除赣榆县一则

表3－5　清初淮安府各州县人丁等则名目

州县名	人丁等则情况
山阳县	中中则,中中下则,中下上则,中下中则,中下下则,下上上则,下上中则,下上下则,下中上则,下中中则,下中下则,下下上则,下下中则,下下下则
清河县	九则,八则,七则半,七则,六则半,六则,五则半,五则,四则半,四则,三则半,三则,二则半,二则,一则半,一则,朋则
安东县	下下三则,下下二则,下下一则,下中三则,下中二则,下中一则,下上三则,下上二则,下上一则,中下三则,中下二则
桃源县	成丁,朋丁,寄丁
盐城县	中下二则,中下三则,下上一则,下上二则,下上三则,下中一则,下中二则,下中三则,下下一则,下下二则,下下三则
沭阳县	上上则,上中则,上下则,中上则,中中则,中下则,下上则,下中则,下下则
海州	下中中一则,下中中二则,下中中三则,下中下一则,下中下二则,下中下三则,下下上一则,下下上二则,下下上三则,下下中一则,下下中二则,下下中三则,下下下一则,下下下二则,下下下三则
赣榆县	一则编丁
邳州	上中下一则,上中下二则,下上上一则,下上上二则,下上上三则,下中上一则,下中上二则,下中上三则,下中中一则,下中中二则,下中中三则,下中下一则,下中下二则,下中下三则,下中下四则,下下上一则,下下上二则,下下上三则,下下上四则,下下中一则,下下中二则,下下中三则,下下中四则,下下下一则,下下下二则,下下下三则,下下下三则(二),下下下四则
宿迁县	中下三则,中下二则,中下一则,下上三则,下上二则,下上一则,下中三则,下中二则,下中一则,下下三则,下下二则,下下一则
睢宁县	中下一则,下上一则,下中一则,下下一则,下上一则(二),下中一则(二),下下一则(二)

资料来源：顺治《江南赋役全书》淮安府属各州县。

编丁，桃源县人丁分为"成丁"、"朋丁"、"寄丁"三项外，其余各州县的编丁均是在"三等九则"的基础上进行的，但将其继续细化，如山阳、安东、盐城、宿迁等县将"中下"、"下上"、"下中"、"下下"则人丁各进一步分为三则。清河县在将人丁分为九则的基础上在一至七则中划出"半则"。更有甚者，海州将"下中"则人丁进一步分为中、下二则，将"下下"则人丁进一步分为上、中、下三则，其后再将每则丁分为三则，总共15则。邳州将"下中"、"下下"则人丁进一步分为上、中、下三则，随后再将每一则细分为三至四则，加上"上中下"丁二则、"下上下"丁三则，总共有28则之多。徐州及其下属各县，以及扬州府仪真县则均为传统的"三等九则"模式，而扬州府海门县人丁则仅有下中、下下两则。

再来考察人丁的等则结构（参见表3-6），大体上各等则丁数由上而下呈金字塔状分布，丁银负担最轻的等则丁数比重最大，个别州县甚至占到了当差人丁总数的九成以上。除了徐、淮两府州，

表3-6　清初扬州府（仪真、海门两县）、淮安府、徐州各州县丁分等则情况

州县名	人丁等则数	每丁征银范围（钱）	最下则人丁占实在当差人丁比重(%)	州县名	人丁等则数	每丁征银范围（钱）	最下则人丁占实在当差人丁比重(%)
仪真县	9	0.96~25.38	59.2	赣榆县	1	2	—
海门县	2	2.636~5.272	97.4	邳　州	28	1~35	13.6
山阳县	14	1~30	16.5	宿迁县	12	1~14	25.0
清河县	17	1.5~27	11.4	睢宁县	7	2.3~35	55.3
安东县	11	1~12	15.3	徐　州	9	1.3~11.7	35.3
桃源县	3	1~3	10.4	丰　县	9	1~9	93.3
盐城县	11	1~20	39.1	沛　县	9	1~9	82.7
沭阳县	9	2~18	28.3	萧　县	9	1.3~11.7	71.2
海　州	15	1~8	11.5	砀山县	9	1~9	71.1

资料来源：顺治《江南赋役全书》。

按照《江南赋役全书》记载，凤阳府明末亦系多则编丁，多数州县人丁分三等九则，此外颍州丁分三则，颍上县丁分四则，泗州丁分五则，惟定远、蒙城、盱眙三县一则编丁。由于丁银等则繁杂，势必给吏胥放富差贫、敲诈勒索制造了条件，进一步促使逃避编审、隐漏人丁现象的产生，给官府的编审人丁与丁银征缴增添困难。入清之后，凤阳府除颍州外的所有州县均改行单一等则编丁。

（三）丁银负担：南部轻于北部

从表3－4可知，江南各府州中，苏州、松江、常州三府当差人丁的丁银负担最轻，其中最重的吴县亦不到银六分，常州、松江府属各县没有高于银三分者。而长江以北各府丁银负担普遍较重，每丁税额鲜有低于一钱者，多在二三钱以上。人均丁银负担超过四钱的州县有淮安府清河、沭阳、宿迁，凤阳府怀远、五河、虹县、滁州等，均地处长江以北。其中，宿迁县的丁银还被摊入了异户编银、盐舥水程银、牙税银、水面银、浮粮银等杂派，每丁平均征银达六钱九分三厘零，负担居江南省各州县之首。

（四）丁银在赋税中的比重：南部小于北部

由于载籍人丁与实际成丁往往严重脱钩，故不能单凭某一政区的"人均"丁银额来判断该地的丁银负担轻重与否，还必须结合丁银在赋税中的比重。清代前期，赋税主要包括两项：田赋为首，丁银次之。考查江南各府州丁银占赋税的比重，笔者发现，其虽与上述的人均丁银负担并无太大的关联性（经相关分析测算，两者相关性系数为0.542），但丁银比重同样呈现出显著的地域差异。苏州、松江、常州、镇江四府丁银占赋税的比重不及2%，而与之相对，江北淮安、凤阳、滁州、和州丁银比重均在15%以上。淮安、凤阳二府已有不少州县清初将部分缺额丁银摊入田赋之中，否则丁银的比重将更大。

人丁编审和丁银征收方面的南北差异，有其深刻的历史原因。明代长期以来，"天下农民之病，自江而南由粮役轻重不得适均，自淮而北税粮虽轻，杂役则重"。① 大体说来，长江以南府州，田赋相对较重而徭役轻简，江淮以北则田赋较轻但徭役繁重。明代中期开始，各地陆续将徭役折算成银两，按人丁、田亩分派，分派的比重，南北方有明显差异。"户口已载之黄册矣，此外复有审编丁则者，以江北税役比江南不同。江南田地肥饶，诸凡差徭全自田粮起派，而但以丁银助之。其丁止据黄册官丁，或十而朋一，未可知也。江北田稍瘠薄，惟论丁起差；间有以田粮协带者，而丁长居三分之二。其起差重，故其编丁不得不多；其派丁多，故其审户不得不密。期以三年为限，而法以三等九则为准，有不足九则者，亦不妨变通之以便民，此审编之大较也。"②

　　长江以南府州，地亩土质好，农业发达，对官府而言，徭役折银按地亩征银较按丁征银更为便捷省事，也更有保障——人丁有流动性，且彼此贫富差异悬殊。因此，大部分徭役折银都被派入田地，仅小部分继续按丁派征（有个别州县在明末将丁银完全摊入地亩粮银，成为田赋的附加税）。这样的话，一方面丁银总额不大，每丁负担的丁银数额亦很少，没有必要划分等则；另一方面人丁编审趋于形式化，甚至"其丁止据黄册官丁，或十而朋一"，还有地方"田地虽多，立一户即是一丁，丁银多寡不远"，③ 实际上有相当数量的成丁男子未入编审，载籍丁数远远少于实在丁数。清初朝廷为增加税收，极力促使地方审增人丁，由于实际的成丁尚有宽裕，所以长江以南的许多州县实在丁数仍得以小幅上升。

　　而江北府州土地瘠薄，农业生产相对落后，加之河患等自然灾害频发，虽说田赋额度较长江以南为轻，但难以承担更多的加派。

---

① （明）章潢：《图书编·赋役版籍总论》，《古今图书集成·食货典》卷一四二《赋役部·总论五》，第 83639 页下栏。

② （明）顾炎武：《天下郡国利病书》第 9 册《凤宁徽》引《泗州志·审编丁则》，第 675 页。

③ （清）黄六鸿：《福惠全书》卷九《编审部·总论》，《四库未收书辑刊》第 3 辑第 19 册，北京出版社，1998 年影印本，第 105 页下栏。

其大部分徭役折银按丁派征，仅少部分摊入地亩。这就造成一方面人丁负担沉重，必须按其产业多寡划分等则，"若生摖之际（增下则为上中曰升，减上则为中下曰摖），惟视产业之增减为至公。（产增则家起应升，产减则家落应摖）宜将前届合里丁粮，通盘一算，约粮银若干，该有丁银若干较量配则，贫富悉均，而不偏累穷苦矣。"① 另一方面丁银负担重，受到的抵触自然就多，"无地光丁"极力逃避丁银负担，有产业的人丁也会设法降低等则。为确保丁银税收，官府的人丁编审自然严格，尽可能将所有的实在成丁纳入编审之列，正所谓"江北之以丁定差者，今尚有真户籍；江南之以田定差者，今概无实口数"，② 甚至"丁逃赋逋，有司按额取盈，不得不责诸现户包赔，茕茕孑遗无力输将，势必相继逃亡，何怪乎逋赋日多，民生日蹙也。"③ 而明末清初持续战乱灾荒，载籍人丁大量死亡逃散，官府往往无丁可补，万般无奈不得不依靠将缺额丁银摊入地亩的办法填补缺额。

江南省地跨长江南北，其人丁编审和丁银征收状况可作为全国的缩影加以研究看待。顺治年间，清廷继承了明代的人丁编审制度，但在编审流程规则上逐步规范，最终形成了五年一编审之制和统一的奏报制度，改变了以往州县各自为政的局面。在部分地区，清廷将明代晚期的丁额作为"原额"，而在另一些地区，则在日后根据实际情况重订"原额"，作为人丁编审和丁银征收的基数。作为全国南北方的缩影，在迥异的地理环境下，明代中后期不同的差徭折银分配方式，造成了长江南北府州在人丁编审等则、人均丁银负担、丁银在赋税中的比重等各方面的显著区别，进而导致了清代初年南北

---

① （清）黄六鸿：《福惠全书》卷九《编审部·总论》，《四库未收书辑刊》第 3 辑第 19 册，第 106 页上栏。

② （明）顾炎武：《天下郡国利病书》第 22 册《浙江下》引《海盐县志·食货篇》，第 1756 页。

③ （清）宋荦：《西陂类稿》卷三九《公移二》《请免淮徐二属缺丁详文》，《清代诗文集汇》第 135 册，第 467 页上栏。

部丁数增长上的明显差异。为了完成税额，部分地区采取将缺额丁银摊入田亩征收的措施，进一步推动了一些州县摊丁入地的尝试，为中国赋役制度史上新的一页拉开了序幕。

第二节　清代前期浙江人丁的数量变化

笔者对浙江人丁的研究，起步于人丁数量的变化。浙江的人丁数量，在清代前期大体可分为两个阶段。康熙五十一年"滋生人丁永不加赋"诏颁布之前为停滞期，该诏令颁布后进入增长期。在前一阶段，由于战乱造成许多地方人丁急剧减少，尽管清廷颁发严旨，力促人丁增长，但效果甚微。而"滋生人丁永不加赋"后，清廷对"人丁"的控制放松，但人丁却普遍有了一定的增长。个中原因，值得探究。

一　"滋生人丁永不加赋"诏颁布前的人丁情况

（一）清廷对人丁的管理措施

清初的人丁编审制度沿袭明代，人丁的编审首要目的在于征收丁银。明末清初的战乱造成了大片地区户口凋敝，人丁锐减。由于丁银在当时是田赋之外的另一项重要税收，为了加强对人丁的控制，获得较为稳定的财政收入来源，清廷在入关伊始，便在明制基础上，对人丁的编审作了严格的规定。

对于民户隐瞒人丁，逃避丁徭者，清廷明确了相应的刑事责任。顺治三年，清廷颁布"人户以籍为定及脱漏户口律"，规定"凡军、民、驿、灶、医、卜、工、乐诸色人户，并以原报册籍为定；若诈冒脱免，避重就轻者杖八十仍改正。凡一户全不附籍及将他人隐蔽在户不报或隐漏自己成丁人口及增减年状，妄作老幼废疾者，分别罪之。"①

---

① 《清朝文献通考》卷一九《户口考》，浙江古籍出版社，1988 年影印本，第 5024页上栏。

顺治十一年，清廷重申人丁编审中"如有隐匿捏报，依律治罪"。① 《大清律例》则对隐漏人丁的行为进一步明确了刑事责任："若（曾立有户）隐漏自己成丁（十六岁以上）人口不附籍，及增减年状妄作老幼废疾以免差役者，一口至三口，家长杖六十，每三口加一等，罪止杖一百。不成丁，三口至五口，笞四十，每五口加一等，罪止杖七十。（所隐人口）入籍（成丁者）当差。"②

对于地方官府，清廷制定了严格的人丁奏报制度。顺治十五年，清廷规定"各省编审人丁五年一次造册具题，令于编审次年八月内到部，如不照限题报者，经营各官俱照违限例议处"。③

与明代丁银基本由地方支配的旧例不同，清廷入关之初即下令各地将丁银随田赋上缴朝廷，为了扩大丁银的税收来源，促进财政收入增加，清廷将人丁增减作为地方官是否勤政的标志之一，以判定其考课成绩。"（顺治）十七年覆准，直省每岁终，各将丁徭赋籍汇报总数，观户口消长以定州县考成。"④ 对于辖区内人丁增长的地方官给予嘉奖，顺治十四年题准："编审户口，州县官增丁至二千名以上，各予纪录。"⑤ 康熙二年规定："州县编审人丁，增至二千名以上者，经管官及督抚、布政司俱准纪录。"⑥

① 康熙《大清会典》卷二三《户部·户口·编审直省人丁》，《大清五朝会典》第1册上，第265页下栏。
② 《大清律例》卷八《户律·户役·脱漏户口》条。参见马建石、杨育棠主编，吕立人等编撰《大清律例通考校注》，中国政法大学出版社，1992，第398页。条文下"谨按"注："此条《唐律》内系脱户、相冒合户、里正不觉脱漏、州县不觉脱漏、里正官司妄脱漏五条。明始并为脱户漏口一条。其小注系顺治初年律内集入。"
③ 康熙《大清会典》卷二三《户部·户口·编审直省人丁》，《大清五朝会典》第1册上，第265页下栏。
④ 康熙《大清会典》卷二三《户部·户口·编审直省人丁》，《大清五朝会典》第1册上，第265页下栏。
⑤ 康熙《大清会典》卷二三《户部·户口·编审直省人丁》，《大清五朝会典》第1册上，第265页下栏。
⑥ 康熙《大清会典》卷二三《户部·户口·编审直省人丁》，《大清五朝会典》第1册上，第265页下栏。

　　而对于战乱灾荒等造成的实际人丁少于原额人丁的情况，清廷则督促地方官补足，"（康熙）二十六年覆准，编审阙额人丁，令该抚陆续招徕，于下次查编补足"。① 如果地方官隐匿人丁，则将受到处罚。康熙二十五年清廷规定"以编审原限一年八个月限期过宽，胥役任意作弊，嗣后定限一年，岁底造报。州县将新增之丁隐匿不报者，罪之。"②

　　从这些法律规定来看，清廷对于人丁不可谓不重视。统治者或许认为，在煌煌严法之下，人丁的编审及奏报都将步入规范的流程，随着政权的逐渐稳固与各地方的陆续稳定恢复，人丁数量将经历一个上升的过程。然而，事实并非如此，至少在浙江，实在人丁的数量并未因社会经济的恢复而上升，相反经历了一个长期的停滞阶段。

（二）浙江人丁数额的长期停滞

　　在上一节中，笔者业已指出，江南的"原额人丁"来源时代十分多样，有的州县取明代后期的丁额作为"原额"，也有州县根据清初实际情况重订"原额"。浙江的情况大体与之相同，各州县原额人丁并非取自同一时点（关于浙江的原额人丁，笔者将在下一节详细论述）。此外，由于晚明时期浙江即有州县开始尝试将丁银摊入地粮征收，因此说各个州县的原额人丁其实质意义可能是完全不同的，可能仍是指人，也可能成为与地亩田粮挂钩的赋税单位。然而无论是何种情况，直到康熙五十年，有许多州县的实在丁数与原额丁数仍大体相同，甚至一成不变。

　　如表 3 - 7 所示，清前期浙江 77 个州县中，有 34 个县份（占总数的 44.2%）康熙五十年实在丁额与原额一致。除温州府外，每个府都有这样的辖县。其中，嘉兴、湖州、严州、处州四府绝大多数下辖州县的人丁始终保持不变，分别占辖县总数的 71.4%、71.4%、

---

① 乾隆《钦定大清会典则例》卷三三《户部·户口下》，《景印文渊阁四库全书》第 621 册，第 19~20 页。
② 《清朝文献通考》卷一九《户口考》，第 5025 页。

83.3%、70%。在半个世纪甚至更长的时段内人丁数额毫无变化，本身就令人诧异，而这类州县比例之高，更是着实惊人。

表3-7　浙江各府州县"滋生人丁永不加赋"诏颁布以前人丁变化情况

	州县数	康熙二十年人丁数与原额一致的州县数	康熙五十年人丁数与康熙二十年一致的州县数	康熙五十年人丁数与原额一致的州县数
杭州府	9	4	5	4
嘉兴府	7	5	7	5
湖州府	7	5	6	5
宁波府	6	2	1	1
绍兴府	8	2	8	2
台州府	6	1	2	1
金华府	8	1	5	1
衢州府	5	1	1	3
严州府	6	6	5	5
温州府	5	1	1	0
处州府	10	7	10	7
合计	77	35（45.5%）	51（66.2%）	34（44.2%）

资料来源："原额丁数"与"康熙二十年人丁数"根据康熙《浙江通志》卷一五《户口》。"康熙五十年人丁数"系根据《康熙六十年分杭、处等十一府属清编旧额人丁滋生增益人丁总数文册》（中国第一历史档案馆藏，第320册）中的原额完赋人丁数。

进一步细划为康熙二十年前后两个阶段，浙江全省有35个州县康熙二十年时实在人丁数与原额丁数一致，其中严州全府的丁额均与原额毫无二致。而康熙五十年丁数与康熙二十年等同的州县数量更多，达到51个，占到州县总数的2/3，嘉兴、绍兴、处州三府的人丁数量在三十年中均无任何变化。可见，浙江大多数州县康熙中期的人丁数量变化较顺治年间与康熙初年幅度更小，更趋稳定。

除了人丁数量长期保持不变的州县很多，通过考查人丁变化状况，笔者还注意到，多数府人丁数量的变化幅度极小。如表3-8所示，在超过半个世纪的时段中，嘉兴、绍兴、严州等府人丁增长幅度均未超过1%，甚至在很长的时段中毫无变化，湖州、金华二府则在 1%～2% 之间，处州府康熙二十年丁数较原额略有下降，而其后三十年间没有增减。无疑，人丁变化幅度极小与这些府的多数属县人丁长期不变，这两种现象存在着内在的吻合，反映的是同一本质问题。

表 3－8　"滋生人丁永不加赋"诏颁布之前浙江各府人丁数额变化

	原额人丁	康熙二十年实在人丁	较原额增长幅度（%）	康熙五十年实在人丁	较康熙二十年增长幅度（%）	较原额增长幅度（%）
杭州府	281851.5	292042	3.62	292304	0.09	3.71
嘉兴府	566109	567917	0.32	567917	0.00	0.32
湖州府	288220	292931	1.63	293178	0.08	1.72
宁波府	398947.93	384484.24	－3.63	394006.10	2.48	－1.24
绍兴府	250181	250696.5	0.21	250696.5	0.00	0.21
台州府	225164	163885.5	－27.22	164645	0.46	－26.88
金华府	216062	220336.1	1.98	220412.1	0.03	2.01
衢州府	158407.5	126477.5	－20.16	152462.5	20.55	－3.75
严州府	101507	101507	0.00	101529	0.02	0.02
温州府	321101	191822.47	－40.26	195247.5	1.79	－39.19
处州府	120674	118189.5	－2.06	118189.5	0.00	－2.06
全省合计	2928224.93	2710456.26	－7.44	2750587.12	1.48	－6.07

资料来源："原额丁数"与"康熙二十年丁数"系根据康熙《浙江通志》卷一五《户口》。"康熙五十年丁数"系根据《康熙六十年分杭、处等十一府属清编旧额人丁滋生增益人丁总数文册》中的原额完赋人丁数。

杭州府人丁与上述各府相比增幅稍大，但从表 3－9 看来，其原因也仅仅是部分县份（仁和、富阳、余杭、临安等）有较大增幅，还有部分州县（海宁、新城、於潜、昌化等）亦长期没有变化。

浙江十一府中，清前期人丁数量出现较大变化的，仅宁、台、温、衢四府，其原因都与清前期东南地区的战乱有关，具体情况将在下文详述。

表3-9　"滋生人丁永不加赋"诏颁布之前杭州府各县人丁数额变化

	原额人丁	康熙二十年实在人丁	较原额增长幅度（％）	康熙五十年实在人丁	较康熙二十年增长幅度（％）	较原额增长幅度（％）
仁和县	80700	84416	4.60	84451	0.04	4.65
钱塘县	49621	49974	0.71	50000	0.05	0.76
海宁县	93523	93523	0.00	93523	0.00	0.00
富阳县	8921.5	9964	11.69	9964		11.69
余杭县	19398	21614	11.42	21632	0.08	11.52
临安县	17818	20681	16.07	20864	0.88	17.10
新城县	4677	4677	0.00	4677	0.00	0.00
於潜县	4710	4710	0.00	4710	0.00	0.00
昌化县	2483	2483	0.00	2483	0.00	0.00

资料来源："原额人丁"与"康熙二十年实在人丁"数根据康熙《浙江通志》卷一五《户口》；"康熙五十年实在人丁"数系根据《康熙六十年分杭、处等十一府属清编旧额人丁滋生增益人丁总数文册》中的原额完赋人丁数。

（三）影响人丁数量变化的因素分析

清前期影响浙江人丁数量的主要因素，包括清廷迁海政策的冲击与三藩之乱的破坏。此外，地方上对于人丁编审的消极抵制，是许多州县载籍丁数长期停滞不前的重要原因。

1. 清廷迁海政策对浙东人丁的影响

清初，为了有效打击东南沿海（主要是郑氏台湾）的抗清势力，切断其与大陆的联系，清廷于顺治十二年六月"严禁沿海省分，无许片帆入海，违者置重典"，[1] 同时对定海舟山等地实施迁界。[2] 这次迁界规模不大，但实为六年后大规模迁界的预演。

_____

① （清）蒋良骐：《东华录》卷七，林树惠、傅贵九点校，中华书局，1980，第119页。

② 康熙《浙江赋役全书》"定海县"册："顺治十二年为再申舟山叛据等事案内提准起遣人丁五千二百二十丁三分。"

从顺治十八年起，清廷在东南各省厉行迁海严令，数年间造成沿海各地人口流徙死亡殆尽，田地大量荒弃，实在人丁数量锐减。就浙江而言，迁海涉及宁波、台州、温州三府之地十余个沿海县份，这些县份无论是照人起丁，抑或照地粮起丁，载籍实在丁数都出现了不同程度的减少。从表 3－10 来看，人丁下降的幅度自南向北递减。温州府位置最南，人丁损失亦最为惨重，迁弃人丁数占到原额丁数的43.8%，其中乐清县迁弃人丁数竟占到原额丁数的 90.9%，几乎全县均被迁弃一空。台州府损失次之，迁弃人丁数超过原额丁数的三成。宁波府居浙东北，损失相对最少，迁弃人丁约占原额的 5.5%。

除此之外，人丁的损失还体现了长期性的特征。在顺治十八年的大迁海之后，康熙六年，在温州府平阳县等地仍有小规模的迁海行动。① 至康熙九年东南局势大体稳定后，清廷逐渐放松限制，准许迁界地区陆续"展界复业"，这些地区的人丁方才逐渐有所回升。然而，令人不解的是，直到康熙五十年，绝大多数迁界县份的人丁数量均未恢复到原额水平，距"展界复业"之初虽有一定增长，但增长幅度异常缓慢，如仙居、平阳等县甚至根本毫无变化。这一方面固然反映了清廷的迁海政策给当地带来的打击之沉重与持久，另一方面，也让人自然而然地对当时人丁编审的准确性产生怀疑。

2. "三藩之乱"对浙西南人丁的影响

"三藩之乱"是康熙前期浙江的又一浩劫，波及南部衢州、处州、温州、台州、金华等府，而唯有衢州府的人丁数量由于这一战乱受到波及。

康熙《浙江通志》卷一五《户口》将衢州府诸县人丁的减少归咎于"康熙十三年闽变以来故绝逃亡无征"，这里的闽变指的就是三藩之乱。由于衢州地处浙西南孔道，当时成为清军与耿精忠军队的拉锯战场，"侧闻衢州在前朝时户口殷庶，百姓家给人足，自甲寅、

---

① 康熙《浙江赋役全书》"平阳县"册："康熙六年续迁人丁二千四百六十二丁口。"

表 3－10 受清廷迁海政策影响的浙江各县人丁数额变化

府	县	原额人丁	迁海弃置人丁	康熙十一年实存人丁（展界复业后）	较原额增长幅度（%）	康熙五十年实在人丁	较原额增长幅度（%）
宁波府	鄞　县	214710.7	20.9	214710.7	0.00	214752.7	0.02
	奉化县	64540	5739.9	61553.4	-4.63	62387.8	-3.33
	象山县	18665.5	8474.1	11315.9	-39.4	12547.6	-32.8
	定海县[1]	37847.7	7767.2	33178.2	-12.3	41133.9	8.68
		398947.9	22002.1	383942.3	-3.76	394006.1	-1.24
台州府	临海县	89881	27549	68232	-24.09	68559	-23.72
	黄岩县	21169	368	22474	6.16	22564	6.59
	太平县	22807	9041	18597	-18.46	18701	-18.00
	宁海县	49935	16605.5	29854.5	-40.21	30093	-39.74
	仙居县	30045	16644	13401	-55.40	13401	-55.40
		225164	70207.5	163885.5	-27.22	164645	-26.88
温州府	永嘉县	103729	13642	92197	-11.1	93557	-9.81
	乐清县	79714	72431.5	13269.5	-83.35	17795.5	-77.68
	瑞安县	45864	11366	34007	-25.85	34549	-24.67
	平阳县	86779	43224.7	44080.0	-49.20	44080.0	-49.20
		321101	140664.2	188568.5	-41.3	195247.5	-39.19

资料来源：康熙《浙江赋役全书》〔（复业全书）"展界复业"情况的记述，《浙江赋役全书》（索书号0127）该书未标明编纂年代，笔者推断成书于康熙十一年。依据是：其一，关于宁波、台州、温州康熙十一年及其之前的每一次"展界复业"情况都有详细的记述，而对康熙十二年、十三年、十八年、十九年的《浙江通志》记载："衢州府均有展界复业，召回自此以后的产物。由此可判断，是康熙十一年的产物。其二，康熙《浙江通志》卷七十五《户口》记载："衢州府原额人丁一十二万八千四百七十七口五分，内除康熙十三年西江常开闽变以来故绝亡无征口三万一千六百三十一万二十五万四千口五分，仅'原额人丁一十五万八千四百起丁口五分。而《浙江赋役全书》关于"衢州府"康熙十三年提及康熙十三年人丁减少一事，显然，该书编纂于康熙十三年之前。〕各征不实等，共征银一万九千六百四十一两三钱七分八厘五毫"一句，处等十一府属旧额人丁滋生增益人丁总文册）。康熙《浙江通志》卷一五《户口》，《康熙六十年三年分析，《康熙三十六年由定海县析置，此处并入定海县统计。

说明：[1] 镇海县为康熙二十六年由定海县析置，此处并入定海县统计。

乙卯间，耿逆为变，百姓流离失所，其存者遂十不一二。"① 反映到官府的人丁记载上，除龙游县外，其余各县人丁数量均有不同程度的下降，而以常山县尤甚。与迁海一样，三藩之乱造成的人丁损失影响亦十分持久，直至康熙五十年，常山、开化两县人丁仍未恢复原额，其余三县亦仅与原额持平（参见表3-11）。

表3-11　衢州府各县的人丁数额变化

	原额人丁	康熙二十年实存人丁	较原额增长幅度（％）	康熙五十年实在人丁	较原额增长幅度（％）
西安县	45170.5	40132	-11.15	45170.5	0.00
龙游县	22845	22845	0.00	22845	0.00
江山县	29754	21267	-28.52	29754	0.00
常山县	7388	4683	-36.61	5824	-21.17
开化县	53250	37550	-29.48	48869	-8.23

资料来源：康熙《浙江通志》卷一五《户口》、《康熙六十年分杭、处等十一府属清编旧额人丁滋生增益人丁总数文册》。

3. 名存实亡的人丁编审制度

经过分析不难发现，宁、台、温、衢四府人丁数量发生较大变化，都是受战乱冲击的结果，而除此之外，亦少变化。从整个浙江来看，尽管与其他省区一样实行五年一次的人丁编审，然而在康熙五十年之前，几乎在每一个州县，人丁数量保持不变是常见的、普遍的，而数量发生增减反而成了偶然的、特殊的，这是十分耐人寻味的。

上一节与本节开头已就清代前期的人丁编审法规做了说明，此处无须赘述，然而要指出的是，如果五年一度的人丁编审是依法、负责地操作的话，人丁数量较前一次编审必然会有增减，毫无变化的可能性是基本不存在的（无论是照人起丁还是照地粮起丁）。浙江各府诸县人丁数量长期不变成为普遍现象，归根结底，表明当时在浙江，人丁编审制度徒具虚名，实为具文。

---

① 康熙《衢州府志》卷二一《户口》，第1页a。

　　早在明代，人丁编审便已弊端重重。明末户部尚书毕自严称各地编审人丁：

　　有童年而报丁者，亦有白首而无丁者，总之隐漏之弊处处皆然。顷科臣王猷《封疆不堪再坏》一疏有丁银宜查一款，内云："今海内生齿日繁，何以载在版籍者如故？食土之毛谁非臣子，输公之念良有同然计丁出银岂容隐漏？乃编审之期或三载或五载，亦有数载不审者，小民之隐匿能欺有司不能欺里胥里书，润橐固已多矣，有司之编审户口已多而丁差如旧，有司侵没固已多矣，是必抚按着实奉行，极力查核余丁差银，备急抵饷，百姓无不欣然乐从者也。"窾哉言乎！夫身为编户而不载于版图，有同化外不输一钱，是岂王制所宜有者？宜如科臣议下，令抚按督率有司，文到即加意编审，寻求累朝旧制，兼酌各方习俗，大约以户丁增长为主，凡隐漏壮丁务一一清出，照洪武三年及弘治三年例，谕丁口漏报者许自首免罪，作弊者无赦，有司不许借端科罚，生事扰民，又须秉公查核，无苛于贫乏而宽于势力，无按例多寡而有失均调，无虚填鳞籍而实任免脱。计一县余丁可增千以至万，则一县余丁银即可增数百以至数千，将此项令定为余丁充饷一款，取以民养军之意，当亦百姓分莫可逃，不得以为厉民訑意者也。[1]

　　毕自严在明廷内外交困，财政捉襟见肘，军饷极度匮乏的窘境下，旨在通过厉行人丁编审，将隐匿的"余丁"悉数搜刮无疑，扩大丁银的纳税范围，以此为朝廷"备急抵饷"。当然这一竭泽而渔的举措不仅会遭到广大百姓的竭力抵制，各地地方官员也乐于敷衍塞责。明代覆亡了，但人丁编审的种种弊端延续到了清代。
　　在"滋生人丁永不加赋"前，多一名载籍人丁，意味着朝廷多

---

① （明）毕自严：《度支奏议》堂稿四《会议边饷条陈六款疏》，崇祯二年三月十九日题，第 162 ~ 163 页。

一份丁银收入，朝廷因此对于人丁的数量相当重视，出台了针对地方官员的增丁议叙办法，鼓励地方官严格编审流程。同时，对于隐匿增丁的官员明令处罚，要求将缺额人丁按期补足。然而，即便有煌煌严旨，权衡利弊之下，多数的地方官员选择了因循。

浙江在明清之际饱受战火蹂躏，嘉兴、金华、定海等地都曾遭到清军屠城，势必造成实在人丁锐减。上文已经提到，尽管清廷允许州县官题请豁免荒亡的田土人丁，然而很少予以批准。清代浙江多数县份仍然沿用明代万历年间的丁额作为原额，包括遭受屠城的嘉兴府城（嘉兴、秀水两县）。在人丁"缺额"的情况下，地方官员往往增加实存人丁的丁银额，确保丁银总额不减，填补"虚丁"缺额。这种竭泽而渔的方式使民众不堪重负，往往"穷民输将无力，逃亡不免。一致逃亡，则累及亲族里社，追呼日扰，而国课多至虚悬矣"，① 结果越发难以为继，更遑论增丁了。地方官员纵使渴望增丁议叙，但现实条件根本无法允许，只能因循旧额，求得自保。

即便到了康熙中期，时局稳定，经济发展，然而许多县份的人丁数量仍然停滞无增。在照人起丁的州县，由于人员流动频繁，尤其是不具资产的"赤脚光丁"的迁徙，给丁银的征收带来很大困难。"若夫赤脚光丁，存亡靡定，毋论远走他乡，即如省会之民，湖墅之去江干计数十里，原在湖墅者忽徙江干，应纳丁银不过钱许，而见年催征一次脚力饭食足抵一丁之银，倘往催征不应，势不得不赔纳矣。"② 鉴于征缴丁银费时费力费钱，还有包赔的风险，故基层里甲对人丁编审往往抵触甚大，而州县官吏唯恐丁银难以完纳，也不敢轻易增丁。至于改行照田地或照粮起丁的地方，一方面由于地亩粮银变化幅度很小，另一方面人丁的增加意味着摊入地粮的丁银也要相应增加，往往会引起地主士绅的反对，因而地方官一般也不轻易增丁。

---

① 《陈奏管见二条折》，雍正元年二月初十日秦国龙奏，《宫中档雍正朝奏折》第1辑，台北故宫博物院，1977，第81页。

② 康熙《钱塘县志》卷六《户口》，第5页b。

当然，也有一些官员为了考课成绩，热衷于追求人丁溢额，甚至肆意违背编审法规，将不符合成丁条件者编入人丁。这不仅增添了百姓的负担，令人民所痛恨，也往往给后任官员带来了难以解决的问题。康熙《仁和县志》卷七《户口》记述了这样一件史事：

> 康熙十年编审事宜案内载，查仁和县《全书》刊载人丁八万七百口，内市民八千七百四十二口，乡民七万一千九百五十八口。此系万历《全书》刊载之数，至康熙二年一丁不增一丁不减者也。康熙三年知县范永茂清查人丁，新增三千七百一十六丁，共增银七百九十一两五钱八厘，造有花名册送司详宪，造入《简明全书》并历年刊入由单达部在案。迨至催征丁粮之时，士民萧有名等控告十余词，知县丁世淳查明前令新增三千七百一十六丁内派在城民图九里新增四百四十四丁，军地七所新增三千二百七十二丁，续将民图搜补外实派军地七所二千四百三十一丁。其所报新丁内有应成丁者二百一十九丁，既纳民里又纳军里者六百九十一丁，孤老无告者二百六十丁，幼弱怀抱者一十九丁，废疾死毙者四十二丁，异乡浮居原籍当丁者五百一十三丁，故绝无补者九十八丁，流移远去者二百三丁，僧尼焚修者二十九丁，有姓无人者三百五十七丁，但就会城而论仁和二十里，钱塘二十里，钱塘于清丈案内仅增三百丁，而仁和独增三千七百余丁，此萧有名等所以呼天抢地而不已也。今查军地七所应纳丁者二百一十九丁毋容议外，其不应纳丁者应俟编审之时将该县三百六十里人丁严行清编，则在城在镇在乡必有多余之丁，然后将军地七所虚丁二千二百一十二名竟行开除，务使各里人丁各还旧额，应纳丁者无脱漏之弊，不应纳丁者无虚赔之弊，而在城在乡民图军图各得其所，而无偏重失均之患矣。

按照史料，康熙三年仁和知县范永茂为追求政绩，在人丁编审时将大量并非成丁的人民（主要是军地七所内的人员）编入册内，导致在征缴丁银时民众不堪负担，聚众"控告十余词"，"呼天抢地

而不已"，几乎酿成民变。经后任知县丁世淳查实，军地七所编审清
出的二千四百三十一名人丁中，真正属于依法应纳丁银的人仅二百
一十九名，不及全体的十分之一，其余绝大多数人员或为老幼残疾，
或属重复编审，或已逃亡故绝，均无承担丁银的责任或可能。新任
知县明知前任编审严重失实，但并未立即将这些人员从名册中开除
出去，唯恐人丁数量急剧减少会给自己的考课带来不利影响。其采
用的补救方法是日后加大编审力度，清出足够的青壮年男丁后再将
这些不应缴纳丁银的"虚丁"开除出去，从而保持人丁总额的平衡。

此后数十年，杭州府城的仁和、钱塘二县均未出现大规模增丁，
在人丁编审时往往采取各里甲自行顶补缺丁，维持既有丁额的方法，
"流寓赤脚之光丁，去来原无定址，据议以住居门面者着其完纳，一
经迁移，即令具呈请豁，以接居者补额"，"人死粮悬，本甲是问"，
当然"偏泥一里之盈亏"，"以里顶里、甲顶甲"的做法不免造成
"丁多者得任其脱漏，而丁少者世受其包赔"的弊端。① 然而，在经
济不断发展、人口不断增长的康熙中后期，人丁缺额的里甲毕竟是少
数，多数里甲都因为实在成丁多于纳税丁额而得到实惠。因循以往的
人丁数量，不仅是州县官员的普遍做法，也为民众所广泛接受和拥护，
正因为如此，才会导致浙江载籍人丁长期停滞的现象。

各州县因循旧额之举还得到了一些有见地的高级官员的鼓励。
浙江布政史袁一相指出：

> 人丁乃无定之数，一则登耗不同，一则往来靡定，若欲一一
> 清编，其事甚难，而其患甚大也……要之为治之道，民为邦本，
> 本固邦宁，损上益下谓之益，损下益上谓之损。若使按丁而征，
> 纤悉不遗，似可骤增数倍，《大学》所谓"聚敛非人臣事君之大
> 道也"……顺治十八年间建议者请照十家保甲之册逐户详查十六

---

① （清）赵申乔：《赵恭毅公剩稿》卷五《清查仁、钱二邑光丁详》，《四库全书存
　目丛书》集部第244册，齐鲁书社，1997年影印本，第524页。

岁以上入册而部议不允，谓直省丁银有按地派征者，有按丁派征者，则例不同等语，此诚司农谋国深远之计也……今康熙十年编审不过编次里役耳，至人丁之数各县自有原额，须照依前款已产为据，或父亡而子继，或兄亡而弟补，或产业尽卖与人亦应随产当丁，务期各县不亏原额而止，若据各属详文亦有请照烟户编丁者，此令一行不肖之吏藉此科敛，今日报一丁，明日脱一丁，尽饱官役之腹，或将赤脚光丁悉登于册，以贻见年之害无穷期矣。①

按照他的观点，地方官在人丁编审时应当只求不亏原额，而切忌照实增丁。朝廷的编审之例，在他看来，只会造成"贻见年之害无穷期"的结果，因而不妨敷衍因循。其后，康熙十九年布政使李士祯条议曰："本司看得清查丁口惟在印官实心奉行，从公清理。如州县以人起丁者，务将逃亡故绝及六十岁以上老不成丁查明除豁，将十六岁以上壮丁开报顶补，务须足数；又必该图土著有身家之人，不得远将别里飞报及侨居流寓负贩无产贫民蒙混塞责，以致一时虚加丁额，十年赔累无穷。奉督抚如议行。"② 一方面，李士祯强调丁额"务须足数"，不得缺额；另一方面，他指出编审对象仅限于"土著有身家之人"，不得将流寓贫民等纳入编审，以避免"虚加丁额""赔累无穷"，显然其实质也是求得不亏原额而已。这样看来，人丁编审事实上受到了社会各个阶层、各个方面的抵制与敷衍，人丁数量的长期停滞也就不足为怪了。

二　"滋生人丁永不加赋"诏颁布后的人丁情况

（一）人丁管理制度的改变

康熙五十一年二月，清圣祖颁布了著名的"滋生人丁永不加赋"

---

① 康熙《仁和县志》卷七《户口》第 7～8 页，袁一相《清丁条议》。康熙《钱塘县志》卷六《户口》第 4～5 页及康熙《杭州府志》卷七《户口》第 4～6 页亦录该文。

② 康熙《杭州府志》卷七《户口》，第 10 页。

诏，其中规定"直隶各省督抚见今征收钱粮册内有名人丁，永为定额。嗣后所生人丁，免其加征钱粮，但将实数另造清册具报"。① 从此，丁银趋于固定化，不再与实在人丁的数量增长成正比。清廷对于人丁的控制也因此逐渐放宽。

由于人丁数量与丁银税收间已不直接挂钩，增丁议叙的规定在朝廷看来也失去意义。"（康熙）五十六年题准：续增人丁既不加赋，将增丁之州县官员议叙停止。又题准：如有州县将滋生人丁私

---

① 《清圣祖实录》卷二四九，康熙五十一年二月壬午，全文为："朕览各省督抚奏编审人丁数目，并未将加增之数尽行开报。今海宇承平日久，户口日繁，若按见在人丁加征钱粮实有不可。人丁虽增，地亩并未加广。应令直省督抚将现今钱粮册内有名丁数勿增勿减，永为定额，其自后所生人丁，不必征收钱粮，编审时止将增出实数察明，另造清册题报。朕凡巡幸地方所至，询问一户或有五六丁，止一丁交纳钱粮，或有九丁十丁，亦止二三丁交纳钱粮，诘以余丁何事，咸云蒙皇上弘恩，并无差徭，共享安乐，优游闲居而已，此朕之访闻甚晰者。前云南、贵州、广西、四川等省，遭叛逆之变，地方残坏，田亩抛荒，不堪见闻。自平定以来，人民渐增，开垦无遗，或沙石堆积，难于耕种者，亦间有之，而山谷崎岖之地，已无弃土，尽皆耕种矣。由此观之，民之生齿实繁，朕故欲知人丁之实数，不在加征钱粮也。今国帑充裕，屡岁蠲免，辄至千万，而国用所需，并无遗误不足之虞，故将直隶各省见今征收钱粮册内有名人丁，永为定数，嗣后所生人丁，免其加征钱粮，但将实数另造清册具报，岂特有益于民，亦一盛事也。直隶各省督抚及有司官编审人丁时，不将所生实数开明具报者，特恐加增钱粮，是以隐匿不据实奏闻。岂知朕不为加赋，止欲知其实数耳。嗣后督抚倘不奏明实数，朕于就近直隶地方，遣人逐户挨查，即可得实，此时伊等亦复何词耶？此事毋庸速议，俟典试诸臣出闱后，尔等会同详加确议具奏。"（中华书局，1985 年影印本，第 5413 页）起居注对此事亦有记载，但与实录稍有不同："（康熙五十一年二月二十九日）上曰：我朝七十年来，承平日久，生齿日繁，人多地少。从前四川、河南等省，尚有荒地，今皆开垦，无尺寸旷土。口外地肥，山东等省百姓往彼处耕种者甚多，朕去年差官去查，共有六万余人，纳钱粮者止二万余人，查出者虽有六万，其未经查出者更不知几万矣。欲将伊等搬入口内，念伊等穷民，以何为生？故仍令在口外居住。朕昔巡幸访问百姓，据称一家有四五丁纳银一丁者，有七八丁纳银二丁者等语。各省巡抚编审时，只奏报纳银丁数，而不奏报不纳银丁数，故实在丁数不得而知。今国用充足，凡给俸饷等项，绰绰有余，将各省今番编审丁银数目，永远著为定额，嗣后不准增减，仍令将纳银、不纳银民之数目查明具奏。查此特欲知各省人民之实数，并非丁丁加赋之意。此事自古以来无有知之者，即有知者，亦不敢行。朕特为生民有益计耳。实于千万年后之百姓大有裨益，想闻此有不欢欣者矣，俟典试诸臣出场，尔等会同查明定议具奏。"（台北故宫博物院藏《清代起居注册·康熙朝》第 20 册，台北：联经出版事业公司，2009 年影印本，第 11266～11269 页）

行科派者，该督抚即行题参。"① 清廷实行"滋生人丁永不加赋"与废止州县官员增丁议叙，很大程度上旨在消除妨碍人丁编审准确性的因素，从而获得较为可靠的人丁数据，从对浙江的研究分析看来，清廷的这一目的在一定程度上得以实现。

（二）浙江各地人丁数量的普遍增加

五年一修的"清编旧额人丁滋生增益人丁总数文册"（也称"人丁编审黄册"）是反映当时人丁编审状况的最为原始与直接的史料。康熙六十年与雍正四年浙江全省的人丁编审黄册完整地保存下来，此外《浙江通志》中系统记载了雍正九年的编审丁口数，笔者从而得以全面详细地分析研究"滋生人丁永不加赋"后浙江的人丁变化情况（参见表3－12）。

表3－12 "滋生人丁永不加赋"诏颁布之后浙江各府州县人丁数额变化

		康熙五十年实在人丁	康熙六十年实在人丁	较康熙五十年增长幅度（%）	雍正四年实在人丁	较康熙六十年增长幅度（%）	雍正九年实在人丁	较雍正四年增长幅度（%）
杭州府	仁和县	84451	93159	10.31	93757	0.64	94844	1.16
	钱塘县	50000	57547	15.09	57828	0.49	58098	0.47
	海宁县	93523	98830	5.67	99139	0.31	99448	0.31
	富阳县	9964	10606	6.44	10707	0.95	11302	5.56
	余杭县	21632	22676	4.83	22781	0.46	23203	1.85
	临安县	20864	21692	3.97	21795	0.47	21816	0.10
	新城县	4677	5333	14.03	5344	0.21	5449	1.96
	於潜县	4710	4984	5.82	5035	1.02	5137	2.03
	昌化县	2483	2600	4.71	2615	0.58	2733	4.51
		292304	317427	8.59	319001	0.50	322030	0.95
嘉兴府	嘉兴县	153734	163515	6.36	164302	0.48	164517	0.13
	秀水县	100190	105631	5.43	105879	0.23	106182	0.29
	嘉善县	110878	117977	6.40	118334	0.30	119638	1.10
	海盐县	49050	52008	6.03	52498	0.94	52962	0.88

① 乾隆《钦定大清会典则例》卷三三《户部·户口下》，《景印文渊阁四库全书》第621册，第20页上栏。

		康熙五十年实在人丁	康熙六十年实在人丁	较康熙五十年增长幅度（%）	雍正四年实在人丁	较康熙六十年增长幅度（%）	雍正九年实在人丁	较雍正四年增长幅度（%）
嘉兴府	平湖县	38336	40465	5.55	40578	0.28	40689	0.27
	石门县	66447	70179	5.62	70383	0.29	70822	0.62
	桐乡县	49282	51631	4.77	51852	0.43	52465	1.18
		567917	601406	5.90	603826	0.40	607275	0.57
湖州府	安吉州	13570	14228	4.85	14329	0.71	14394	0.45
	归安县	68111	72170	5.96	73131	1.33	74384	1.71
	乌程县	73683	81242	10.26	83781	3.13	84066	0.34
	长兴县	49008	51907	5.92	52184	0.53	52594	0.79
	德清县	57024	61401	7.68	61738	0.55	62081	0.56
	武康县	17828	18954	6.32	19073	0.63	19308	1.23
	孝丰县	13954	14542	4.21	14606	0.44	14738	0.90
		293178	314444	7.25	318842	1.40	321565	0.85
宁波府	鄞　县	214752.7	219959.7	2.42	220504.7	0.25	221526.7	0.46
	慈溪县	63184	66159	4.71	66304	0.22	66975	1.01
	奉化县	62387.8	63842.8	2.33	63971.8	0.20	64177.8	0.32
	象山县	12547.6	13129.6	4.64	13254.2	0.95	13361.9	0.81
	镇海县	33663.1	35024.1	4.04	35315.2	0.83	35357.3	0.12
	定海县	7470.8	7913.8	5.93	7984.8	0.90	8292.8	3.86
		394006.1	406029.1	3.05	407334.6	0.32	409691.5	0.58
绍兴府	山阴县	31870	33432	4.90	33665	0.70	33904	0.71
	会稽县	20584.5	22064.5	7.19	22383.5	1.45	22639.5	1.14
	萧山县	33678	35530	5.50	35699	0.48	35838	0.39
	诸暨县	38805	41014	5.69	41286	0.66	41832	1.32
	余姚县	59819	62572	4.60	62634	0.10	63007	0.60
	上虞县	35682	37977	6.43	38188	0.56	38429	0.63
	新昌县	12239	12893	5.34	13033	1.09	13281	1.90
	嵊县	18019	19880	10.33	20312	2.17	20818	2.49
		250696.5	265362.5	5.85	267200.5	0.69	269748.5	0.95
台州府	临海县	68559	72609	5.91	72886	0.38	73503	0.85
	黄岩县	22564	23486	4.09	23579	0.40	24295	3.04
	太平县	18701	19295	3.18	19462	0.87	19888	2.19
	宁海县	30093	31406	4.36	31538	0.42	31767	0.73

续表

		康熙五十年实在人丁	康熙六十年实在人丁	较康熙五十年增长幅度(%)	雍正四年实在人丁	较康熙六十年增长幅度(%)	雍正九年实在人丁	较雍正四年增长幅度(%)
台州府	天台县	11327	12038	6.28	12200	1.35	12562	2.97
	仙居县	13401	13940	4.02	14098	1.13	14499	2.84
		164645	172774	4.94	173763	0.57	176514	1.58
金华府	金华县	70059	74030	5.67	74417	0.52	74791	0.50
	兰溪县	54922.1	57365.1	4.45	57522.1	0.27	57643.1	0.21
	东阳县	22865	24514	7.21	24737	0.91	24992	1.03
	义乌县	16802	17809	5.99	18019	1.18	18279	1.44
	永康县	25468	26909	5.66	27157	0.92	27334	0.65
	武义县	9800	10271	4.81	10456	1.80	10695	2.29
	浦江县	9532	10253	7.56	10335	0.80	10692	3.45
	汤溪县	10964	11745	7.12	11893	1.26	12060	1.40
		220412.1	232896.1	5.66	234536.1	0.70	236486.1	0.83
衢州府	西安县	45170.5	47640.5	5.47	48069.5	0.90	48391.5	0.67
	龙游县	22845	23850	4.40	24014	0.69	24226	0.88
	江山县	29754	30255	1.68	30661	1.34	30787	0.41
	常山县	5824	5855	0.53	5873	0.31	5904	0.53
	开化县	48869	49008	0.28	49197	0.39	49301	0.21
		152462.5	156608.5	2.72	157814.5	0.77	158609.5	0.50
严州府	建德县	19210	20144	4.86	20280	0.68	20716	2.15
	淳安县	28710	30411	5.92	30665	0.84	30848	0.60
	遂安县	18869	21844	15.77	21926	0.38	21998	0.33
	寿昌县	7933	8371.5	5.53	8435.5	0.76	8510.5	0.89
	桐庐县	17873	18658	4.39	18693	0.19	18805	0.60
	分水县	8934	9606	7.52	9689	0.86	9966	2.86
		101529	109034.5	7.39	109688.5	0.60	110843.5	1.05
温州府	永嘉县	93557	95294	1.86	95571	0.29	95689	0.12
	乐清县	17795.5	18222	2.40	18287	0.36	18368	0.44
温州府	瑞安县	34549	35225	1.96	35312	0.25	35415	0.29
	平阳县	44080.0	45630.0	3.52	45740.0	0.24	45949.0	0.46
	泰顺县	5266	5508	4.60	5521	0.24	5649	2.32
		195247.5	199879	2.37	200431	0.28	201070	0.32

续表

		康熙五十年实在人丁	康熙六十年实在人丁	较康熙五十年增长幅度(%)	雍正四年实在人丁	较康熙六十年增长幅度(%)	雍正九年实在人丁	较雍正四年增长幅度(%)
处州府	丽水县	14640	14955	2.15	15016	0.41	15101	0.57
	缙云县	23436	24279	3.60	24361	0.34	24930	2.34
	青田县	20705	21071	1.77	21116	0.21	21166	0.24
	松阳县	10191	10782	5.80	10817	0.32	10859	0.39
	遂昌县	11407.5	11578.5	1.50	11609.5	0.27	11730.5	1.04
	云和县	3731.5	3933.5	5.41	3955.5	0.56	4098.5	3.62
	龙泉县	15600	15951	2.25	15999	0.30	16164	1.03
	庆元县	6457.5	6691.5	3.62	6726.5	0.52	6912.5	2.77
	景宁县	6512.5	6758.5	3.78	6780.5	0.33	6899.5	1.76
	宣平县	5508.5	5742.5	4.25	5771.5	0.51	5805.5	0.59
		118189.5	121742.5	3.01	122152.5	0.34	123666.5	1.24
全省合计		2750587.1	2897603.1	5.34	2914589.7	0.59	2937499.5	0.79

资料来源：《康熙六十年分杭、处等十一府属清编旧额人丁滋生增益人丁总数文册》、《雍正四年分杭、处等十一府属清编旧额人丁滋生增益人丁总数文册》（中国第一历史档案馆藏，册332），乾隆《浙江通志》卷七一至卷七四《户口》。

　　从表3-12可见，"滋生人丁永不加赋"后，浙江的人丁数量经历了一个快速的增长，从康熙六十年的丁额来看，各县普遍均有一个较大的增幅，平均较康熙五十年增长5.34%，十年内平均年增长率为0.53%，系康熙二十年至五十年间平均年增长率（0.05%）的10倍多。雍正四年全省人丁总量较康熙六十年又上升0.59%，平均年增长率约0.12%，增幅虽趋于放缓，但亦为"永不加赋"之前的两倍多。雍正九年浙江各州县人丁总数较雍正四年增长0.79%，年均增长率约0.16%，多数州县的增长幅度与前一次编审相比差距不大。可见，人丁数量在"滋生人丁永不加赋"诏颁布后十年间出现了急剧增长的阶段，此后则是略为平缓的持续增长。

　　康熙末年人丁数量显著增加的原因在于，"滋生人丁永不加赋"的推行和增丁州县官员议叙的停止，极大消除了地方官员在人丁编审时的顾虑和民众对于人丁编审的抵触，隐匿人丁的现象大为减少，也极大消除了增丁的负面制约。但也必须指出，由于机制的缺陷，"滋生人丁永不加赋"后，浙江各州县的"实在人丁"实质上是赋税单位和成丁的复合概念，而并非成丁男子，这一点笔者将在第四章第三节"於潜县《清编完赋人丁庄名户口数目文册》中的人丁"中详细阐明。

综上所述，清代前期浙江的人丁数量变化体现着一个长期停滞，而后突然显著上升，其后平缓增长的过程。"滋生人丁永不加赋"之前，人丁与丁银直接挂钩，不仅丁银的缴纳是民众（尤其是不具资产的"赤脚光丁"）的一项重负，丁银的催征也令众多地方官不堪其累。因而尽管清廷制定了严格的人丁编审制度，在民众的抵制和地方官的敷衍之下，这一制度形如具文，人丁数额大多因循旧额。而随着"滋生人丁永不加赋"诏的颁布，丁银趋于固定化，人丁数量与税赋之间不再具有直接的联系，这样便无形中消除了干扰人丁编审的主要负面因素。因而，尽管清廷对于人丁的控制趋于松弛，增丁议叙的奖励机制也被废止，人丁的数量却迅速增加。

本节的研究也表明，"上有政策，下有对策"，似乎是一个永恒的话题。历朝历代的许多典章法律，看似言之切切，实为一纸空文，即便加以实施，其具体的执行效果也与立法本意大相径庭。因此，对于某一历史现象，如果仅从制度表层加以研究，忽视其实际的执行情况与执行效果的话，不仅不能把握其实质，恐怕就连事件的表象都会差之千里。

第三节　复杂多样的浙江"人丁"

在对清代人丁的研究中，通过对人丁编审的各项法规制度、记载人丁情况的各种史料的研读，笔者注意到，清代前期，在不同的地方，甚至在不同的语境下，"人丁"一词的实际含义往往大相径庭。全国各省中，浙江的"人丁"情况最为复杂，无论是"原额人丁"的时代来源，人丁的编审方式，还是人丁的名目，各州县可谓千差万别，大体覆盖了全国不同地域"人丁"的种种特点。本节中，笔者将以清前期浙江的人丁为例，详细分析清代"人丁"的复杂多样性。

一　"原额人丁"来源时代的多元化

在本章第一节中，笔者分析了江南省的原额人丁来源时代，而与之相比，浙江的原额人丁更显复杂。除了上文提到的顺治二年"平南恩诏"，实录中还记载，"浙江福建人丁地亩本折钱粮并卫所屯粮，除浙江杭、嘉、湖三府业经该总督题准照平南恩诏开征，今浙东八府并福建全省，俱自顺治四年正月初一日起，俱照前朝万历四十八年则例征收，天启、崇祯时加派尽行蠲免"。①

实录中的表述有不明确之处，究竟是人丁数额照万历年间，还是人丁的丁徭银额照万历年间呢？似乎让人难以判断。因而，单凭这一记载不能断定浙省"原额人丁"的来源，必须更为广泛与微观地加以调查分析。由于明代浙省记载赋役情况的册籍未能留存下来，笔者转而考察明末及清代的地方志书，将其中记载的历代户丁口数与康熙《浙江赋役全书》所载"原额人丁"数字加以对比，有了不同以往的发现。

除湖州府乌程，绍兴府山阴、会稽，台州府黄岩，金华府金华、兰溪、汤溪，温州府泰顺，处州府丽水、缙云、云和、庆元等十二个县份原额人丁取自何时丁额无从查考外，其余的六十四个州县都能得到落实（参见表 3－13）。通过考察，笔者发现浙江各州县原额人丁的来源，其早可溯及明中期的弘治、隆庆年，晚则落实于康熙前期，前后跨度达二百余。

多数州县的原额人丁数额沿自明代晚期的"户口人丁"数。原额人丁源于明代的县份有四十三个，占有据可考的州县数的 67.2%，其中三十四个县份依据的是万历年间的丁额，海宁、平湖、德清、青田四县则将明末天启、崇祯时的丁额作为原额。

① 《清世祖实录》卷三〇，顺治四年二月癸未，第 249 页。

表 3 – 13　浙江部分州县原额人丁来源时代

州县名	原额人丁上溯年代	资　料　来　源
仁和县	万历四十年	康熙《杭州府志》卷七《户口志》
钱塘县	顺治十年	康熙《杭州府志》卷七《户口志》
海宁县	崇祯十四年	康熙《杭州府志》卷七《户口志》
富阳县	万历四十年	康熙《杭州府志》卷七《户口志》
余杭县	顺治十年	康熙《杭州府志》卷七《户口志》
临安县	万历四十年	康熙《杭州府志》卷七《户口志》
新城县	万历四十年	康熙《杭州府志》卷七《户口志》
於潜县	万历四十年	康熙《杭州府志》卷七《户口志》
昌化县	万历四十三年	道光《昌化县志》卷五《户赋志》
嘉兴县	万历间	康熙《嘉兴府志》卷九《户口志》
秀水县	万历间	康熙《嘉兴府志》卷九《户口志》
嘉善县	万历十九年	康熙《重修嘉善县志》卷四《食货志》
海盐县	万历间	康熙《嘉兴府志》卷九《户口志》
平湖县	天启、崇祯间	乾隆《平湖县志》卷四《食货志》
石门县	万历间	康熙《嘉兴府志》卷九《户口志》
桐乡县	康熙十一年	康熙《桐乡县志》卷二《人民部》
安吉州	康熙六年	乾隆《安吉州志》卷五《户口》
归安县	顺治八年至康熙二十年间	光绪《归安县志》卷一八《经略志》
长兴县	万历二十六年	乾隆《长兴县志》卷五《户口》
德清县	天启三年	康熙《德清县志》卷四《食货考》
武康县	顺治四年	康熙《武康县志》卷四《食货志》
孝丰县	顺治四年	康熙《孝丰县志》卷三《食货志》
鄞　县	康熙十年	乾隆《鄞县志》卷六《田赋志》
慈溪县	万历三十一年	天启《慈溪县志》卷四《户口》
奉化县	顺治四年至十八年间	雍正《宁波府志》卷一二《户赋》
象山县	万历间	民国《象山县志》卷一一《赋税考》
定海县	顺治四年至顺治九年间	雍正《宁波府志》卷一二《户赋》
萧山县	顺治四年	康熙《萧山县志》卷一〇《田赋志》
诸暨县	万历间	乾隆《诸暨县志》卷一〇《赋役志》
余姚县	顺治初年	乾隆《余姚志》卷一〇《田赋志》
上虞县	万历三十四年	光绪《上虞县志》卷二六《食货志》
新昌县	顺治间	民国《新昌县志》卷三《食货》

州县名	原额人丁上溯年代	资　料　来　源
嵊　县	顺治九年	康熙《嵊县志》卷四《田赋志》
临海县	顺治初	康熙《临海县志》卷三《食货志》
太平县	顺治三年	康熙《太平县志》卷三《田赋志》
宁海县	明代	康熙《宁海县志》卷三《食货志》
天台县	隆庆元年	康熙《天台县志》卷四《版籍志》
仙居县	弘治五年	万历《仙居县志》卷二《户口》
东阳县	万历九年	道光《东阳县志》卷七《政治志》
义乌县	顺治十四年	嘉庆《义乌县志》卷一《户口》
永康县	万历末年	康熙《永康县志》卷三《户口》
武义县	万历三十一年	嘉庆《武义县志》卷三《田赋志》
浦江县	万历间	康熙《浦江县志》卷四《户口》
西安县	万历四十年	康熙《衢州府志》卷二一《户口考》
龙游县	万历四十年	康熙《衢州府志》卷二一《户口考》
江山县	万历四十年	康熙《衢州府志》卷二一《户口考》
常山县	万历九年	康熙《常山县志》卷八《赋役志》
开化县	万历四十年	崇祯《开化县志》卷三《赋役志》
建德县	顺治九年	康熙《建德县志》卷三《食货志》
淳安县	万历四十年	万历《续修严州府志》卷八《食货志》
遂安县	万历四十年	万历《续修严州府志》卷八《食货志》
寿昌县	万历四十年	万历《续修严州府志》卷八《食货志》
桐庐县	万历四十年	万历《续修严州府志》卷八《食货志》
分水县	万历四十年	万历《续修严州府志》卷八《食货志》
永嘉县	万历间	光绪《永嘉县志》卷五《贡赋志》
乐清县	顺治三年	光绪《乐清县志》卷五《田赋志》
瑞安县	万历间	乾隆《瑞安县志》卷三《田赋志》
平阳县	万历间	康熙《平阳县志》卷三《食货志》
青田县	崇祯十六年	康熙《青田县志》卷三《贡赋志》
松阳县	顺治初年	民国《松阳县志》卷三《赋役志》
遂昌县	隆庆二年	乾隆《遂昌县志》卷二《赋役志》
龙泉县	万历二十六年	顺治《龙泉县志》卷四《食货志》
景宁县	顺治初年	乾隆《重修景宁县志》卷四《赋役志》
宣平县	明代	乾隆《宣平县志》卷八《贡赋志》

还有一些县份原额人丁的来源于明万历之前，如台州府天台县（隆庆元年）、仙居县（弘治五年）及处州府遂昌县（隆庆二年）等。究其原因，笔者发现明代浙江个别州县的人丁数字长期未曾变化。以仙居县为例，万历《仙居县志》卷二《户口》记载："宏（弘）治五年，户一万一十三，口男妇共三万四十五；万历九年，户一万一十一，口与宏（弘）治五年同。"弘治五年与万历九年间相隔近百年，人口竟一成不变，这一口数延续至清代成为原额数；又如宁波府慈溪县，天启《慈溪县志》卷四《户口》记载："万历三十一年，户二万六千一百九十六户，口六万三千一百八十四口。四十一年、天启二年口数皆同。"人口亦数十年不曾变化。这确实表明，浙江的一些县份早在明代中后期，丁口统计就已严重失实，由此清初原额人丁与实际的严重脱节也就不足为怪了。

此外，还有相当一部分州县的原额丁数系根据清初重新订立。对史料记载结合历史背景加以分析，笔者以为这些州县清初人丁原额不采用明代人丁数，大体有以下原因。

一是明代的人丁册籍毁损，只得重新编定人丁数额。如杭州府余杭县"自万历四十一年至崇祯十七年，邑遭兵燹册籍无考"，[1] 原额人丁采用的是顺治十年编审的丁数。台州府黄岩县的情况相同，"自万历至崇祯，邑遭兵火册籍无存"，[2] 原额人丁也应当是入清后重新编订的。

二是编审之后将审增人丁纳入原额。如康熙《桐乡县志》卷二《人民部·户口》记载，该县顺治年间的人丁数为四万八千八百四十八丁，康熙十一年新增人丁四百三十四丁口，实在人丁四万九千二百八十二丁口。以后该县的原额人丁数即定为四万九千二百八十二丁口。又如康熙《建德县志》卷三《食货志·户口》载，该县万历四十年《赋役全书》户口人丁一万九千一百七十九丁五分，顺治九年编审报增人丁

---

[1] 康熙《杭州府志》卷七《户口志》，第21页b。
[2] 康熙《黄岩县志》卷二《版籍志·户口》，第52页b。

三十丁五分起科。此后该县的原额人丁数即为一万九千二百一十丁。

三是由于战乱导致人丁锐减，从而酌情削减人丁原额。金华府治所金华县隆庆六年丁七万四千五百六十五，明末户丁口共七万九千八十。[①] 顺治二年，该地遭清军屠城，人口大量减少，清初原额人丁额定为六万七千六百二十七丁，较以往有所减少。总的来说，与某些其他省份不同，清初浙江豁免人丁原额的情况极少。与金华府城同样遭到屠城的嘉兴府城（含嘉兴、秀水两县）原额人丁沿袭万历丁额，没有丝毫豁免。

四是由于清初改变了人丁编审方式。嘉庆《义乌县志》卷一《户口》载："国朝丁口减于前明者从田起丁也……顺治十四年颁《赋役全书》人户同前，丁口一万六千二百八十八。"这一数字即是清代该县的人丁原额。

需要指出，原额人丁依据的并非都是明代或清初的男子成丁数，还存在以下几种例外情形。

其一是依据人口数。根据记载，杭州府海宁县崇祯十四年口数为九万三千五百二十三口，[②] 清代原额人丁数即定作九万三千五百二十三。嘉兴府嘉兴县万历年间男丁数一十一万一千八百七十五，女口数四万一千八百五十九，[③] 清代原额人丁数定作一十五万三千七百三十四，其中包括"人丁"一十一万一千八百七十五，"食盐课口"四万一千八百五十九。该府秀水县万历年间男丁数八万一千九百一十二，女口数一万八千二百七十八，[④] 清代原额人丁数为一十万一百九十，其中包括"人丁"八万一千九百一十二，"食盐课口"一万八千二百七十八。该府其余各县及台州府天台、仙居等县亦存在将明代口数定作清代原额人丁数的现象。

---

① 康熙《金华府志》卷五《户口》，收入《中国地方志集成·浙江府县志辑》第49册，上海书店影印本，1993，第64页。
② 康熙《杭州府志》卷七《户口志》，第16页 b。
③ 康熙《嘉兴府志》卷九《户口志》，第4页 a。
④ 康熙《嘉兴府志》卷九《户口志》，第4页 a。

其二是依据户数。康熙《嵊县志》卷四《田赋志·户口》载"万历十年户一万一千六百有五，口五万八千七百一十七。国朝顺治九年户一万八千有四，口仍旧。"而康熙《浙江赋役全书》等记载的该县原额人丁数即为18004，与县志记载的清初户数等同。

其三是依据户数与口数之和。康熙《德清县志》卷四《食货考·户口》载："天启三年，户共三万六百一十四，口共二万六千四百一十，内市民丁八百三十六，口二百四十九，乡丁二万九千七百七十八，乡口二万六千一百六十一。"清代该县的原额人丁数为五万七千二十四，恰为天启三年的"户数"与"口数"相加之和。县志中的"市民丁"、"市民口"、"乡丁"、"乡口"之数也恰与康熙《浙江赋役全书》中的"市民人丁"、"市民人口"、"乡民人丁"、"乡民人口"原额数吻合。更有意思的是，县志中的户数恰为"市民丁"、"乡丁"之和，口数恰为"市民口"、"乡口"之和。

奉化县的情况与之类似，雍正《宁波府志》卷一二《户赋》载该县人口情况："顺治四年至十八年户一万七千八百四十四，丁口四万六千六百九十六口。"而根据康熙《浙江赋役全书》所载，该县原额人丁六万四千五百四十丁，其中原额"市民人口"一千三百六十三丁，原额"乡民人口"四万五千三百三十三丁，原额"人丁"一万七千八百四十四丁。全书原额人丁中的"人丁"数恰与府志的户数吻合，而全书"市民人口"与"乡民人口"之和则等于府志的口数。

太平县的人丁记载亦有十分有趣的情况。康熙《太平县志》卷三《田赋志·户口》载："顺治三年户九千一百五十一，口三万二千一百七十六，内男子二万二千八百七，妇女一万三百六十九。"对照康熙《浙江赋役全书》所载，该县原额人丁二万二千八百七丁口，内含乡民七千四百七十八丁、灶丁二千九百六丁五分、无田单丁二千五十三丁五分、食盐课口一万三百六十九口。县志中的"男子"数与全书原额人丁总数吻合，而"女子"数则与全书原额人丁中的食盐课口数吻合，显有逻辑重复的问题。

虽然此类现象在浙江仅此几例，并不具代表性，但总之在当时确实存在着户丁口混同的情况，个中原因究竟是当初的人丁编审者刻意为之，还是方志编纂者的概念混淆，确是个耐人寻味的问题。清初许多场合下"人丁"的意义相对于这个词的固有概念已经发生了微妙的变化，并非单指成丁男子。假若未能清楚地了解到当时当地的具体人丁编审方式，而是按照传统观念把"人丁"一概而论地视为成丁男子的话，是很容易发生概念混淆的。

二　人丁编审方式的多样化

在雍正年间实施摊丁入亩前，各省府州县征收丁银的方式可谓五花八门，康熙《大清会典》载，"今考直省丁徭，有分三等九则者，有一条鞭征者，有丁随田派者，有丁从丁随者。即一省之内，则例各殊，遵行既久，闾里称便焉"。[①] 在朝廷普遍推行摊丁入亩前夕，浙江省存在照人起丁、照粮起丁与照田地起丁三种人丁编审方式（参见表 3 – 14）。不同的方式下，载籍人丁的含义往往各不相同。

表 3 – 14　康熙六十年与雍正四年浙江各府州县人丁编审方式

	所属州县总数	照人起丁的州县数	照粮起丁的州县数	照田地起丁的州县数
杭州府	9	3	3	3
嘉兴府	7	0	1	6
湖州府	7	3	3	1
宁波府	6	1	0	5
绍兴府	8	0	5	3
台州府	6	4	2	0
金华府	8	0	8	0
衢州府	5	3	2	0
严州府	6	3	1	2
温州府	5	4	1	0
处州府	10	7	1	2
全省合计	77	28	27	22

资料来源：《康熙六十年分杭、处等十一府属清编旧额人丁滋生增益人丁总数文册》；《雍正四年分杭、处等十一府属清编旧额人丁滋生增益人丁总数文册》。

[①] 康熙《大清会典》卷二三《户部·户口》，《大清五朝会典》第 1 册上，第 257 页下栏。

1. 照人起丁

浙江普遍推行摊丁入亩始于雍正五年，在此之前，浙江尚有约36%的县份照旧实行照人起丁的老办法。从图3-1及图3-2对比来看，照人起丁的县份集中在浙中南山区的台州、温州、处州三府，

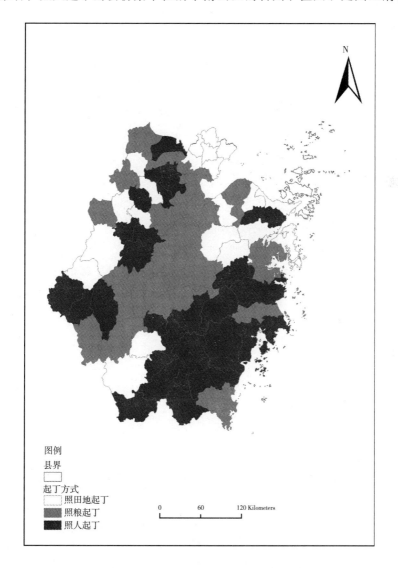

图3-1　康熙六十年浙江各州县人丁编审方式

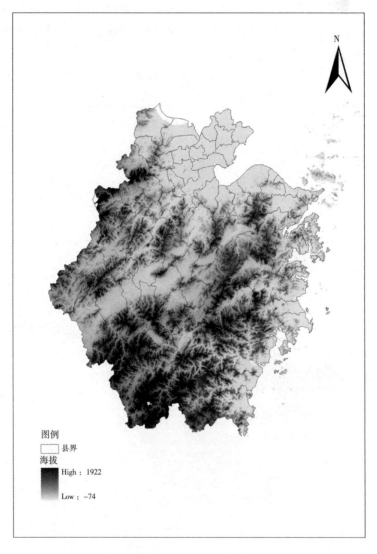

图 3 - 2　浙江地形图

此外浙西丘陵地带的衢州府和严州府的多数县份也维持传统编审方式。就全省而言，这些地域经济相对落后，土地较为贫瘠。然而，作为经济中心的杭州府城仁和县、钱塘县，宁波府城鄞县亦坚持照人起丁（这一情况在下一章中还要具体分析）。在这种编审方式下，丁银的征税客体是具体的自然人，但官员、士绅、军卒、奴仆等均可减轻或免除丁银负担。①

从理论上讲，如果人丁编审制度严格执行的话，在照人起丁的地方，载籍丁数应当大体接近实际丁数。然而事实并非如此，各地的人丁编审往往趋向两极。一是地方官员为求政绩，浮报丁数，"每遇一审，有司务博户口加增之名，不顾民之疾痛，必求溢于前额，故应删者不删，不应增者而增，甚则人已亡而不肯开除，子初生而责其登籍，沟中之瘠犹是册上之丁，黄口之儿已入追呼之檄，始而包赔，既而逃亡，势所必然"。② 这一现象北方各省较多，上一节提到的仁和县康熙初年滥增人丁亦属此例。另一则是因循旧额，敷衍行事。上一节的研究表明，自清初至康熙五十年，浙江的许多州县尽管始终维持照人起丁的编审制度，然而载籍人丁长期维持不变。可见即便照人起丁，载籍人丁与实际情况也可能相差甚远。

何炳棣等学者将"人丁"视为"赋税单位"，这一概括看似完满，但也有值得商榷之处。一者，中国历史上的载籍人口基本上都与赋役密切挂钩，如果将清前期的人丁简单概括为赋税单位，那么前朝的人口（如明代、宋代、汉代等）的载籍人口是不是也都可以说成是赋税单位呢？笔者始终觉得"赋税单位"的定性似乎显得过于笼统含糊。再者，如果说"滋生人丁永不加赋"之前，所有的载籍人丁都与国家财政直接挂钩，以赋税单位来形容人丁尚且可行的话，"滋生人丁永不加赋"之后，情况就发生了变化。在康熙六十年和雍正四年的人丁编审册中，实在人丁不仅包括仍然承担丁银负担

---

① （清）张玉书：《纪顺治间户口数目》："其在仕籍及举贡监生员与身隶营伍者，皆例得优免。而佣保奴隶，又皆不列于丁。"贺长龄编《清经世文编》卷三〇，第 741 页上栏。

② （清）陆陇其：《编审人丁议》，《三鱼堂文集·外集》卷一，《景印文渊阁四库全书》第 1325 册，第 197 页下栏。

的原额完赋人丁与顶补人丁,[1] 同时还包括已被清廷豁免缴交丁银义务的"滋生人丁"。根据档案史料来看,"康熙五十七年五月十二日,准户部咨开,准浙抚朱轼咨称,浙属人丁各州县科征不一,内有照田粮起丁之州县,系照田照粮均派,原无新增,因奉永不加赋之恩诏,将烟户内已成丁者尽行查出造入滋生册内;有照人起丁之县业将查出新丁顶补开除,其余俱造入滋生册内。"[2] 可见,无论是照人起丁还是照粮、照田地起丁的州县,浙江的滋生人丁指的都是实在成丁,与地亩田赋并无关系。因此,把"人丁"一概定为"赋税单位"显然是不妥当的。

2. 照粮起丁与照田地起丁

明代后期"一条鞭法"实施前后浙江便有少数州县试行丁随粮派。台州府黄岩县,"前朝因地当孔道,役办夫马无艺。隆庆初御史庞尚鹏议就里长派立额办、坐办、杂办、驿传、课税、祗应等钞定额岁供,民始息肩。然狡猾从中干没为奸。万历初御史谢廷杰议将役银一概均入田土,定额科征,谓之条鞭,一切官应而蠹孔塞矣。此皆以土田代丁役也。明末更将丁银口米并入田征,是田土又代丁银矣。"[3] 由于当时丁银系各州县自收自支,征收方式由地方官自主决定,随着地方官调任更替,摊丁入地亦会历经反复。绍兴府嵊县,"自明隆庆年间知县薛周将丁银派入三办均徭,即已随田征输,末季仍籍人丁,穷民窜徙避征,不堪其累。国初知县吴用光仍循旧例派丁,民困始苏。其例市民田五十亩听一丁,乡民田二十五亩听一丁。

---

[1] 所谓顶补人丁,乾隆《钦定大清会典则例》卷三三《户部·户口下》:"(康熙)五十五年覆准:新增人丁,钦奉皇恩,永不加赋。令以新增人丁补充旧阙额数,除向系照地派丁外,其按人派丁者,如一户之内开除一丁,新增一丁,即以所增抵补所除。倘开除二三丁,本户抵补不足,即以亲族之丁多者抵补,又不足,即以同里同图之粮多者顶补,其余人丁归入滋生册内造报。"《景印文渊阁四库全书》第 621 册,第 20 页上栏。

[2] 《题为查核浙江所属州县增益人丁事会议编审要务各省悬殊请旨事》,乾隆七年三月二十五日讷亲、海望题,中国第一历史档案馆藏,档案号:02-01-04-13411-010。

[3] 康熙《黄岩县志》卷二《徭役》,第 71 页 a。

至顺治十三年颁行《赋役全书》又另行分派云。"① 经过从明后期到清初数十年的波折,该县终于实现了照田起丁,贫苦无地百姓的税负减轻了。

入清之后,越来越多的地方官员认识到将丁银摊入田赋的好处。康熙《嘉兴府志》论道:"按五年编审,丁随户定似乎至公,然胥吏因缘为奸,漏富差贫,百弊丛生莫可究诘。况嘉郡地狭民稠,居址无定,房多赁借,人多雇倩,负贩之子家无立锥,百工萃处半属客籍,而欲按户核丁,按丁责赋,此必不可得之数也。嘉郡因田起丁,田多则丁多,田少则丁少,计亩科算无从欺隐,其利一;民间无包赔之苦,其利二;编审之年照例造册无烦再为稽核,其利三;各完各田之丁,吏不能上下其手,其利四。可谓法之均平而事之简易者矣。"② 湖州府安吉州于康熙六年"清查丈量定额照亩科丁"。③ 嘉兴府海盐县"康熙元年大造,士民贺伟观条议均丁,计产派丁,买卖推收丁随田去。十一年知县张公素仁编审,每田一亩派人丁八厘一毫六丝五忽九微五尘,大约十二亩而完一丁,无无田之口,无无丁之田,赔累绝,口赋均,诚万世之利矣。"④ 康熙三十年,温州府平阳县"以丁配田"。⑤ 康熙三十六年,杭州府海宁县改行照田起丁。⑥如表 3-14 所示,到康熙末年,全省实施照粮起丁和照田地起丁的州县分别占到全体的 35.1% 和 28.6%,也就是说,浙江接近三分之二的州县的丁银已经与人丁脱钩。

"照粮起丁"与"照田地起丁"的实质性区别在于:"照粮起

---

① 乾隆《嵊县志》卷四《民赋志·户口》,第 4 页 a。
② 康熙《嘉兴府志》卷九《户口》,第 7 页。
③ 乾隆《安吉州志》卷五《户口》,第 3 页 b。
④ 康熙《海盐县志》卷五《户口》,收入《中国地方志集成·浙江府县志辑》第 21 册,上海书店影印本,1993,第 92 页。
⑤ 乾隆《平阳县志》卷六《户口》,第 5 页 b。
⑥ (清)查慎行:《敬业堂诗集》卷二六《海塘行》诗:"公旬三日古有之,向蹴力役谁所为。(注曰)吾邑户口十万,丁丑(即康熙三十六年——引者注)冬,县令王某忽尽除丁粮,每田十亩代纳一丁。"(周劭点校,上海古籍出版社,1986,第 724 页)

丁"的州县，只要是纳税土地，无论田、地、山、荡（塘），都需摊征丁银；"照田（地）起丁"的州县，仅田（地）摊征丁银，其余山、荡（塘）、屋基等不需摊征丁银。

从图3-1和图3-2可知，实施照粮起丁和照田地起丁的州县集中在杭嘉湖平原、宁绍平原及金衢盆地一带，多为地势平缓，农业发达，人口密集的区域，嘉兴、绍兴、金华三府属县在康熙末年已全部改行照粮起丁或照田地起丁。

丁银派入田粮后，载籍人丁与实际成丁间的偏差自然越发显著。在照粮（田地）起丁方式下，"丁俱从地起，以地之数目为丁之多寡，以地之有无为丁之去留。"[1] 丁银的增减，依据的是田赋的增减（或是田亩面积的增减）。久而久之，在照粮（田地）起丁的州县，丁银名义上是独立的税收名目，实际上则成为田赋的附加税。载籍人丁同样随着田赋的增收（抑或田亩的增加）而上升，随着田赋的减征（抑或田亩的减少）而下降。

甚至在一些地方，人丁的记载中出现了零尾余数。如杭州府富阳县自明末开始"照田起丁，照丁编役，熟征田以十亩起一丁，地基塘等以二十二亩五分起一丁，柴山以四十五亩起一丁，茅山以七十亩起一丁，光山以九十亩起一丁，通共折实征田二十七万四千一百亩零，应起丁二万七千四百一十丁零"，到康熙初年"将柴山八十亩折作一丁，茅山一百一十亩折作一丁，光山一百三十亩折作一丁，通共减折山则产丁三千一十二丁三分零之数"，[2] 其各图载籍丁口数大都出现了零尾余数（参见表3-15）。显然在照粮（田地）起丁的方式下，载籍完赋人丁确实与实际成丁脱离了关系。

---

① 《陈奏管见二条折》，雍正元年二月初十日秦国龙奏，《宫中档雍正朝奏折》第1辑，第81页。

② 康熙《重修富阳县志》卷七《赋役志·编役》，第72~73页。

表3-15　杭州府富阳县东北区、正南区和在坊区康熙二十一年人丁女口实数

	市丁数	乡丁数	女口数
东北区合计	122 丁 6 分 1 厘 4 毫	1769 丁 8 分 8 厘 1 毫	328 口 1 分 9 厘 9 毫
春明一图	6 丁 6 分	102 丁 7 厘	19 口
春明二图	26 丁 3 分 5 厘	103 丁 8 分 8 厘 8 毫	25 口 7 分 5 厘
安辰一图	26 丁 3 分 5 厘	103 丁 8 分 8 厘 8 毫	25 口 7 分 5 厘
安辰二图	21 丁 2 分 4 厘 4 毫	103 丁 4 分 8 厘 3 毫	13 口 8 分
长寿一图	9 丁 9 分	144 丁 7 分 8 厘 4 毫	12 口 5 分
开化一图	9 丁	188 丁 7 分 5 厘	56 口 4 分 3 厘
白昇一图	5 丁 5 分	162 丁 1 分 9 厘 4 毫	23 口
白昇二图	1 丁 1 分 4 厘	125 丁 5 分 7 厘	31 口 9 分 9 厘 4 毫
临湖一图	1 丁 5 分	171 丁 3 分 8 厘	21 口 7 厘 5 毫
临湖二图	15 丁 9 分 8 厘	147 丁 8 分 2 厘 3 毫	25 口 2 厘
驯雉一图	10 丁 8 分 8 厘 3 毫	88 丁 8 分 4 厘 7 毫	13 口 3 分 5 厘
驯雉二图	5 丁 3 分 5 厘 7 毫	102 丁 2 分 2 厘 6 毫	22 口 1 分 5 厘
灵峰七图	7 丁 4 分 6 厘	181 丁 4 分 4 厘	32 口 1 分 3 厘
正南区合计	95 丁 5 分 6 厘 7 毫	1730 丁 1 分 3 厘 5 毫	163 口 7 分 5 厘 1 毫
庆善一图	1 丁 5 厘	131 丁 3 分 9 厘	3 口 7 分
庆善二图	无	135 丁 8 分 1 厘	20 口
庆护一图	3 丁	93 丁 4 分 3 厘 3 毫	2 口
庆护二图	6 丁 4 分	123 丁 2 分 2 厘	11 口
仪凤三图	2 丁	26 丁 1 分 4 厘	2 口
大源三图	无	145 丁 3 分 3 厘 3 毫	22 口 5 分 4 厘 2 毫
大源四图	20 丁 1 分 7 厘 6 毫	13 丁 1 分 2 厘	1 口 5 分
大源五图	10 丁 9 分 5 厘	193 丁 4 分 3 厘 3 毫	32 口 5 分 5 厘
望仙三图	5 丁 5 分	111 丁 4 分 3 厘 6 毫	2 口 5 分
望仙四图	14 丁 7 分 9 厘 1 毫	111 丁 1 分 9 厘	5 口 5 分 5 厘
望仙五图	22 丁 8 分 5 厘	92 丁 6 分 3 厘	5 口 1 分 5 厘
望仙六图	5 丁	183 丁 8 分 8 厘	12 口 8 分 7 厘 9 毫
望仙七图	2 丁 1 分	138 丁 1 分 5 厘	27 口 6 分 3 厘
太平一图	7 分 5 厘	127 丁 4 分 9 厘	6 口 2 分 5 厘
太平二图	1 丁	103 丁 4 分 8 厘	9 口 5 分
在坊区合计	798 丁 2 分 8 厘 9 毫	9 丁 6 分 4 厘 2 毫	1 口
坊郭一图	224 丁 2 分 4 厘 5 毫	2 丁 7 分 4 厘 2 毫	无
坊郭二图	212 丁 5 分 2 厘	1 丁 4 分 5 厘	1 口
坊郭三图	146 丁 7 厘	2 丁 2 分	无
贵乐一图	215 丁 4 分 5 厘 4 毫	3 丁 2 分 5 厘	无

　　资料来源：康熙《重修富阳县志》卷七《赋役志·户口》。

三　五花八门的"人丁"名目

浙江各州县的人丁名目纷繁复杂，有"人丁（口）"、"市民人丁（口）"、"乡民人丁（口）"、"食盐钞丁"、"食盐课口"、灶丁、老不成丁、无田单丁、男子有（无）妻、官吏等十数种。这些名目"人丁"大致可以分作两大类，一类属广义的"人丁"，指的是承担丁银的全体纳税对象，而第二种是狭义，或者说是一般意义的"人丁"，专指承担丁银的全体纳税对象中的一部分，在丁随地（粮）派之前即为十六至六十岁的青壮年课税男子。"人丁"究竟是何种含义，需要根据不同的语境加以判断。

以嘉兴府嘉兴县为例："原额人丁一十五万三千七百三十四丁口，内人丁十一万一千八百七十五口……食盐课口四万一千八百五十九口。"[1] 这里前一处"人丁"显然是广义，包括全体丁银纳税对象，而后一处"人丁"则为狭义，不包括"食盐课口"。在下文中，笔者将首先关注狭义的人丁，讨论浙江各州县对于此种人丁的等则划分情况，然后阐释并非成年男子的"人丁"——食盐钞丁与食盐课口。

（一）狭义的人丁

狭义人丁，专指成丁男子。浙江部分州县将其进一步分为"市民"、"乡民"两等，其他州县则不加分别，一则征丁。

1. "市民—乡民"等则型

根据康熙前期《浙江赋役全书》与康熙晚期及雍正初年的人丁编审黄册所载，杭州府与湖州府所属州县大都按这种等则划分人丁。杭州府所辖八县中，除余杭县外，皆属这一类型，惟名称略有不同，富阳县用"市丁"、"乡丁"，临安县用"市民人丁"、"乡民人丁"，余皆用"市民"、"乡民"名目。具体情况如表 3 - 16 所示：

---

① 康熙《浙江赋役全书》"嘉兴府·嘉兴县"册。

表 3 - 16　杭州府各县乡市人丁情况表

	市民原额人丁数	市民实在人丁数	市民每丁征银（钱）	市民每丁征米	乡民原额人丁数	乡民实在人丁数	乡民每丁征银（钱）	乡民每丁征米（升）
仁和县	8742	12458	2.13	0	71958	71958	2.25	1.82
钱塘县	11224	11524	2.3	0	38397	38450	2.42	1.81
海宁县	4878	4878	0.81	0	88645	88645	0.9	3.3
富阳县	1096	1195.5	1.4	0	6964.5	7907.5	1.8	1.18
临安县	363	498	1.982	0	17455	20183	2.07	2.22
新城县	247	247	2.35	0	4430	4430	2.7	0
於潜县	250	250	0.13	0	4460	4460	3.05	0
昌化县	117	117	0.12	0	2347	2347	4.4	0

资料来源：康熙《浙江赋役全书》。

市民人丁与乡民人丁有何区别？按照字面，很容易将两者视为居住地域上的差别。但从表 3 - 15 来看，位于乡间的各图也大都有市丁，而位于坊郭的各图也都有乡丁。显然，两者的划分并非全然按照居住地域。按照另一记载，"（钱塘县）原额完赋市民人丁一万一千五百五十丁，原系赤脚光丁赔纳，题准部覆豁除其额"。[1] 实际上，市民人丁主要是指没有田地产业的"赤脚光丁"，也称"门面光丁"；乡民人丁则相反，"乃随产之丁"。[2] 相比之下，市民人丁的数量远远少于乡民人丁，以上各县市民人丁与乡民人丁之比平均约为 1：10，而最高的钱塘县不到 1：3，最低的临安县仅为 1：50。钱塘、仁和等县市民人丁纳银额接近乡民人丁，对于没有产业的"门面光丁"而言，丁徭银确是不小的负担；而於潜、昌化二县市民人丁的丁徭银负担要大大轻于乡民人丁。昌化县的市民人丁纳银额仅为乡民人丁的 2%。此外，许多县份的乡民人丁除纳银外，还需缴纳粮米，而市民人丁则无此负担。

---

[1]　乾隆《浙江通志》卷七一《户口一》，第 9 页 b。

[2]　（清）赵申乔：《赵恭毅公剩稿》卷五《清查仁、钱二邑光丁详》："仁、钱二县丁口，《全书》开载原有乡丁、市丁之别，据称乡丁乃随产之丁，市丁即门面光丁。"《四库全书存目丛书·集部》第 244 册，齐鲁书社，1997 年影印本，第 524 页。

2. "人丁"单一等则型

明代后期一条鞭法推行后，许多州县丁银逐渐不分等则，不考虑财产、地域差异，每丁征银数相同，沿至清代。浙江嘉兴府和处州府所辖县份大多属于这一类型，在这些县份中，并未划分"市丁"、"乡丁"，人丁按照统一标准征收丁银（米）。例如处州府丽水县："原额人丁一万四千六百四十丁口，每口征银七分五厘，该银一千九十八两。"① 相比按等则派丁而言，这一模式更易于统计核算，有利于随粮派丁、摊丁入亩的开展。

（二）特殊意义的人丁——食盐钞丁与食盐课口

除了上述狭义的人丁，从史料中，笔者还发现了一些特殊的"人丁"名目，即使在照人起丁的方式下，亦已超出了"人丁"的本意——十六至六十岁的青壮年男子，而包含了更大的课税范围。浙江77个州县中，有18个县份有"食盐钞丁"名目，有16个县份有"食盐课口"名目，其中7个县两者兼有，为绍兴府诸暨县，台州府天台、仙居县及温州府永嘉、乐清、平阳、泰顺县。以天台县为例：

> 原额人丁一万一千三百二十七丁口。
>
> 内男子成丁四千三百一十八丁口。每丁征银二钱六分四厘七毫，该银一千一百四十二两九钱七分四厘六毫；每丁征米七合二勺，该米三十一石三斗八升九合六勺。
>
> 食盐钞丁四千一百丁。每丁征银一钱三分二厘四毫，该银五百四十二两八钱四分，每丁征米三合六勺，该米一十四石七斗六升。
>
> 食盐课口二千九百九口。每口征银一分八厘六毫，该银五十四两一钱七厘四毫；每口征米七合二勺，该米二十石九斗四升四合八勺。②

---

① 康熙《浙江赋役全书》"处州府·丽水县"。
② 康熙《浙江赋役全书》"台州府·天台县"。

该县食盐课口承担的丁银，仅为普通男子成丁税额的约 7%。食盐钞丁的负担虽重于食盐课口，但仅为普通成丁的 50%。对上述其余几个县加以考察，可以发现这是一个普遍的规律（参见表 3 - 17）。

表 3 - 17　浙江部分县份食盐钞丁、食盐课口与普通人丁丁徭银额对比

	普通人丁每丁征银	普通人丁每丁征米	食盐钞丁每丁征银	食盐钞丁每丁征米	食盐课口每口征银	食盐课口每口征米
诸暨县	1 钱 1 分	5 合 6 勺	6 分 4 厘	5 合 6 勺	1 分 5 厘	5 合 6 勺
天台县	2 钱 6 分 4 厘 7 毫	7 合 2 勺	1 钱 3 分 2 厘 4 毫	3 合 6 勺	1 分 8 厘 2 毫	7 合 2 勺
仙居县	2 钱 4 厘 6 毫	7 合	1 钱 2 厘 3 毫	3 合 5 勺	2 分 9 毫	6 合
永嘉县	1 钱 5 分 5 厘 3 毫	无	5 分 1 厘 8 毫	无	2 分 8 厘 2 毫	无
乐清县	1 钱 6 分 8 厘 9 毫	1 升 1 合 8 勺	7 分 5 厘 3 毫	无	1 分 4 厘	8 合 9 勺
平阳县	1 钱 2 分 9 厘 3 毫	1 升 5 合 7 勺	5 分 5 厘	1 升 5 合 7 勺	1 分 7 厘 9 毫	1 升 5 合 7 勺
泰顺县	3 钱 9 分	7 合 5 勺	1 钱 7 分	无	4 分	7 合 5 勺

资料来源：康熙《浙江赋役全书》。

食盐课口与食盐钞丁是异于普通人丁的两个名目，不属于狭义的人丁范畴。对"食盐课口"和"食盐钞丁"征收的赋税，合称"食盐钞银"。该银源自明代，初为官府计口授盐之课，后逐渐衍化为按口征派的税赋。明代后期，随着"一条鞭法"的开展，多数省份的食盐钞银被派入田赋，不再按人征派，但少数省份仍固守旧例，并沿至清代。"（顺治）十三年议准：江西、福建、广东三省《（赋役）全书》内，有妇女盐钞银，按口征派不等。余省无妇女名色，其盐钞银均派地丁内，仍照旧行，不必更张。"[①] 虽然没有提到浙江，

_____

① 康熙《大清会典》卷二三《户部·户口·编审直省人丁》,《大清五朝会典》第 1 册上，第 265 页下栏。

但浙江的许多州县同样对妇女和未成丁征收徭银，称“妇女小口徭银”。很快，这个名称也为“食盐钞银”所取代。“（康熙）十一年覆准，《赋役全书》内，浙江等省妇女小口徭银，改为食盐钞银。”①通过对几乎同时的《浙江赋役全书》的考察，笔者发现《大清会典》的记载属实，但过于简略，实际情况颇为复杂。

在照人起丁的情况下，“食盐课口”指的是妇女，以往已有学者指出。② 关于“食盐钞丁”，过去的记载和研究都极少。大多数县份“食盐钞丁”的单位为“丁”而非“口”，《赋役全书》内仙居县记作“男子食盐钞丁”，显然“食盐钞丁”非指妇女。那么既非成丁男子，又非妇女，则当为未成丁男子。对照地方志，这种说法是成立的。康熙《天台县志》卷四《版籍志·户口》将食盐钞丁写作“不成丁”，食盐课口写作“妇女”，各项数字则与《赋役全书》记载数额完全一致。乾隆《诸暨县志》卷一〇《赋役志·户口》也有类似的情形，只是将食盐钞丁记作“幼丁”，“食盐课口”记作“妇女”。其他地方志也多将“食盐课口”记作“妇女”或“女口”，“食盐钞丁”记作“不成丁”或“幼丁”。可见，“食盐钞丁”确指未成丁男性。在清前期的浙江，广义的“人丁”范围已经远远超出了传统的概念，几乎可以囊括男女大小全体人口。

清代“人丁”是一个极其复杂的问题。作为全国的一个缩影，在清前期的浙江，无论是原额人丁的来源时代，或是人丁的编审方式，还有人丁的名目种类，无不充分体现着多元与多样的特点。

从概念上说，“丁”的本意是指成年男性，或者说得具体一些，是由官方掌握的，能够为其提供劳动力的青壮年男子。这个含义，在历史上延续了上千年之久。但在清前期的许多场合下，“人丁”的含义发生了微妙的变化。一方面，由于丁银征收方式的转变，在那

---

① 康熙《大清会典》卷二三《户部·户口·编审直省人丁》，《大清五朝会典》第 1
　　册上，第 266 页上栏。
② 葛剑雄主编，曹树基著《中国人口史》第 5 卷（清时期），第 58～63 页。

些"照粮起丁"或"照田地起丁"的地方,"人丁"与本意脱钩,而与地亩、田赋等产生了紧密的联系。另一方面,在那些仍旧"照人起丁"的地方,人丁也往往并非单纯的成年男子,还包括了大量的妇女及未成丁男性,并且载籍数量与实际情况亦有可能存在较大差别。此外,康熙晚期"滋生人丁永不加赋"诏颁布后,"人丁"不仅包含承担丁赋的"完赋人丁",还包括豁免丁赋的"滋生人丁",在浙江,无论是何种人丁编审方式,滋生人丁却都是指烟户内的实在成丁。

综上所述,"人丁"没有统一的含义,我们固然不能把人丁一律当成与实际人口挂钩的成丁男子,同样不能一概而论、笼而统之地将载籍人丁完全定性为"赋税单位",而应该基于各地各异的税收方式和具体的语境与时代背景,才能准确地把握史料中"人丁"的具体含义。

第四章
摊丁入地

清代"摊丁入地"是经济史上的重要事件，丁银摊入地亩田赋，不仅意味着税赋的简化，而且标志着自然人从此以后不再作为纳税客体。清代中期的摊丁入地，总体上减轻无地少地百姓的负担，同时减轻基层征缴丁银的压力，得到基层官吏和广大百姓的支持拥护，其施行是顺利的、成功的；然而在局部地区，由于有产阶层（尤其是士绅）的大力抵制，加剧了阶层对立，抑或是摊派方式不当，增加了部分百姓的负担，造成社会普遍不满，甚至成为引发社会群体性事件的导火索。评价"摊丁入地"的成败，不仅要着眼"摊不摊"的问题，还须关注"如何摊"的问题，方能获得全面客观的研究结果。

雍正年间，浙江和湖北两省因摊丁入地均发生了社会群体性事件，其中湖北为此还引发总督和巡抚的论争，情节耐人寻味。笔者拟从史料，尤其是档案资料着手，关注当时社会各个阶层对于摊丁入地的不同态度，阐述分析局部地区因摊丁入地引发的社会冲突乃至群体性事件，从而全面地看待摊丁入地问题。

第一节 浙江的摊丁入地

一 浙江早期的摊丁入地与官绅抵制

从上文已知，浙江早在明代晚期，就有黄岩、嵊县、富阳等县试行将丁银摊入地亩征收。鉴于摊丁入地的便利易行，入清之后，更多的州县开始推行。如金华府义乌、湖州府安吉州、嘉兴府海盐、杭州府海宁、温州府平阳等处，都在顺治及康熙前期开始丁随粮派或丁随地派。然而，摊丁入地将丁银全数转移到土地上，增加了丁少地多的大土地所有者的负担，自然引发这一阶层的强烈不满，尤其是一部分士绅，本出身富裕多产的家庭，且往往在获得功名后滥用特权，通过包揽诡寄等不法手段将亲族的地产纳入名下，成为田连阡陌的地主，从而也是摊丁入地首当其冲的"受害者"。他们利用其在乡土的政治威信和舆论影响，竭力反对摊丁入地。《清经世文编》收录的文章中，邱家穗的《丁役议》、李光坡的《答曾邑侯问丁米均派书》均为士绅反对摊丁入地的代表作。各地方志中也多有士绅抵制摊丁入地的记载，如乾隆《鄞县志》卷一七《人物》中，就描述了当地士绅仇兆鳌反对摊丁入地的经过：

> 仇兆鳌，字沧柱……康熙二十四年成进士，廷试策问官方及海禁，兆鳌极言官方有保举徇庇之弊，开海宜捐利以与民，读卷官杨雍建大称赏之。选庶吉士，预修《一统志》，乞假归邑。令议以丁粮并入田税，邀绅士公议，兆鳌言："杨炎两税已合租庸为一，后世又加口率之赋，今又并丁于田，后来得无别增力役以病民乎？"是时无田之民利于更法，群聚兆鳌宅，毁其外墙，而持议不少变。

康熙二十四年或稍后，鄞县知县即已筹划摊丁入地，不料当地士绅舆论哗然，而无地少地的百姓则群起拥护，双方矛盾激化，引发无地人民冲击仇兆鳌等士绅住宅的暴动。而由于士绅的坚决抵制，该县的摊丁入地计划终究胎死腹中。直到雍正四年，浙江全省推行摊丁入地前夜，鄞县仍然维持照人起丁的老办法，而此时宁波府的其他县份均已改照地粮起丁。作为该府首县，鄞县农业发达，经济繁荣，并非不具备摊丁入地的条件，以此足可反映当地士绅势力的强大及其对摊丁入地抵制的坚决。

州县推行摊丁入地，不仅要顶住士绅的抵制，也必须面对部分上级官员的反对。康熙四十年任浙江布政使，次年升任浙江巡抚的赵申乔，坚持反对摊丁入地。其《丁粮不宜从田起赋详》写道：

> 该本司查得，丁田各有款项，征输亦分等则，所以十年大造以清田，五年编审以清丁，盖普天王土而率土王臣，古今之通义也。且于编审之际开除老故，增添少壮，备造清册，由府司稽核以报宪而达部，其厘剔弊端，惠叙小民之意可谓详且尽矣。独浙省近来各州县竟不从人起丁，而从田起丁。人不纳丁，则户多脱漏，田复有丁，则赋多加派，虽或便于顽民，实有悖于国法，更不知其将来造册老壮之姓名果否一无虚捏。倘欲按籍而稽之，恐亦不能尽举亡是公以对矣。虽曰相沿已久，一时难反，然而从田从粮在各州县因循调剂，或可不问，若更欲随同附和，则实非本司之所敢妄参末议也。拟合详覆。①

赵申乔反对摊丁入地的理由主要在于，照田粮起丁与清廷制定的人丁编审规则不符，且丁银与具体人丁脱钩，将影响到户籍造册的准确性。赵申乔的论断，单纯从法律层面与户籍管理的角度看待这一问题，完全没有考虑到无地贫民的负担与基层丁银征缴的烦扰。且浙江的许多州县改行照田粮起丁已非一日，官民两便，无法重走回头路，赵申乔也深知这一点，便本着"往事不可谏，来事犹可追"的精神，旨在阻止新的摊丁入地行为。当时，"宁波黠民倡照地摊丁之说，与巨室相持，申乔草片檄谕之，无敢哗者"。② 但赵申乔在任时间不长，其调离之后，不断有新的州县改行照田粮起丁的措施，

---

① （清）赵申乔：《赵恭毅公剩稿》卷五，《四库全书存目丛书》集部第 244 册，齐鲁书社，1997 年影印本，第 529 页。

② 乾隆《浙江通志》卷一四九《名宦四》，第 9 页 b。

从上一章第三节可知，到康熙末年，浙江超过六成的州县进入了摊丁入地的行列。

笔者注意到，丁银在总的地丁钱粮税收中所占比例较低的州县，在康熙末年大都已完成摊丁入地，而仍旧沿用照人起丁方式的县份，丁银在地丁税收中所占比例往往较高。如表4-1所示的杭州府情况，仁和、钱塘、临安这三个照人起丁的县份，丁银米占地丁钱粮的比重恰为该府前三位。仁和、钱塘二县，尽管是省会所在，人口稠密，经济繁荣，但由于长期以来丁银在税收中比例高、负担重，加上与前述鄞县类似，士绅地主汇集，势力庞大，造成摊丁入地阻力多、难度大，因此始终未能实行。待到雍正年间全省推广摊丁入地时，终究触发了严重的风波。

表4-1 杭州府各县康熙年间丁银米占地丁钱粮的比重

	丁银征收方式	实征丁银（两）	实征丁米（石）	实征地银（两）	实征地米（石）	丁银米占地丁钱粮之比重(%)
仁和县	照人起丁	18844.10	1309.64	63957.33	55658.89	14.42
钱塘县	照人起丁	11955.42	695.95	33205.71	24586.30	17.96
海宁县	照粮起丁	8373.17	2925.29	77934.69	63420.62	7.40
富阳县	照粮起丁	1625.16	103.47	33479.15	7848.23	4.01
余杭县	照田起丁	2811.81	466.86	30216.93	13047.25	7.04
临安县	照人起丁	4276.58	448.06	22002.74	2232.78	16.31
新城县	照田起丁	1254.15	0.00	8706.36	4403.42	8.73
於潜县	照田起丁	1363.55	0.00	9360.45	1125.99	11.51
昌化县	照粮起丁	1035.22	0.00	7426.61	763.24	11.22

资料来源：丁银征收方式根据《康熙六十年分杭、处等十一府属清编旧额人丁滋生增益人丁总数文册》。地丁银米根据康熙《浙江赋役全书》，计算比重时粮米一石折算为银一两。

二 雍正年间浙江全省的摊丁入地与社会反响

康熙五十一年，清廷推行"滋生人丁永不加赋"，便利了摊丁入地的推广施行。然而，当时清廷将摊丁入地的实施权下放给各省督抚。康熙五十五年，御史董之燧上疏提请通行摊丁入地：

　　续生人丁永不加赋，皇上轸念民生高厚之恩，真有加无已。但现在人丁尚多偏苦，各省州县人丁制亦有不同，有丁从地起者、丁从人起者。丁从地起者其法最善，而无知愚民每每急求售地，竟地卖而丁存。至丁从人起者，凡遇编审之年，富豪大户有嘱里书隐匿不报，而小户贫民尽入版册，无地纳税亦属不堪，一切差役俱照丁起派，以田连阡陌坐享其逸，贫无立锥身任其劳，既役其身复征其税，逃亡者有所不免。一遇逃亡，非亲族赔累，则国课虚悬，现在人丁之累也。嗣后既不增额，自有定数可稽。臣请敕部行令直隶各省地方官确查各县地亩若干，统计地丁人丁之银数若干，按亩均派，在有地者所加无多，不为苦；无地者得免赔累，实为幸。①

　　对于这项建议，户部的答复是："各省州县地亩人丁原有不同，随地制宜，相沿已久，未便更张，如有情愿买卖地亩而丁应从地起者，其地亦从买主输课。"清圣祖批准了户部的意见，虽未反对，但也并未鼓励推广摊丁入地。

　　清世宗继位之初，延续康熙朝的政策，对摊丁入地的态度保守慎重，甚至对山东巡抚黄炳提请摊丁入地的奏疏严词驳斥。② 但很快态度就发生了根本的改变，认可各地摊丁入地的举措。雍正四年，大臣伊尔敦题请令各省督抚将各省丁银摊征地亩，清世宗的批语是："这题本内叙称丁银归并地亩，于穷黎有益，应令各省督抚详查妥议等语，大凡于地方民生有益之事，各省大吏自应详查陈奏，何待朕谕？朕于此处亦观其办事存心如何。朕深知此事当行，但不肯命勉

---

① 乾隆《江南通志》卷六八《食货志·田赋二》，第 39 页 b。
② 《山东巡抚黄炳奏为敬陈穷民苦累请照按地摊丁以苏积困事》，雍正元年六月初八日奏，《朱批谕旨》卷二三，《景印文渊阁四库全书》第 417 册，第 388 页。

强行之令，伊等得以藉口推卸，已责昨日九卿议覆田文镜条奏知府交盘本内，特降谕旨甚明。此本内所议通行各省之处不必行，余依议。"①尽管清世宗没有完全依照建议，下令各省通行摊丁入地，但从这段话中不难看到，清世宗对摊丁入地是支持赞许的，进而借此考察各地方督抚是否真正留意民生。

也就是这一年，浙江全省开始实行摊丁入地。从浙江巡抚李卫的奏折来看，摊丁入地进展多有曲折波澜：

> 浙省向有丁归粮办一事，业经均摊将妥，乃有田多丁少之土棍，蛊惑百余人齐集巡抚衙门喊叫拦阻摊丁，彼旧法海惊慌失措，即令官员劝散，暂缓均摊之意。及后又被有丁无田、情愿均摊者窥破伎俩，复聚集乡民围辕炒闹。更甚有一班门面丁差，亦为效尤，从此开端，聚众更迭而起，毫无忌惮。仁、钱二县遂分为六起，动则打街罢市，后两司护理抚印以及福敏在浙，仍常聚闹不已。及臣抵任未几，群党即以此事纷纷来控，遂经批司查议，杳无回复，只得出示开导，召集城乡老民面谕，着令听候编审，务使均平，不致偏累，遂欣然乐从，无复缠扰。忽于七月二十八九两日乘乡试人众，又出有劣恶金济路暗中雇出土棍闻尚德等复挟故智，聚众进城，闹至钱塘县堂。因知县秦炌初任未谙，不能开慰，遂将沿街铺面抛掷瓦泥，勒令罢市。及臣闻之，即令杭府李慎修率领仁、钱二县密嘱以办理之法，而该守与秦炌竟手足无措，不能驱逐。惟仁和百十人一见本官，随即散去，而在省司道乃若不知者然。臣只得令杭协副将李灿协同署仁和县张坦熊谕以利害，押令钱塘棍徒出城，始得解散。此事若不将首恶

① 《詹事府少詹事伊尔敦题令各省督抚将该省丁银照数摊征地亩本》，雍正四年七月十六日，中国第一历史档案馆编《雍正朝内阁六科史书·户科》第28册，广西师范大学出版社，2007年影印本，第346页。

分别惩创，则十一郡贡监劣衿俱在省下场，从今愈长聚众挟官之恶风，为害非细。①

李卫是雍正三年十月接任浙江巡抚的，在此之前，巡抚法海已开始筹划全省的摊丁入地。田多丁少的士绅和富裕地主由于税负加重，对摊丁入地极其不满，他们的抵制已不单纯是康熙年间早先的口诛笔伐，而是付诸更为激烈的抵制行动，以图造成较大的社会影响，迫使官府收回成命，于是纠集百余人来到巡抚衙门请愿，反对摊丁入地。当时巡抚法海迫于威势，允诺暂缓摊丁入地，以求息事宁人。然而事与愿违，一旦士绅和富民的愿望得到满足，反过来无地贫民的利益则要落空。既然"会哭的小孩有奶吃"，许多无地贫民也联合起来，群集巡抚衙门呼吁尽快落实摊丁入地。自此，杭州府城频繁发生旨在要求或反对摊丁入地的请愿、示威、罢市等群体性事件，官府处于两股利益针锋相对的势力冲突的风口浪尖，顾此失彼，进退两难，社会秩序深受影响。即便法海离任后，在甘国奎与福敏代理浙江巡抚期间，官府并无针对摊丁入地的实质性对策，风波仍旧未能平息。是否在浙江推行摊丁入地，如何应对和平息摊丁入地引发的社会动荡，是李卫上任伊始亟待解决的一大难题。

当时，摊丁入地已在直隶等多个省份全面推行，事实上也已得到清廷的支持肯定。作为大势所趋，李卫继任浙江巡抚，势必要把摊丁入地贯彻落实。面对矛盾尖锐的双方，李卫晓谕百姓，强调日后将进行公平合理的人丁编审，在此基础上再行实施丁银摊征，不使任何一方负担过重。当时双方"欣然乐从，无复缠扰"，在一段时期之内市面恢复平静。然而，反对摊丁者并未放弃抗争，新的事端正在酝酿之中。

按照李卫的奏报，雍正四年七月二十八、二十九日，届浙江乡

① 浙江巡抚李卫奏浙江摊丁入地事，雍正四年八月初二日奏，《朱批谕旨》卷一七四之二，《景印文渊阁四库全书》第423册，第50页。

试之期，全省应试举子云集省会应考。士绅金济路借此时机，收买指使闻尚德等一干闲散人员进城前往钱塘县衙，知县秦炘到任不久，不熟悉当地情况，未能加以妥善处置。闻尚德等人遂沿街抛掷屋瓦，胁迫商人罢市，多方制造事端，杭州知府、钱塘知县对此举止失措，事态骤然扩大，波及城北的仁和县。巡抚李卫只得亲自调动文武官员，严词警告闹事者，同时以武力将闹事者强行驱逐出城，勒令解散，并抓获闻尚德等首要分子，事态方才平息。[①] 李卫上奏清廷，要求严惩幕后指使策动这起事件的士绅，防止应考举子群起响应，胁迫官府阻挠摊丁入地。

李卫的举措得到朝廷的肯定，同时浙江士绅的种种行为触怒了清廷，是年十一月，清世宗下诏停止浙江士子参加乡、会试。此事给该省士绅造成重大打击，其对抗官府的势头因之大大削弱，摊丁入地方在全省得以顺利推广。

三 从"摊不摊"到"如何摊"

"摊不摊"的问题解决了，接下来是"如何摊"的问题。浙江的摊丁入地以州县为单位，将该县丁银或摊入该县田赋，或摊入该县地亩，各州县完全可以根据自身特点灵活把握，因此效果较好。即使个别州县在摊丁入地过程中发现问题，也易于做出相应调整。

仁和、钱塘两县相对于杭州府其他县份而言，丁银在地丁钱粮中比重偏大，摊征难度较高。雍正四年摊丁入地伊始，两县地方官计划"以乡丁摊于田地，市丁摊于市房"，然而却引发民众的诸多纠纷和不满，"告讦纷纭"，难以实施。之后，"绅衿里民公同会议，请将二县乡市人丁无论田地山荡屋基均匀摊纳"。此外，在士绅地主的鼓动下，又规定"其租户完租者每亩米加二升，银加二分，以助产

---

① 拿获闻尚德一事，见闽浙总督高其倬奏浙江摊丁入地事，雍正四年九月初二日奏，《朱批谕旨》卷一七六之五，《景印文渊阁四库全书》第 423 册，第 739 ~ 740 页。

主完丁之费"，从而将地主土地上的加征丁银转嫁给佃户。李卫在批准这一方案的同时，意识到两县丁多地少，摊丁入地后田赋加征丁银较重，如此对中下层的自耕农和佃农尤为不利。这时，李卫在处理钱塘江沿岸的许村、钱清两盐场争讼涨出沙地一案中，发现大片的沿江涨出沙地为当地势力非法占有，私行转租佃户开垦收租牟利，"实丈出现种棉花桑树地二万六千二百七十一亩八分六厘零，每亩私收租银三钱起以至一钱不等，刮淋地一万五千七百五十一亩三分四厘零，每亩私收租银六分，刈草地一千五百四十八亩二分七厘零，每亩私收租银五分三分不等，连前报升刈草地租银九百九两四钱五分零，通共包收租银九千三百四十二两四钱七分零，止据报升课银五百一十五两三钱五分五厘，其余尽行入橐分肥，并将佃种穷民苛刻勒索。"李卫获得灵感，当即下令将这批涨出沙地收归官有，令承垦佃户向官府领取执照，"将从前原纳租息酌议折减，每旧有租一钱止以六分五厘征收，折净租银约计六千两零，除扣完已报升科草地课银五百一十五两三钱五分零外，尚有五千四百余两。查仁和市丁粮银二千六百六十一两零，钱塘市丁粮银二千六百五十六两零，与此数适足相抵……其仁、钱二县亦于雍正六年起止将乡丁钱粮照额匀摊于田地山荡之内完纳，毋庸并摊市丁。"① 这样，摊丁入地引发的种种矛盾最终圆满解决。

　　淳安县"乡市丁口钱粮从前原系丁摊于田，口摊于地基山塘，分别征输，由来已久"，后署理知县钱人麟改行"无论乡市丁口按粮均摊"，规则虽然简化，但因"人丁额重，口银额轻"，变更之后"在田多富户反而减轻额银，而止有地山之无力贫民骤加重额，不无苦累，舆情未协"，在多次申请后，最终于乾隆二年由督抚上疏朝廷，"仍循丁口分派之旧例，以除偏累"，重新改回照田起丁的老办法。②

---

① 乾隆《浙江通志》卷七一《户口一》，第 11 页 a～第 13 页 a。
② 《大学士兼管浙江总督巡抚稽曾筠谨题为苦乐不均等事》，乾隆二年十月二十八日题，台北：中研院史语所内阁大库藏，档案号：055711-001。

诚然，摊丁入地直接触及社会各阶层的经济利益，在总的税收额度不变的前提下，必然是一部分人负担减轻的同时，另一部分人负担加重。衡量摊丁入地的可行性，要着眼于是否能够提升税负公平性与合理性，是否有助于提高官府的行政效能，是否能促进社会的稳定。只有客观上达到这一目标，方可对其做出肯定的评价。事实上，并非所有的摊丁入地，都促进了税负的公平性与合理性，因为除了"摊不摊"的问题之外，"如何摊"的问题同样至关重要，后者处理不好，摊丁入地的效果可能大打折扣，甚至适得其反。在浙江完成摊丁入地的数年后，湖北也开始推广摊丁入地，也因此引发大规模的群体性事件，但与浙江不同的是，动乱并非出于士绅的阻挠，而是源于摊派方式的不当。

第二节　湖北的摊丁入地

一　总督迈柱与摊丁入地的实施

湖北通省的摊丁入地发生于雍正七年。是年，湖广总督迈柱上疏称："武、郧等九府州共计人丁四十五万三千四十三丁零，应征丁银一十二万五千八百六十四两九钱八分零，合计通省民赋更名条饷等项共银九十七万八百八两一钱零，以通省丁银均匀摊入，每钱粮一两合摊丁银一钱二分九厘有零。又武昌等十卫所共征人丁银一百四十三两八钱，以通省成熟屯银四万八千七百二十八两二钱零摊派，每两该征银二厘九毫零，请自雍正七年为始，照通省摊匀数目造册征收。"[①] 获清廷批准。

在上述题本中提到"湖北丁银止天门一县随田起丁"，与事实颇

---

① 《总理户部事务和硕怡亲王允祥等题准湖北武郧等府州自本年为始丁银照通省摊匀数目征收本》，雍正七年三月初六日，中国第一历史档案馆编《雍正朝内阁六科史书·户科》第 54 册，第 495 页。

有出入。襄阳府属襄阳卫早在明末即已摊丁入地。"按明卫所丁分运、班、操军、舍余四项,正军俱供运,余丁每名纳丁银二钱,解粮道支销。迨季世丁残,襄阳府清军同知程景颐始将本卫丁尽归地亩,每亩加丁银三厘五毫,余丁遂免纳银。本朝初汰官兵为屯丁,一切更成及各哨兵与城守等役官军俱不与,丁银仍归地亩。"① 黄州府麻城县在明末清初亦已"丁随粮派","人丁以石斗升合计,每一石为一丁,通计米丁之数均摊,不拘户口,盖谓米多者丁多,米少者丁少,大户无包免,小户无偏累,视他邑为最均"。② 沔阳州"(康熙)四十年知州朱化隆详请丁随粮派,将丁银摊入粮渔租饷,其滋生之丁随时照数摊入。"③ 此外,秦国龙曾于康熙四十四年任湖北郧阳府郧西县知县,其日后奏折中称"臣任湖广县令,见彼地之丁俱从地起,以地之数目为丁之多寡,以地之有无为丁之去留,既无逃亡之累,亦鲜分征之烦。"④

比起上述州县,黄州府罗田县摊丁入地的经历更显曲折。该县原本编审人丁时存在"重丁"、"寡丁"、"逃丁"、"白肉栽丁"等弊端,康熙三十年人丁编审之际由知县金世桢报请上级批准实行丁照粮派,"五年以来既无重丁、寡丁、逃丁、栽丁之累,又免吏贿差拘官比之烦,随米征收无多拖欠,法亦可谓有便于民矣"。然而,此举遭到了当地富绅的强烈反对,经他们多方策动后,上级打算在康熙三十五年该县再次人丁编审时"复循丁照人编之例"。消息传来,该县"穷黎环庭哀吁,日不下数百人,皆以丁照粮派为词"。知县亦上疏陈情,力陈丁照人当存在五种弊端:一是"罗处万山之中,人居星散,每逢编审之期,势不得不由户首开报,其间隐富开贫,匿多

---

① 乾隆《襄阳府志》卷一二《赋役志·丁赋》,第 26 页。
② 康熙《麻城县志》卷三《民物志·变乱》,第 17 页 b、卷四《赋役志·徭役》,第 5 页 b。
③ 光绪《沔阳州志》卷四《食货志·田赋》,第 4 页 b。
④ 《陈奏管见二条折》,雍正元年二月初十日秦国龙奏,《宫中档雍正朝奏折》第 1 辑,第 81 页。

报少，老者不除，壮者不入，户册尚未到官，彼已先有成局"；二是"罗自明季兵燹以来土著之家甚少，民多从邻邑挈妻褓子，住田主之房，佃田主之地，平昔不讲知交，临时又乏贿托，抱丁户首即报其人，及完丁不起，潜归本土，以致丁粮虚悬，无从追比"；三是"罗邑乡民有身无正米，一生不入城内者，本属茕独之人，户首欲裁以丁粮，绝不通知，暗注其名，临期点审，倩人影射，及后差催，始之当丁被害，深谷愚民无可控诉，泣血吸髓终难完纳"；四是"罗实山陬小邑，绅衿以礼自好者多，亦间有恃势阻抗者，每临编审，除身不应承丁外，复曰'此吾伯叔兄弟也，可毋报'，又曰'此吾宗亲侄男也，可毋报'，且覆庇亲戚，隐匿佃人，在户首不惟不欲报，且不敢报，则其现在所报可知矣"；五是"罗邑从前征收丁粮别立一柜，另行查比，至期无完，纷差扑促依限责追，穷民正项丁银不能完纳，反滋差扰，旷于农业，其苦日甚，举家啼号，究难办足本年之粮"。同时，指出丁从粮派的五种便利：一是"现在之粮属何人而丁即随之，间有买卖，照粮征收，而户首开报之处，绝无其权"；二是"产在则丁在，产去则丁去，有可逃之丁，无可逃之产，则正供不虚，国赋得实"；三是"绅衿士民概以粮起丁，有产则有丁，无产则无丁，虽有豪强，无从幸隐"；四是"丁从粮派，征粮而丁在其中，不必别为催比，穷民无粮之家负薪采蕨佣工力作熙熙皥皥，于圣王之世终身不识差役"；五是"伏查前令任内丁照人当，而年年钱粮必至奏销以新掩旧，自卑职到任后丁从粮起，而每年钱粮俱得岁内全完。此彰明较著者。且丁从粮派天下居半，不必远引，即现今蕲水、麻城同系黄属，皆行之"。经过据理力争，该县摊丁入地的成果最终得以保留。①

从这段记载来看，黄州府蕲水县在此之前也已施行摊丁入地。这些地方志史料表明，雍正之前，湖北实际已有不少地方自行实施

---

① 光绪《罗田县志》卷四《政典志·民赋》，第 5～9 页附知县金世桢通详（康熙三十五年六月初十日）。

了摊丁入地。

在雍正朝，迈柱与摊丁入地可谓有着不解之缘。雍正元年，担任山东道监察御史的迈柱上疏，指出："各省田亩，富户地多丁少，贫民地少丁多，田赋征收不均。嗣后若将丁粮均摊入亩征收，既便于完纳田赋，且于贫民有利"，请求推广摊丁入地。① 而他本人第一次主持摊丁入地，是雍正五年署理江西巡抚时，"将江西通省丁银俱摊入通省地银之内，通计雍正五年分地粮同随漕并带征本折匠班等款共编银一百七十二万六千三百三十三两四钱，丁口共银一十八万一千八百一十九两八钱，以现在之丁银摊入现在地银之内，每两不过带征丁银一钱五厘。"②

比较江西与湖北的摊丁入地，可以发现方式上完全一样，即通省民丁银均摊入通省民田田赋，通省屯丁银均摊入通省屯田田赋。除此两省外，通省均摊的方式还行之于直隶、山东、陕西、云南等省，大多位于北方，而南方各省则多系以州县为单位，分别进行均摊。就后者而言，摊丁入地后，一州一县的地丁赋税总额并无消长，无地少地而多丁的人家负担减轻，而田多丁少者负担加重，此消彼长，无非是州县内部赋税负担的重新分配。而通省均摊意义就不同了，此消彼长的不仅是州县内部不同纳税人的负担，各州县的赋税总量也随之增减。那些原本丁银重，田赋轻的州县，在通省均摊中得到实惠，总的地丁钱粮减轻了，无地少地的穷丁免缴丁银自然欢喜不说，殷实富户土地上摊征的丁银为数较少，也容易接受。反过来，原本丁银轻，田赋重的州县，通省均摊的话就吃了亏，本已沉重的田赋进一步加重，田多者自不必说，中小自耕农的田赋负担也骤然增加，往往接近甚至超过以往的丁银负担。地主将摊征的丁银

---

① 《山东道监察御史迈柱奏请摊丁入亩折》，雍正元年二月初九日奏，中国第一历史档案馆编《雍正朝满文朱批奏折全译》，黄山书社，1993，第30页。
② 《总理户部事务和硕怡亲王允祥等题江西丁银并屯丁银本年为始准摊入地银屯粮银完纳本》，雍正五年三月二十七日，中国第一历史档案馆编《雍正朝内阁六科史书·户科》第34册，第420～423页。

以加租的方式转嫁给佃农，使其也难以享受到摊丁入地的好处。首推通省均摊的直隶巡抚李维钧，是依据直隶当地实际情况经慎重考虑实施的，他奏称："以直属人丁请按地亩均摊，原因北五府地圈丁留，民多偏累起见，仰荷圣恩俞允，臣悉心筹度，如此五府所属以本处丁粮摊入本处地粮之内，则粮必倍增，有地者亦属苦累，是以酌议通省均摊。"① 且直隶等北方省份各州县田赋负担尚无畸重畸轻之别，丁银通省均摊在缓解原本丁银沉重的州县负担的同时，对其他州县影响尚不甚大。但南方省份因自然条件和历史原因，各州县田赋丁银负担原本轻重不一，以江南为例，长江以北州县丁银重而田赋较轻，长江以南州县丁银轻但田赋颇重，若丁银通省均摊，势必前者获益而后者受损，造成新的税负不公平、不合理。迈柱不知所以然，图省事方便，采用一刀切的方式，将北方经验生搬硬套到南方省份，未免举措失当，必然导致湖北部分州县因税负骤增，引发民众普遍不满，摊丁入地后不久安陆府钟祥县便爆发了民变。

二 钟祥民变与督抚之争

钟祥民变爆发于雍正九年三月，事后不久，湖广总督迈柱就将事件经过奏报朝廷：

> 窃照楚省南北民风刁悍，动辄聚众抗官，今据安陆府钟祥县详报，该县武生董建勋连年抗粮，通详褫革羁禁，突有利河、罗小两乡奸民约会抗粮，如有私完拆屋罚钱，纠众于三月十六日聚于何家集，声言至城围署，当即拿获柳廷柱并听约同行之胡国士等十名。据柳廷柱供报，张东周、龙定一、徐云臣、柳宗尧为首，系董建勋梭拨抗官等情，臣即批司转饬严拿未获各

---

① 《直隶巡抚李维钧题为降谕允准直属各地摊丁入亩士民恭谢天恩本》，雍正二年三月十二日，中国第一历史档案馆编《雍正朝内阁六科史书·户科》（9），第195页。

犯究拟去后，随据报已将张东周等拿获，其迫胁之人俱即散去。
臣现行布按二司提犯审拟外，理合将刁民胁众抗粮已经拿获首
犯情由缮折奏闻。谨奏。①

　　按照迈柱的陈奏，民变缘起士绅煽动乡民聚众抗粮，并策划围
攻县衙，随即被官府破获，首要分子已悉数被捕，应依法惩办。清
世宗对士绅煽动舆情，挟持官府的行为向来深恶痛绝，朱批"此等
刁恶风习自当一一执法惩究，尤贵平日不时访察化导于早也"，对地
方官的举措表示肯定和赞许。

　　在清廷和总督迈柱看来，这起事件无非是一起普通的士绅聚众
抗粮闹事的事件，当时并未加以重视。然而，随着新任湖北巡抚王
士俊的介入，这起事件的真相被加以曝光和重新解读，从而引发了
有关摊丁入地的督抚之争。

　　王士俊在当时以廉政与敢言著称，雍正初年在河南任州县官时
曾为减免税赋与巡抚田文镜据理力争，后在广东任职时革除苛敛陋
规，揭发署理巡抚阿克敦等人的不法行为。雍正九年升任湖北巡抚
后不久，他将自己获悉和归纳的钟祥民变的发生原因和事实经过密
奏朝廷，所奏与早先迈柱的奏报大相径庭。

　　在王士俊看来，首先，钟祥县爆发民变的根本原因，在于不合
理的丁银通省均摊方式，"武昌等四十二州县减丁银一万八千九百二
十八两八钱零摊入江夏等一十九州县之内，照粮加增，各州县有额
丁本多，加增者止有数十两并数百两，及千两、二千两以上者，民
间已多赔累"。钟祥县原本"丁少粮重"，原征丁银二千四百余两，
摊丁入地后加征丁银竟达三千五百多两，远远超出旧额，百姓不堪
重负，方才激出事端。王士俊对钟祥县的民众怀有深切的同情，"伏
思丁随粮转，原属便民实政，但各省各有情形，贵于因地制宜，方

　　①　湖广总督迈柱雍正九年四月初一日奏，《朱批谕旨》卷二一三之四，《景印文渊阁
四库全书》第 425 册，第 124～125 页。

无此增彼减、偏重偏轻之弊，故各县摊丁，皆以本县之丁仍随本县田粮原额匀摊者，赤丁、枯丁得免赔累，事出至公。间有通省匀摊者，必其科则人丁不相上下方见均平，从未有加派均丁之数反多于该县额丁之数者，欲强其以此县之田粮代赔别县之丁赋，无怪钟民抵死不完以致激成民变，总由从前经理错误，以至于此"，将矛头直接对准失当的摊丁入地方式。其次，王士俊直指钟祥知县王世经事前枉顾民生，事发时无端镇压，事后歪曲媚功的罪责。"上年九月通县民人群至县堂公缴农具，求请详豁。今年三月内县差下乡催征加丁银两，而通县一十三乡百姓复于城东武当宫地方聚众呼吁。知县王世经并不委曲劝谕，为民请命，竟知会城守率领兵役出城捕捉，众皆惊惶奔走，彼处桥窄人众，坠水死者一百余人。该县随以聚众抗粮通详题究，至今尚未审结。"显而易见，王士俊在揭发王知县罪责的背后，间接指出总督迈柱等人对钟祥事件失于核查、偏听偏信乃至包庇纵容的失职行为。王士俊最后提出两项处理对策：一是纠正丁银摊征方式，"以各州县之丁银归各州县随田完纳"，改通省均摊为各州县自行均摊；二是对钟祥知县王世经依法惩办，"县官身在地方，不能抚驭，以致毙命多人，亦不能稍为宽假也"。①

　　这份奏折中事理明晰、言辞恳切、分析入理，然而并未引起清世宗的认真对待，批语是"与督臣迈柱会商妥确，具题请旨可也"。观点针锋相对的督抚要"会商妥确"，要么是总督迈柱承认以往举措的失当，要么是巡抚王士俊放弃自己的主张，看来任何一方都是难以做到的。一场督抚之争，就此开演。

　　约半年后，湖北按察使唐继祖将钟祥事件的处理结果上奏朝廷，观点与王士俊近乎对立。唐继祖奏本中对以往摊丁入地给钟祥百姓增添的困苦，只是以"丁赋偏苦之处准于楚省新垦地亩摊销"一笔带过，认为丁赋过重仅是"奸民"的闹事借口。对于这次民变，仍

<hr />

① 《湖北巡抚王士俊奏为据实密奏事》，雍正九年十二月初六日奏，《朱批谕旨》卷七三之四，《景印文渊阁四库全书》第 419 册，第 309～310 页。

然将为首参与者定性为聚众闹事并预谋攻击县衙、挟持官吏的"奸党"、"奸民",严加惩处。而对于知县王世经,唐继祖等则试图加以开脱,如认为参与者中有人"怀挟石子干粮等物",就可以证明民众图谋"入城围署",这显然并不充分确凿;将被官兵追赶落水溺亡的百姓说成"并非安业良民",从而赋予武力镇压的正当性,亦属强词夺理。对于王知县事前对百姓诉求置若罔闻,民变发生之初也毫无积极对策,唐继祖等无法掩饰遮盖,竟以"若因奸民聚众抗官,将县令一并究处,诚恐无知愚民犹谓将来官吏顾惜考成,不敢安撄众怒逞刁效尤"的荒唐理由试图推迟弹劾,实则是拖延时间,等待风声过后再行放纵的包庇之举。① 唐继祖等的处理结果显然与王士俊的提议针锋相对,非常容易令人猜想到总督迈柱在幕后的操纵指使,以这样的处理结果肯定迈柱以往在湖北和江西摊丁入地的成果,全力捍卫其既得政绩。

　　迈柱等人对丁银通省均摊的政绩全力维护的同时,王士俊也尽力说服清廷纠正摊丁方式。数日之后,王士俊再次就摊丁入地之事上奏清廷,其中提到,其前一次奏请,清世宗令督抚"会商妥确,具题请旨",但迈柱采取先发制人的策略,抢先上奏,声称"楚省查照直隶等省均摊已有二年,不便因钟祥一县一二奸民纷更"。迈柱在朝中得到支持,丁银通省均摊得以维持,对于加征丁银畸重的部分州县,迈柱和阁臣无法全然回避,采取的对策是"将楚省更名丁重之处俟五年编审时于首垦升科粮内逐渐均摊",设想随着屯垦升科土地越来越多,原有土地上负担的加征丁银将越来越少,最终完全抵消。王士俊强调"各州县之地亩科则上下原有各异,则各州县之民人丁口多寡自难强同,今乃不论各州县原额丁数之多寡而一概均摊,则有一邑而忽然增额者,即有一邑而忽然减额者。增者民有加派之

---

① 《湖北按察使唐继祖奏明县官失职未行定拟缘由本》,雍正十年闰五月初八日,张伟仁主编《明清档案》,台北:中研院历史语言研究所,1986 年影印本,卷册:A005-011,第 29379～29380 页。

怨而官不顾，减者吏有私征之弊而民不知，此之谓不均"，摊丁入地实施两年以来，加征丁银"挂欠累累"，加丁的十九州县"人人含怨"，即便钟祥一县聚集请愿者绝非王世经、迈柱所称的仅两乡之人，而是"当日通县人民齐集，非止利河、罗小二乡，迨后获犯系此二乡之人，该县王世经遂硬坐二乡以抗粮之罪。其实通省不便，固不特钟祥一邑为然也。"阁臣拟定的对策，王士俊认为是治标不治本的办法，指出"五年十年之间，地方官即竭力劝垦升科，未必遽增一十四万六千三百余两之田粮可以概行摊减，即或果可均摊，而此五年十年之中现在摊赔已属重困，况逐渐均摊，则参差不齐，后先不一，同为赤子，仍未免有不均之叹"。要从根本上解决问题，还须从纠正丁银的摊征方式着手，改通省均摊为各州县自行均摊。①

　　对于丁银的摊征方式，决定权归根到底在清廷，而非地方督抚。在王士俊第二份关于摊丁入地问题的奏折上呈后不到一个月，经过阁臣议奏，清廷做出了有关湖北摊丁入地和钟祥民变的最终处理决定。鄂尔泰等阁臣的立场完全站在迈柱、唐继祖等人一边。在其看来，"江夏等十九州县增银一万八千余两，武昌等四十二州县减银一万八千余两。增加之数合计虽多，而逐县细核则数十两、数百两者居半，千两内外者居半，行之二年，俱遵输纳"，如钟祥县这样增银较多，奸民抗阻造成完税困难的仅是极端个例。鄂尔泰等还强调，以新垦升科地亩的田赋抵消加征丁银，并非王士俊所谓"减免无期"，而是"楚省荒地甚多，地方官实力劝垦，则一万八千余两之数数年即可报满"，同时提议暂时对钟祥等处的赋税"多方抚恤，少缓催比，于奏销时声明将该县考成从宽酌议，或查明欠项实系无力完纳，再密请圣恩量加蠲免，似觉妥协。"对于钟祥民变，除了惩办首要分子外，对于知县王世经的处理意见，鄂尔泰等完全依照唐继祖的奏请，并未立即追究其相关责任，"俟此案结后另行查报

① 《湖北巡抚王士俊奏请丁银各归各县本》，雍正十年闰五月十三日，张伟仁主编《明清档案》，卷册：A051-131，第29405~29407页。

严参。"① 至此，这场督抚之争以总督迈柱获得朝廷支持而宣告结束，湖北的丁银摊征方式并未改变。巡抚王士俊的努力，仅换来清廷对部分州县积欠的加征丁银的宽免。

然而总督迈柱尚不愿就此罢休，不久之后，他又上疏奏请朝廷不必考虑钟祥等地赋税欠额的缓限和宽免。迈柱以获胜者的姿态，宣扬湖北丁银通省均摊"行之颇有成效"，指责巡抚王士俊"初到湖北，未悉民情，因二三土棍抗阻之案，遂倡立己见，谓丁银不宜通省均摊，请归各州县随田完纳……不论民之淳顽，不察官之勤惰，以均丁良法为强加，以抗粮聚众为重累，以通省民情乐输为人人含怨，臣实不解"。迈柱进一步提出，自摊丁入地以来，加征丁银的州县中，多数都能如期完纳赋税，少数州县未完赋税，或因为"俗弊民顽"，或由于"地处低洼，从前收成歉薄"，总之与加征丁银并无关系。鉴于钟祥等县未完赋税"俱系零星尾欠"，且年成丰收，故请求清廷无须考虑赋税欠额的缓限和宽免。②

迈柱这份奏折中充斥着对王士俊的恶意中伤，对本人政绩的刻意美化和对客观事实的不当曲解。部分加征丁银的州县如期完纳赋税，可以表明州县官员勤于催缴，而根本不能说明民众乐于完纳，单凭钟祥民变，足可反映百姓对加征丁银的不满，这是无可辩驳的。沔阳州积欠赋税达三万余两，其余钟祥等县拖欠的税银少则七百余两，多则三千余两，远非"零星尾欠"，虽说包含积欠田赋在内，并非全属加征丁银，但无法否认加征丁银使原本艰难的税赋征缴更为雪上加霜。迈柱出于一己私心，企图刬除王士俊努力取得的哪怕一点成果，全然不顾民生民意。《清史稿》中称赞"迈柱督湖广数年，

---

① 《大学士鄂尔泰奏报湖北仍行均丁之法并惩治抗粮土棍本》，雍正十年六月初七日，张伟仁主编《明清档案》，卷册：A052-50，第 29779～29783 页。

② 《湖广总督迈柱奏为楚北丁银挂欠无几据实明仰祈睿鉴事》，雍正十年七月初四日奏，《朱批谕旨》卷 213 之五，《景印文渊阁四库全书》第 425 册，第 140～142 页。

声绩显著"。① 然而就摊丁入地一事而言，无论是其才干，还是品行，都不能说是没有问题的。

三　丁银通省均摊弊端的最终解决

督抚之争以迈柱获胜告终，不久，王士俊解任回京，后升任河东总督兼河南巡抚。以后几年，湖北在迈柱治理下，一直维持丁银通省均摊的办法。正如王士俊当年所料，新垦升科地亩为数有限，加征丁银悉数抵消遥遥无期，加丁州县民众不堪重负，怨声载道。雍正十三年，迈柱离任回京。次年，新登基的清高宗发布了豁除湖北江夏等州县未经摊减的丁银的上谕：

> 湖北丁随粮派一案，前蒙皇考叠沛恩膏，多方调剂减免，以除闾阎之累。其江夏等十九州县摊纳之重丁，原经廷议，俟有升科丁银可以渐次摊抵，则输纳可得其平。今朕闻得，原垦之荒颇多不实，则摊抵之期一时难必。念此十九州县独受重丁之苦，输纳维艰，朕心深为轸恤。今仰体皇考子惠元元之圣心，将江夏等十九州县未经摊减之丁银八千三百（两）有奇，自乾隆二年为始全行豁免。著该部行文史贻直、钟保，即遵谕行。②

加征丁银或已抵消，或得豁免，江夏等十九县的民众终究摆脱了前总督迈柱带给他们的重负。其后，"乾隆四年奉汇将江夏等十九州县于钦奉恩诏等事案内题准，应征原额丁银各就本州县情形各归各项摊征。"③ 湖北的摊丁入地在经历了一段曲折的历程后终究步入正轨。

清代中期的摊丁入地具有重要的历史意义。丁银与人丁脱钩，与土地挂钩，是大势所趋。时人曾王孙指出：

① 《清史稿》卷二八九《迈柱传》，中华书局，1977，第 10256 页。
② 《清高宗实录》卷二九，乾隆元年十月甲申，中华书局，1986 年影印本，第 609 页。
③ 乾隆《枣阳县志》卷一一《丁赋》，收入《中国地方志集成·湖北府县志辑》第 67 册，江苏古籍出版社，2001 年影印本，第 58 页。

丁不随粮有三弊焉：丁差之法，二十上丁，六十下丁，今则毫釐不下，强壮不上，其弊一。丁有死绝者开除，古之制也，今则素封之家多绝户，穷檐之内有赔丁，其弊二。粮多者为富民，粮少者为贫民，今富者既多幸脱，承差者俱属穷黎，或逃或欠，下累里甲，上碍考成，其弊三。丁随粮行有三利焉：舍粮编丁可以意为增减，若一概从粮起丁，则买田者粮增而丁亦增，卖田者粮去而丁亦去，永绝包赔之苦，其利一。就丁论丁，弊端百出，若照粮编丁，则岁有定额，富者无所庸其力，贫者适以得其常，一清吏胥之弊，其利二。丁与粮分，则无粮之丁无所恋而轻去其乡，丁随粮行，则丁皆有土，有所籍而不致流亡，里甲不累，考成不碍，其利三。去三弊而得三例，计无便于此者。①

以后的研究者也对摊丁入地的积极意义均充分肯定。诚然，当时不同的社会阶层，出于自身利益，对于摊丁入地的态度是迥然不同的。摊丁入地减轻贫苦百姓的纳税负担，同时缓解基层征缴丁银的压力，因而赢得了广大无地少地民众和州县官员的热烈拥护。相反，地主阶层（包括其中的官僚士绅）因摊丁入地致使税负增加，士绅还因此丧失优免特权，往往对此持反对、抵制的态度，甚至制造事端，胁迫官府终止摊丁入地。

然而，通过对具体事件的研究，笔者需要指出，上述观点仅仅可以作为一般意义上的归纳，绝非放之各地而皆准。摊丁入地的推行，必须立足于当地实际的社会经济状况，选取适合的丁银摊征方式，才能真正实现改革的功效。李卫在浙江实施摊丁入地获得成功，除了坚持原则，坚决消除士绅的负面干扰外，立足实际状况不断改进丁银摊征方式，尽力减轻摊丁入地给中下层自耕

---

① （清）曾王孙：《勘明沔县丁银宜随粮行议》，贺长龄编《清经世文编》卷三○，第743页。

农和佃农增加的负担，也是其关键原因。相反，教条式地照搬别处经验，搞一刀切的丁银摊征，难免制造出新的税负不公平，不合理，进而将大批本应作为拥护者的百姓推到对立面，使改革成果大打折扣，甚至适得其反。湖广总督迈柱在湖北推行摊丁入地引发钟祥民变，就是极好的例证和教训。当然，迈柱推行摊丁入地的初衷，也可能并非真正关心民生，而是迎合上意，创造个人政绩。那么，此类为摊丁入地而摊丁入地的行为，酿成灾难性的后果就更不足为怪了。

第五章
若干基层地域的人丁

前几个章节研究清代前期的人丁和丁银，主要是集中考察长江下游各省的情况，除了这些区域，广大的北方省份，乃至部分边疆区域，在当时同样实施人丁编审和丁银征收，虽不具前者的多样性和代表性，亦有其地域特点，这些特点除了于赋役册籍中有所体现外，还为一些亲自组织过人丁编审的地方官员，如在直隶担任知县的彭鹏、黄六鸿，在台湾担任知县的季麒光等人所专门记载。此外，江浙的个别县份保留了《编审红册》、《清编完赋人丁庄名户口数目文册》等里甲、庄一类的县下基层组织开展人丁编审的原始资料，对于考察人丁编审在民间的具体操作过程及不同时段、地域的特色具有重大研究价值。本章各节即从这些原始赋役册籍及时人记述入手，立足于一府、一县乃至县以下的庄、里内的一户户纳税花户，分别考察研究清代北方、边疆以及江浙地区基层开展人丁编审和丁银征收的具体情况。

第一节　《古愚心言》及《福惠全书》
中的人丁编审

清代前期，南方各地多有"照粮起丁"或"照田地起丁"的州县，还有按户计丁的"户丁"和数人朋比为一丁的"朋丁"，

"人丁"含义复杂多样。而北方各地大多维持"照人起丁"的传统编审方式，人丁概念相对简单。正因为载籍人丁与实在成丁挂钩，编审人丁在征缴丁银的同时，在保甲制度完善以前，还发挥着年龄核实与身份稽查的行政职能。当然，出于对丁银税负的逃避，男丁逃避编审的现象层出不穷，使这些行政职能的实际意义大受影响。

彭鹏（1635～1704），是清康熙年间的著名廉吏，自康熙二十四年起担任直隶顺天府三河县知县，在当地为官六载，主持了该县康熙二十五年的人丁编审。其自编文集《古愚心言》中收录了许多涉及当地人丁编审的一手资料，结合其他史料，可对当时直隶州县的人丁编审状况作一直观的了解。

一　人丁编审——清官的难题

在雍正二年直隶推行摊丁入地之前，除乐亭县曾由于成龙推行"按田均丁"外，① 各州县均系丁、田分征。明末清初，直隶地区灾荒、瘟疫、战乱频仍，人丁死绝逃亡无数。此外，顺治和康熙初年清廷在京畿大肆圈地，迫使青壮年男子投充，也使州县载籍丁数锐减。三河县亦不例外，据康熙三年编纂的《顺天府三河县赋役全书》记载："原额人丁上中下三等九则共一万一十丁，屡次奉文新又编审除逃亡丁七千四百九十七丁，投充去丁一千二百六十五丁，除故绝优免丁四百八十八丁，退出投充人丁二十八丁，清出人丁一十三丁（内十三年奉文清出供丁入额外项下起解），实在行差并退出清出人丁共七百六十丁。"② 经过战乱灾荒的严重破坏和圈地的影响，康熙初年，实在人丁仅及原额人丁的 7.6%。祸不单行的是，康熙十八年该县又遭遇强烈地震，屋宇尽毁，死伤

---

① 乾隆《乐亭县志》卷四《田赋志·户口》，第 2 页 b。
② 《顺天府通州三河县赋役全书》，国家图书馆编《明清赋役全书》第 48 册，国家图书馆出版社，2010 年影印本，第 52 页。

惨重。① 鉴于丁银是田赋之外的另一大税收来源，尤其是北方丁银在税收中的比例较高。② 当时清廷设法鼓励以至极力督促地方官员增加人丁数量，而人丁增长缓慢甚至趋于停滞，无疑给州县官员带来巨大压力。彭鹏担任三河知县不久，恰逢人丁编审之时，如何增丁成为其面临的一大难题。

　　彭鹏在《洵邑审丁示》一文中详细记述了康熙二十五年三河县的人丁编审情况。按照朝廷的规定，"五年审丁，少者宜升，老者宜退，逃者宜核，亡者宜除。国家所以为斯民计，至周矣。"③ 然而该县的编审人丁面临的主要问题是：一方面，丁数增长停滞，"比审坊市、坊管二社并不见一人升退核除，只恳仍旧"。为保证不亏欠原额，不少坊社"现丁中尚有六十以上，亦有逃亡死绝，皆无可替。间有一二瞻顾嗫嚅，情甘承认包赔。"这深令彭鹏哀叹"似此则审属虚名，欺己欺天，殊为惭负"。另一方面，三河县自明末清初遭遇战乱及圈地苛政，至康熙中期，虽已历经三十余年，但依然"鸠鹄之形时时触目"，"查通邑社屯，有田民户不过三百四十三家，有田绅衿户不过六十六家"，人丁普遍赤贫，根本不具备纳税财力，故逃避者甚多，"原载丁册九百八十丁，以田为经，以人为纬，此法不可行矣"。尽管彭鹏对基层坊社三令五申"将应升应退应核应除四项各据实报明，但求不缺额，不包课而止"，只求按照最低限额交差。"是年丙寅，洵邑只增原额二十丁，自以为无累于民矣"，然而最终发现"尚有包赔六十五丁查出，历岁自代纳以赎吾过。"之后，"康熙二十

---

① 时任知县任塈记述地震之后，"举目则远近荡然，了无障隔，茫茫浑浑，如草昧开辟之初……但见土砾成丘，尸骸枕藉……压死民人旗人男妇大小共二千四百七十四名口，又无主不知姓名者人二百三名口。"见氏著《地震记》，乾隆《三河县志》卷一五《艺文》，第20～21页。

② 根据康熙《顺天府通州三河县赋役全书》，三河县地丁二项实征银一千二百三十八两六钱七分零，其中实征丁银二百七十二两二钱零，占总额的21.98%，远高于大多数南方州县。

③ （清）彭鹏：《古愚心言》卷八《洵邑审丁示》（康熙二十五年四月），《四库全书存目丛书》集部第232册，齐鲁书社，1997年影印本，第123页。本段引文皆出于此。

六年奉文，彭城卫、燕山右卫、金吾左卫归并洵邑人丁一百九十五丁，据称内有包赔一十九丁，查出亦自代纳，以免民累。"由此，一位爱民廉吏的形象跃然纸上。但人丁缺额终究不能靠一味赔补解决，彭鹏的对策是"每于清查保甲及凡词讼姓名内在在留心，应升应退应核应除预择其稍可顶补者，暗识于册"，待下届编审时予以补充，不可不谓用心良苦。

有关编审人丁的具体措施，《古愚心言》中并未详细说明，而康熙年间历任山东郯城、直隶东光知县的黄六鸿在其《福惠全书》中有着详尽的叙述：整个编审过程分为严饬里胥、慎选户长、查原册、设誊、首改前弊、定推收、开报册单、立局亲审、审后出示、攒造审册、编审余论等部分，其中以"查原册"和"立局亲审"最为重要。所谓查原册，就是"今次编审，先取前届印册，勘阅管收除在四柱，其上届实在田土户丁若干，果否与上届《全书》额载相符，以便查本届所造审册之旧管是否相对。如有舛错，必严行驳究。"①但单凭核对册籍，"倘上届编审系前官经手，其奸胥猾户诡寄田粮，偏累户丁，又安所穷诘乎？"那么就需要地方官"立局亲审"，即亲自下基层编审人丁。

根据《福惠全书》的记述，编审册单磨勘核对明晰后，须提前十日大张告示，预示编审日期，"其期又须视州县冲僻里分多寡，以为迟速"。② 对于编审人丁的场所，大体可因地制宜，"或城隍庙，或公馆，务须宽大及局前广阔之地，免致逼窄拥挤。"在编审之前，将编审的时间、地点、进程详细公示，一方面旨在方便民众，"俾各里按期而至，免其住城守候及老病鳏寡久留之苦"；另一方面令基层有关人员早做准备，"审某乡某里某甲，其新旧里书册房，俱执新旧册单伺候查勘，临审前三日出示局前。"

---

① （清）黄六鸿：《福惠全书》卷九《编审部》，《四库未收书辑刊》第 3 辑第 19 册，第 107 页。

② （清）黄六鸿：《福惠全书》卷九《编审部》，《四库未收书辑刊》第 3 辑第 19 册，第 109～111 页。本段及以下六段中的引文均出此处。

　　黄六鸿强调，审丁一事须由地方官亲力亲为，"其于应升应擦，俱系本县照粮准则详加酌定，并不假手他人"，以防"奸胥猾棍"私行科敛、"奸诈之徒"混冒诡寄等各种不法行为。即便是享有优免特权的生员等，"非系本身之事，不得代人呈秉，亦宜悬示通知"，"其审局务宜肃清，不许闲杂拥立阶下喧嚷，把门皂隶严行驱逐"，"其投审户单，除实在田地银米外，如新收田地银米与所定丁则相符，即用朱笔将升过银米丁则连点而下，新推擦减之数亦朱笔如前连点。其新丁与逃亡老绝之丁，俱用朱笔于逐名下亲书增除，仍查新丁若干，除免若干书总数于单后。"

　　笔者归纳黄六鸿对具体审查过程的描述，可总结为"问"、"看"、"查"、"惩"四字。所谓"问"，就是向当事人仔细询问，"如审某里某甲，本甲户长先投户单，逐户唤问，问其名下田地丁粮是否与户单相符"。所谓"看"，就是对当事人的外貌举止仔细观察，以防冒名顶替，"看其人系乡愚，乍见官府，有不能答对者；如系棍状，恐是顶冒，应点查出，定同户长重责。又有奸诈之徒，于唤审时或破衣轮流穿换，妆扮穷人，或利口能言，骋其巧辩，希图擦免者，均应重责。"所谓"惩"，就是对当事人隐匿丁口及里甲头目受贿包庇等违法行为严加处分，"如有贿漏，自家说出免罪；如系里长等报出，将户长重责枷示，仍行追赃，与受一并治罪。如俱不供报，取里书等联名甘罪结状存案，如有发觉并行究处。"此外，黄六鸿规定"各里审毕，恐有新丁未报，应除未除，着里书户长等并乡约地方俱具'并无收贿隐漏及偏累孤贫等弊，如日后发觉甘罪'结状存案。"所谓"查"，就是对某些特定情形详细调查，依法处断。这些特定对象包括。

　　1. 新报成丁

　　对于新报成丁，首先须查清其年龄及性别，"其新丁例系十六岁方许开报，如幼小不成丁及女子，俱不准行。凡有此等，必系将成丁隐漏，以幼小子女搪塞，务须唤问里书甲长等，严诘户长。"其次是查明其等则。北方流行根据家产将成丁分为多则，多为"三等九则"。黄六鸿将新报成丁一概编为下下则丁，"其新报成丁，不因粮起，是为力役，止编下下；或有才报新丁，即收粮名下者，乃是册上粮多之人，恐要升则，故行诡寄，查出照诡寄重责治罪。虽系父子，亦不准行，恐混乱成规，奸胥因而作弊。"

2. 寄庄人丁

所谓"寄庄"，就是"别县民来此佃种"，由于其隶籍州县原有丁差，所以在寄住之县"例不编丁"，不纳丁银，只承担田赋。这样就出现了不少本地成丁假冒寄庄人丁的现象。对此，黄六鸿"审时遇有地差，指称寄庄者，必严审何县人民，何年买卖承粮，有无印契推收，查出捏冒，定行按粮编则，仍将开报，并责其寄庄户有丁者，必五年之内买产，连丁俱过"，以防止弄虚作假。

3. 逃亡故绝人丁

这些对象应依法开除，但为防止故意隐匿以及丁银数额受到影响，必须查清"逃亡之丁，系何年逃去，何年亡故，有无田粮子弟"。若其有成丁子弟，"即应承粮报丁，将逃亡之丁豁除"；若"无成丁子弟，只有田粮，田系何人承种，即应顶认。"对于"逃绝之中，丁尚挂籍，地又久荒，粮系里甲包赔"的情况，应将绝丁遗留的荒地"着地少有丁之人领去开垦，粮并名下，丁与豁除。若真正老荒，无人领垦，年年里甲包赔，应改地差，概编下下，以少恤赔累。若荒地零星，向俱编丁者，准令归并一丁名下，或承垦或公摊，更省多丁之累。"

此外笔者注意到，黄六鸿的编审规则有一点与朝廷颁布的法律制度有所背离，那就是"逃亡之丁，其老丁年逾六十，子报成丁，应与开除。若无成丁，且有多粮，壮未衰惫，似未可轻除"。这并非黄六鸿故意增加丁数，谋求政绩，而是"恐六十辄除，新丁开报者少，缺额则未便也。"此外，"审时遇有孤穷残疾之人不在除例者，另暗记之，审毕，通盘打算，如增丁数多，亦准与除豁，出示晓谕并示本乡。"诚然，人丁编审既要审清人丁，缓解百姓负担，又应对考课，不能亏空原额，乃是"照人起丁"的弊病所在，亦是当时一介清官面对的两难问题。

县官亲临基层审核人丁，并非黄六鸿独创，明末清初学者陆世仪也说："凡户口丁田册籍，最为难定，非县官坐于堂上，奢正吏胥奔走于堂下，便可支吾办事也。必须简求一县人才，县官亲临，讲究既得其道，则授之以法，俾之逐乡逐里，一一踏勘报明，无分毫渗漏，方为得法，此作邑致治之根本。"① 但当时的交通条件落后，加之行政官员人数有限，"盖州县民户之多，类皆散处乡僻，若令其携妻抱子，络绎公庭而赴点，则民不能堪。若令地方官遍历村庄，挨家查验以稽数，则官不能堪，是仍不过委之吏胥造册，以毕其事耳……虽有精明之员，亦难胜稽查之力。是小民未及沾惠，先已耗财不赀矣。"② 作为清官，黄六鸿可以做到"编审茶饭，俱系自备，并不用里下一文"，③ 但绝大多数的官员无法做到，一应开支最终责成百姓。百姓为逃避丁银负担，自然千方百计逃避编审，因而即便地方官员严格执行人丁编审，仍然难以避免人丁的大量脱漏，那些有失勤政的官员执行编审的效果则更不待言。

---

① （清）陆世仪：《论赋役》，贺长龄编《清经世文编》卷二九，第 712 页。此外，康熙中期担任山东济宁州知州的吴棱亦亲自下乡审丁，方法与彭鹏有相似之处："今余仍审人丁，而以有地亩者为准，似亦补偏救弊之微权，法令民情两不相悖，既已革除里长，亦不假手胥役，裹粮简从，遍历各乡逐户亲审。必验其年，过十六以上，家有恒产，实名实丁，乃编名入册；若虚丁、老丁、穷丁、废疾丁、孤寡丁悉为豁除。矢公矢慎，应增者必增，应免者必免，惟以阖州统算，不以各甲分编。非例得优免者，不得滥免影射。至于外籍之人置有房产，既已立户即应当差，岂有居济之地、入济之籍、纳济之粮、食济之利、长子孙畜僮仆，犹可托名外籍，不纳丁银乎？试问他处按地派丁外，借人之地亦得除免丁银耶？余不论远方邻近或民或军，凡入州版籍、买州地土殷实之家，俱按户一例编丁，于是虚增捏减、飞洒花分、冒名跳甲种种弊窦，悉无所施计，除免无告之民与无人之丁几及万数，而从前脱漏影避冒免等丁莫不清出，庶几增除核实，无复偏累之弊矣。审丁之时免丁增丁者俱给与印信免单，免者单内注明应免缘由，收存为据。增者遵照当差后有死亡病废等情，许其具禀缴单查明豁免，另行顶补。"（吴棱：《编审议》，咸丰《济宁直隶州志》卷三《食货四》，第 5 页）
② （清）苏霖渤：《请编审仍照旧规疏》，贺长龄编《清经世文编》卷三〇，第 752 页。
③ （清）黄六鸿：《福惠全书》卷九《编审部》，《四库未收书辑刊》第 3 辑第 19 册，第 109 页。

二　人丁编审的社会作用

人丁编审的根本目的在于按丁数征缴丁银，但在保甲制度完善之前，亦发挥着年龄核实与身份稽核等社会功能。[1]《古愚心言》中对这方面也有着详细的反映。

1. 人丁编审与年龄核实

中国自古有尊老敬老的传统。明太祖洪武元年诏，民年七十之上者，许一丁侍养，免杂泛差役。[2] 清承明制，顺治年间清廷亦多次发布优待耆老的恩诏。康熙二十七年，天下平定，清廷再颁恩诏："军民七十以上者许一丁侍养，免其杂派差役。八十以上者给与绢一匹、绵一觔、米一石、肉十觔。九十以上者倍之。"[3] 各州县闻风而动，首先要做的便是统计符合条件的老人的数量，随后照数拨发绢米。统计数量，固然可以通过申报登记来解决，但出于一己私利，虚报者必定大有人在，必须有可靠依据佐证。彭鹏在《钦奉恩诏养老示》一文中记述道，原本其"遵于所属八路十五乡，细查保甲册名数"，[4] 但由于保甲册正在核实攒造，尚未完成，而自康熙十年以来的历届人丁编审册底册保存完好，可以"确实查明某里某甲某年编审开除退出老丁，且曰从前编册各有申送卷案可以核对"，故彭鹏采用历年的人丁编审册作为此次清查统计耆老的主要依据。

"查定例六十退丁，若以退丁之年计之，必按康熙五年编审册方与八十以上相符"，彭鹏固然可以根据编审册中除退老丁的记录来推

---

① 保甲在明代即推行于部分地区，大都为非常状态下的临时举措。清廷顺治元年颁布保甲法，规定在全国实施。康熙二十五年又强调编立保甲，题准"近辅屯庄，旗民杂处，令该抚将旗民人等一体编为保甲，各立甲长，稽察盗贼。如有面生可疑者，即拿送该地方官"。（雍正《大清会典》卷一三八《兵部·保甲》，《大清五朝会典》第 7 册，第 2209 页上栏）彭鹏亦随即于县内发布《责行保甲示》，见《古愚心言》卷八，《四库全书存目丛书》集部第 232 册，第 126～127 页。

② 《大明会典》卷二〇《赋役》，第 364 页上栏。

③ 雍正《大清会典》卷六八《养老》，《大清五朝会典》第 5 册，第 1082 页下栏。

④ （清）彭鹏：《古愚心言》卷八《钦奉恩诏养老示》（康熙二十八年三月二十四日），《四库全书存目丛书》集部第 232 册，第 136 页。下一段中引文亦出于此。

算耆老的实际年龄，但这只是按照法律条文做出的推测，实际情况与此大相径庭。彭鹏于康熙二十四年七月到任后，于主持次年的人丁编审时，"目击退丁者多有鹤发龙钟，年近八旬，询之皆云孑遗，无可替代者。乃知三邑之民，退丁者未必尽六十耳。"故其特地遍查历年编审册，"除康熙五年底册无存，无凭传询，随查北宫社止有张来弘、刘留哥两丁。又二十五年编审底册，按年以长，查实八十以上者，英城社崔秉公，北宫社杨二毛，王会社彭道儿，军一社张明举，南三社蔡明金，兴营社李成智共六丁。再检康熙十年编审底册，按社屯逐名传询，皆物故，现在八十以上，惟有英城社李光祖、张魁元，顺庆屯李六儿共三丁。再检康熙十五年编审册逐一传询，皆物故，现在八十以上，惟有李村社高明亮，南三社王思强二丁。又检康熙二十年编审底册逐一传询，或物故，或岁数与诏款不符，现在八十以上者惟有坊市社梁鲁子、倪四，坊管社张洪业，李村社罗冬儿，英城社郑来聘，军二社刘大荣，南二社王好学共八丁。"

彭鹏在"按社屯编审册核查，按老人里书公报"的基础上"按名亲询"，将历次编审未按时除退，但已年届八十者查出，统计耆老共二十名造册申送，"谨择本月二十二日，尔耆民倪四等各备衣帽，赴文庙泮池前，按名分给每名绢一疋，照署院定价银七钱；棉一勋，照定价银四分；肉十勋，照定价银三钱；米一石，照定价银六钱，查米价与时价不敷，本县量加一钱，听候核减，计每名共给一两七钱四分，纹银库戥，亲自授受。"①

彭鹏在清查统计耆老时，持"详之至详，慎之又慎"的态度，凡"或土著或流寓皆不在丁册内"者，均不予造报。其时，逃避人丁编审者甚多，"其不在编审退丁册内者，一闻恩赏开报不下数百人，博爱则朦混，核实又无稽，大抵皆年久不附籍者也。尔之壮也既避丁徭，及其老也反邀赏赍，是恩胜耳。国家大典必裁以义，与

---

① （清）彭鹏：《古愚心言》卷八《颁赏老民宣扬圣恩示》（康熙二十八年三月），《四库全书存目丛书》集部第 232 册，第 137～138 页。

其恩胜，毋宁义胜，此即署院巡宪严饬意也。"① 申报者中，固然有未及八十岁而虚报年龄者，更多的则是确已年届八十，但"年久不附籍"，长期逃避人丁编审者。考虑到这些人的真实年龄不便证实，加之常年逃避国家义务，彭鹏本着"与其恩胜，毋宁义胜"的宗旨，仅确认那些纳入人丁编审册，抑或说履行了国家义务的老民，从而"不敢开混冒市恩之门，亦不敢负朝廷养老之典"。而对于耆老子弟免除徭役的规定，执行则大为宽松，"今但于保甲内，民毋论主客，年七十以上侍养，准一子概免差徭，八十准此，另刻帖付照，帖面印刷龙边内有'天恩浩荡'四字，尔民执帖，什袭华封祝圣自有同心"。② 这显然与明代推行一条鞭法以后徭役大多折银雇募，清代已所存无多有关。

2. 人丁编审与身份核查

清初，朝廷在京畿大肆圈地，不仅对经济造成严重破坏，而且引发了大批民众流离失所，"盖尝观天下之民贫苦皆同，而北方为甚；北方之民贫苦皆同，而直隶八府为甚，顺、永、保、河四府为尤甚。良以圈拨之后，民多失业，饥寒愁苦，日益无聊，以致柔善者转死于沟壑，其巧黠者则卖身为庄头家人，若强梁者则起而为贼盗。"③ 京畿一带，民人和旗人、旗下投充人杂居，不同身份者管理机制乃至适用法律均有差别，时常引发涉及身份的纠纷，官府从而时常面对身份稽查的问题，而身份确认的依据之一，亦是历年的人丁编审册籍。

康熙二十八年，彭鹏任职的三河县接到这样一案："此案旗告投充人张五等持刀伤主也。张五供称，伊弟张四才奉刑部查档，祖、父概无投充姓名，断出为民，随咨户部查档定案。部档果无其人矣。

---

① （清）彭鹏：《古愚心言》卷八《颁赏老民宣扬圣恩示》（康熙二十八年三月），《四库全书存目丛书》集部第 232 册，第 137～138 页。

② （清）彭鹏：《古愚心言》卷八《颁赏老民宣扬圣恩示》（康熙二十八年三月），《四库全书存目丛书》集部第 232 册，第 137～138 页。

③ 《康熙十年三月二十九日御史奏》，中国人民大学清史研究所、档案系中国政治制度史教研室合编《康雍乾时期城乡人民反抗斗争资料》上册，中华书局，1979，第 1 页。

无档而欲以投充律之，此必不行之势也。当时复查有无丁口在县纳粮行差，似舍档而专问诸籍矣。"① 投充人持刀伤害主人系重罪，而案犯张五坚称，自己及祖父、父亲均非旗下投充人，而系民人，故不存在"伤主"之说。且经过调查，户部旗下人档案中并无张五等人姓名记录。上级遂将查明张五等"果否系民，编审人丁册有无户口名氏，有无纳过地丁钱粮之处"的任务于当年二月交由其原籍三河县知县彭鹏办理。

彭鹏查阅人丁编审册，发现"坊管社二甲内现无伊等名字"，询问当事人亲属，"云系坊管社民，前因穷，不曾报丁是实"。彭鹏根据人民多有逃避人丁编审的经验，采纳了供词，认为张五未曾参加人丁编审的事实，并不能表明张五系旗下投充人而非民人，"查律载，漏脱户口，全不附籍，自有应得之罪。未闻漏脱者尽属旗也。今查丁册似不如阅部档为确据耳。张九思是旗是民，一查档而了然在目矣。"以此回复上级，请求再次仔细核查档案。户部的查档拖延日久，直至当年十一月方查明投充人档案内并无张五祖父张九思、张五父亲张学孟等人的姓名，可见张五实际并无投充人身份。

彭鹏在审核耆老年龄时，严格按照人丁册籍的记载，未载者皆不予以确认；而在稽核张五等人是民人还是旗下投充人的身份问题时，却并不因为编审册籍未曾记载其姓名而否定其民人身份。两件事的处理精神看似背道而驰，但仔细想来有着内在的一致，那就是"与其恩胜，毋宁义胜"，前者牵涉的仅是一定的物质赏赐，且需要州县财政予以负担，最终还是取之于民，因此仔细核查，避免滥施，是相当必要的；而后者则事关当事人的生死存亡，所谓"人命关天"，不得不慎之又慎。两者的价值取向不同，自不应一律对待。

从《古愚心言》等书中涉及人丁编审的记载，结合其他史料来

---

① （清）彭鹏：《古愚心言》卷八《投充有无查档再覆户部稿》（康熙二十八年十一月初五日），《四库全书存目丛书·集部》第232册，第74～75页。以下引文皆来源于此。

看，清代前期，直隶是"照人起丁"的典型区域，人丁编审与实际成丁挂钩，相对南方各地也更为严格。人丁编审除了作用于丁银征缴，还发挥着年龄核实、身份核查等社会功能。然而，在战乱和圈地带来的破坏尚未恢复的情况下，人丁增长缓慢，加上人民对赋税的本能逃避，使人丁编审成为州县官吏的不堪难题。纵使地方官员严格执行人丁编审，仍然难以避免成丁的大量脱漏。如此，依靠编审册籍开展的年龄核实和身份核查，其成效不佳乃是显而易见的。当保甲制度完善以后，这些功能由编审册让位于保甲册，便是自然而然的了。

第二节　休宁县《编审红册》中的人丁

清代前期，田赋和丁银，是国家两项基本的税收，其征收的前提，是清查核实各户占有地亩和拥有人丁的情况。明代时，法律规定基层里甲编纂黄册，登载所辖民户户口和财产详细状况，作为官府派征赋役的依据。清代入关后，沿袭明代的黄册制度。顺治年间，黄册制度历经改进，但仍不失烦琐弊端，已不适应税赋简化的历史发展趋势。康熙七年，清廷题准："其每十年一造黄册，繁费无益，停止攒造。"① 黄册废止了，但田地和人丁的清查登记无法停止，取代黄册的，是内容更为简洁的编审册，也称（编审）红册。

编审红册作为反映基层民间编审地亩人丁实况的原始资料，具有非常重要的价值。20 世纪 80 年代，史志宏先生曾利用北方直隶获鹿县的大量编审册，分析研究了清代前期当地的土地集中和摊丁入地改革问题。② 而至今为止，尚无利用基层编审册研究南方人丁的著作。值得注意的是，南方人丁和北方有显著的不同。在南方的许多地方，很早就改"照人起丁"为"照田起丁"和"照粮起丁"，载

---

① 康熙《大清会典》卷二四《户部·赋役·奏报》，《大清五朝会典》第 1 册上，第 274 页上栏。

② 史志宏：《从获鹿县审册看清代前期的土地集中和摊丁入地改革》，《河北大学学报》1984 年第 1 期，第 138～147 页。

籍人丁与实际成丁脱钩，而与地亩的增减挂钩。徽州府休宁县就是这样的例子，尽管地方志中对此未加记载，但从上海图书馆藏《清康熙十一年红册底》（索书号：线普 563742）和《乾隆元年休宁县十三都一图编审红册》（索书号：线普 563300 - 01）中，可以微观探究该县照田起丁的情况。

一　《清康熙十一年红册底》中的人丁

所谓"红册底"，当是编审红册的底本，该册以户为基本单位，格式一律，依次记载人丁和田产的旧管、新收、开除、实在数额。以"程安"户为例：

> 十甲一户程安
> 旧管成丁二口
> 实田一十亩四分五厘一毫五丝三忽
> 地六分四厘六丝六忽折田四分七厘二毫八丝
> 山二亩七分六厘三毫六丝五忽折田六分一厘八丝
> 塘无
> 共折实田一十一亩五分三厘五毫一丝一忽
> 开除
> 田二分土名兆婆圩过字卖本都一图七甲吴德户
> 田五分土名陈村坑过字卖本都一图七甲吴起龙户
> 田五分五厘土名仝（同）过字卖仝（同）
> 田六分三毫六丝土名查木岭得字卖本甲一甲张瑞云户
> 实在成丁一口外免一丁
> 实田八亩五分九厘七毫九丝三忽
> 地六分四厘六丝六忽折田四分七厘二毫八丝
> 山二亩七分六厘三毫六丝五忽折田六分一厘八丝
> 塘无
> 共折实田九亩六分八厘一毫五丝三忽

由于该册前后严重残损，仅有"孝烈祠藏"字样，不能直接获知属于何县，但从记载内容推算，每地一亩折田约七分三厘八毫，每山一亩折田约二分二厘一毫，恰与徽州府休宁县的田亩折算率一致，据此判断，该"红册底"反映的是休宁县康熙十一年的编审情况。[①]

经过整理，笔者共掌握了53户的丁、地编审情况（参见表5-1）。其中的户名，除了普通姓名外，还有一些非自然人的名号，一种是"××祠"，如"王明祠"、"王慎初祠"、"王槐珪祠"等，另一种是"法人"名号，如"云溪社"、"关帝祠"等。显然，这里的户均为纳税"花户"，与实际住户存在一定差异。

表5-1　休宁县《清康熙十一年红册底》编审情况

户名	旧管成丁	旧管折实田税（亩）	实在成丁	实在折实田税（亩）	户名	旧管成丁	旧管折实田税（亩）	实在成丁	实在折实田税（亩）
王明祠	2	17.963	2	17.963	王胜之	1	9.845	1	9.288
王承先	2	15.780	2	13.094	王宝之	2	12.161	2	12.115
关帝祠	2	18.027	2	19.105	汪美成	1	8.607	1	8.607
王　期	1	6.608	1	6.608	王维风	1	9.603	1	8.836
程　安	2	11.535	1	9.682	王周祠	2	15.004	2	15.804
云溪社	2	12.386	2	12.386	王贤卿	3	21.709	3	19.940
汪　升	1	5.031	1	3.777	王贵祠	1	10.186	1	12.337
王隆先	2	18.439	2	18.281	王振大	2	12.440	2	12.640
吴辛龙	2	19.846	3	20.344	王长华	2	15.625	2	15.464
吴有祥	2	12.529	2	12.643	王慎初祠	2	13.095	2	12.644
吴明德	2	19.972	3	19.972	王　廷	2	19.848	3	25.742
王栢青	3	21.047	3	22.007	王任道	1	11.386	1	9.687

---

① 康熙《江南通志》卷一八《田赋》，第11页b～第13页a记载各县折田情况：歙县地一亩折田五分六厘一毫，山一亩折田四分三厘四毫，塘一亩折田一亩；休宁县地一亩折田七分三厘八毫，山一亩折田二分二厘一毫，塘一亩折田一亩；婺源县地一亩折田六分一厘五毫，山一亩折田二分二厘二毫，塘一亩折田一亩；祁门县地一亩折田六分二厘七毫，山一亩折田二分二厘二毫，塘一亩折田一亩；黟县地一亩折田五分四厘五毫，山一亩折田一分三厘，塘一亩折田六分四厘；绩溪县地一亩折田五分八厘三毫，山一亩折田二分二毫，塘一亩折田一亩一厘一毫。

户名	旧管成丁	旧管折实田税(亩)	实在成丁	实在折实田税(亩)	户名	旧管成丁	旧管折实田税(亩)	实在成丁	实在折实田税(亩)
王宾之	2	12.676	2	12.676	程元堡	2	15.647	2	16.503
张志道	1	10.307	1	10.525	王茂德	2	10.970	2	13.475
姚胜宗	1	8.795	1	8.795	王有兆	2	14.084	1	2.320
王敦信祠	1	8.487	1	9.063	王　高	2	16.982	3	25.940
王兴贤	2	16.422	2	16.909	王饶裕	1	4.794	1	10.622
王寓思祠	1	5.381	1	6.062	孙　旺	1	3.125	1	3.288
王肇基	2	12.690	2	12.748	吴四美	2	17.555	2	17.555
王观孙	3	25.062	3	26.023	程　亨	2	12.608	2	12.608
王槐珪祠	2	15.211	2	15.211	王景初祠	2	19.223	2	18.370
王隆德	1	6.162	1	3.993	高万金	2	12.762	2	12.762
王志功	1	10.458	2	11.058	朱天文	2	13.547	1	8.922
王棠隆	2	12.779	2	12.217	张成龙	2	14.722	2	13.872
姚　兴	2	13.367	2	13.367	王得时	2	11.932	2	12.516
黄振德	1	6.293	1	5.716	王鉴祠	2	14.744	2	13.944
王祝祠	2	12.011	2	12.817					

这53户中，半数以上的户有二丁，而有三丁的户只是个别几家，其余则仅有一丁。笔者发现，各户丁数和田地之间，存在着密切的联系（参见表5-2）。除极个别的例外，三丁户的田产均多于二丁户，二丁户则多于一丁户。一丁户占有的田地多在十亩以下，或略微超过十亩，三丁户的田地基本都在二十亩以上，而二丁户占有田产则均在十亩到二十亩之间。

表5-2　各户占有田地情况

旧管	户数	占有田地(亩)	实在	户数	占有田地(亩)
一丁户	16	3.125~11.386	一丁户	17	2.320~10.622
二丁户	34	10.970~19.972	二丁户	29	11.058~19.105
三丁户	3	21.047~25.062	三丁户	7	19.940~26.023

更值得注意的是，各户成丁的增加或减少，基本上都伴随着田产的新收或开除。从表 5 - 1 可见，减丁（旧管二丁，实在一丁）的共有三户，其田产均由十亩以上减为十亩以下，而增丁的六户中，除了"吴明德"户田产不变外，其余五户田产均有增加。

显然，在正常的"照人起丁"编审方式下，这种"巧合"发生的概率微乎其微，而能够合理解释上述现象的，只可能是该县在康熙十一年之前业已推行"照田起丁"，载籍人丁的数量由田产数额决定，其数量增减亦依据占有地亩数额的增减，而与实际的人丁完全脱钩。

在开发成熟，且未发生战乱灾害的地域，一县之内的地亩总量是基本恒定的，最多只是小幅度的增减，因此若推行"照田起丁"的话，人丁的增减也将是小幅度的。考察该县的历次人丁编审情况（参见表 5 - 3），顺治十四年和康熙元年两次编审增丁较多，这是在清廷在战乱之后生产恢复的同时，积极厘清地丁，增加税赋收入的政策下开展的。而到了康熙中后期，增丁数急剧下降，历次编审增丁长期徘徊于七八丁间，这既是编审形式化的反映，更是推行"照田起丁"的必然结果。

表 5 - 3　"滋生人丁永不加赋"前休宁县人丁审增情况

编审年代	审增丁数	编审年代	审增丁数
顺治十四年	1889	康熙三十五年	7
康熙元年	193	康熙四十年	8
康熙二十年	9	康熙四十五年	7
康熙二十五年	7	康熙五十年	8
康熙三十年	8		

资料来源：道光《休宁县志》卷五《丁徭》。

二　《乾隆元年休宁县十三都一图编审红册》中的人丁

该编审红册反映的是"滋生人丁永不加赋"之后该县的地亩人丁编审情况，其格式与前述"红册底"基本一致，亦为依次记载人丁和田产的旧管、新收、开除、实在数额。以"毕得"户为例：

> 一甲一户毕得的名
> 旧管成丁二口
> 田税一十三亩八厘五毫
> 地税五毫折实田税三毫六丝九忽
> 山税一厘四毫折实田税三毫九忽四微
> 塘税无
> 共折实田一十三亩九厘一毫七丝八忽四微
> 新收
> 田三分六厘菜字号土名黄充买十二都一图四甲朱宗汉户
> 开除
> 田八分四厘菜字号土名角林山头卖十二都一图十甲朱森隆户
> 实在
> 共折实田税一十二亩六分一厘一毫七丝八忽四微

从记载内容上看，该编审册与"红册底"的最大区别在于"实在"部分记载大为简略，不仅不再详细填写田、地、山、塘的具体数额，而且一般不写明实在人丁数额，仅在发生增丁、除丁的人户用朱笔注明"加X丁"或"除X丁"字样。显然，清廷于康熙五十一年推行"滋生人丁永不加赋"和雍正年间推广摊丁入地后，人丁在国家财政中的意义已大为下降。

该编审册分为两册装订，其前后均有残损，十甲中仅二、三、六、七、八、九甲保存完整。这六个甲的142户人户中，有65户系无丁户，占全体户数的45.8%，这点与前述"红册底"情况迥异，"红册底"的花户中未见无丁户。总的来说，户数随户有丁数的增加而递减，但各甲具体情况各不相同。如六甲中，8户为一丁户，而无丁户、二丁户、三丁户各有3户。八甲10户仅一户有2丁，其余9户均系无丁户（参见表5-4）。

表 5-4 乾隆元年休宁县十三都一图的户与人丁

	实在丁数	实在户数	实在无丁户数	实在一丁户数	实在二丁户数	实在三丁户数	实在四丁及以上户数
二甲	6	14	9	4	1	0	0
三甲	37	28	16	4	3	1	4
六甲	23	17	3	8	3	3	0
七甲	10	13	7	3	2	1	0
八甲	2	10	9	1	0	0	0
九甲	77	60	21	23	6	5	5
合计	155	142	65	43	15	10	9

编审红册内各甲内人户的田产情况，与"红册底"有极其相似的地方，就是各户丁数和田地之间的密切联系。从表 5-5 看，尽管

表 5-5 各甲内人户旧管田产情况（不含新立户）

单位：亩

	二甲	三甲	六甲
无丁户	0.002~2.130	0.430~2.817	0.291~2.259
一丁户	2.941~9.225	4.076~9.406	3.135~9.285
二丁户		10.555~16.075	11.763~15.927
三丁户	22.982	19.080	17.810~21.592
四丁户		26.580	
五丁户		38.180	
六丁户		39.169	
八丁户		53.328	

	七甲	八甲	九甲
无丁户	0.439~2.156	0.067~3.383	0.000~2.657
一丁户	5.031~7.535	3.880	2.863~9.631
二丁户	10.777~13.119	11.593	10.163~16.384
三丁户	17.091		17.773~20.723
四丁户		25.011-31.716	
五丁户			31.921
六丁户		38.114~41.559	
八丁户		53.328	

各甲彼此有差别，但存在总的规律，无丁户占有田产均在三亩左右，一丁户田产在三五亩到十亩之间，二丁户田产在十亩到十五亩间，三丁户田产在二十亩上下，四丁户在三十亩上下，五丁户在三四十亩之间，六丁户在四十亩上下，丁数最多的一户八丁户占地 53 亩零。

编审红册中各户的人丁增除与户内的田产增减亦关系密切。在各甲中，除新立户外，发生增、除丁的有 15 户，其中 2 户加一丁，2 户加二丁，8 户除一丁，2 户除二丁，1 户除三丁。增丁户无一例外伴随着田产的增加，除丁户则悉数伴随着田产的减少，田产的增减与丁数的增减亦保持完全的对应关系。可见，在"滋生人丁永不加赋"之后，该县的人丁编审（包括滋生增益人丁）继续采用照田起丁的方式。

三　江南与浙江"滋生人丁"的差异

笔者在第二章第二节中讨论浙江的滋生人丁情况时指出，在"滋生人丁永不加赋"前，该省各州县的丁口数大都因循原额，长期停滞不变；在"滋生人丁永不加赋"后，丁数则有了较大幅度的持续增长，与之相比许多江南州县的情况则存在显著的差异。

如表 5-6 所示，休宁县康熙五十年后的历次编审增丁数（即

表 5-6　休宁县滋生人丁情况

编审年代	滋生丁数	编审年代	滋生丁数
康熙五十五年	8	乾隆十一年	10
康熙六十年	8	乾隆十六年	10
雍正四年	10	乾隆二十一年	10
雍正九年	11	乾隆二十六年	10
乾隆元年	10	乾隆三十一年	10
乾隆六年	10	乾隆三十六年	10

资料来源：道光《休宁县志》卷五《丁徭》。

滋生丁数）和"滋生人丁永不加赋"前相比并无明显增长，自乾隆元年起，连续八届均为滋生10丁，可谓"滋生人丁，岁岁相同"。

江南其他地方也有类似的情形。如表5－7所示江宁府属各县中，康熙五十五年到雍正四年间的三次编审，除句容县外，其余各县均无增丁，雍正九年起的编审，各县人丁虽多有滋生，但各县之间，乃至同一县内的历次编审，滋生丁数多寡悬殊，且仍不乏无增丁的现象。其中上元县自康熙五十五年至乾隆六年间，竟然完全没有滋生人丁。

表5－7 江宁府各县康熙五十五年至乾隆六年编审滋生人丁情况

	康熙五十五年	康熙六十年	雍正四年	雍正九年	乾隆元年	乾隆六年
上元县	0	0	0	0	0	0
江宁县	0	0	0	137	0	2
句容县	17	17	32	33	38	44
溧水县	0	0	0	1	1	12
高淳县	0	0	0	110	120	320
江浦县	0	0	0	85	94	81
六合县	0	0	0	57	9.5	0

资料来源：《江宁府乾隆十年分田地人丁清册》，《国家图书馆藏清代孤本内阁六部档案》第5册，第1925～2176页。

为什么"滋生人丁永不加赋"后，浙江各州县增丁显著，而江南的许多州县却依旧增丁迟滞呢？笔者以为，关键在于两地对"滋生人丁"的编审方式迥然不同。上文对于《编审红册》的研究表明，休宁县的"滋生人丁"亦是照田起丁，丁数随各花户名下田亩的增减而升除。江南其他滋生人丁增丁迟滞，甚至完全没有滋生人丁的州县，在摊丁入地后，势必也是采用照田起丁或照粮起丁的方式编审滋生人丁的。而前文也已提到，浙江的无论是"照田起丁"的地方，还是"照人起丁"的地方，"滋生人丁"都是指烟户内的实际成丁。既然两种"滋生人丁"的实质含义截然不同，那么丁数变化上的不同态势，就不难理解了。

第三节　於潜县《清编完赋人丁庄名户口数目文册》中的人丁

"滋生人丁永不加赋"和"摊丁入地"是清代中期清廷赋税制度改革的两大重要举措，经过改革，丁银税额固定化，人丁编审和丁银征收完全脱节，这对于人丁编审而言，无疑排除了一大干扰因素。笔者在第二章第二节指出，浙江许多原本人丁增长长期停滞的州县，"滋生人丁永不加赋"之后，丁数出现了大幅度增长。此外，一些早先试行照粮起丁或照田地起丁的州县，"人丁"本已与实际成丁脱钩，而成为挂钩于地亩或田赋的赋税单位，在"滋生人丁永不加赋"后，由于编审方式重新趋于统一，许多场合的"人丁"（如"滋生人丁"）回归固有的含义。然而，"滋生人丁永不加赋"和"摊丁入地"之后的人丁编审并非另起炉灶，而是在改革之前历次编审的基础之上继续开展的，延续了以往编审中积累的某些特点和弊端，以致"人丁"一词的含义仍未完全统一，甚至更趋于复杂与易于混淆。

《浙江杭州府於潜县乾隆二十六年分清编完赋人丁庄名户口数目文册》（以下简称《文册》）收录于《国家图书馆藏清代孤本内阁六部档案》。该文册成书于乾隆二十六年十二月十五日，由於潜县知县周廷一上报朝廷，是反映该县当年人丁编审情况的第一手资料，也是留存于世的为数不多的记载县级以下基层地方人丁编审数据的珍贵史料。《文册》以"庄"为基本单位，依次记载各庄的户数、旧管丁口、新收丁口、开除丁口、实在丁口数以及实在市民、乡民丁口数（内均包括原额完赋和盛世滋生增益数）。以"俞家庄"编审情况为例，《文册》记载如下：

　　　共户七十七户，共旧管丁口一百七丁口，新收丁口一十五丁口，开除丁口一十一丁口，实在丁口一百一十一丁口。内实在市民一十五丁口，内原额完赋市民四丁口照旧完赋外，实盛世滋生增益浙省土著市民一十一丁口钦奉恩诏永不加赋理合注明。实在乡民九十六丁口，内原额完赋乡民七十七丁口照旧完赋外，实盛世滋生增益浙省土著乡民一十九丁口钦奉恩诏永不加赋理合注明。[①]

其他各庄亦完全照此格式（参见表 5－8）。研究发现，一县乃至一乡之内，不同的"人丁"，含义可能全然不同，或是指成丁，或是指附加于田赋（地亩）之上的赋税单位，有时则是上述两种意义的叠加复合。

一 "原额完赋丁口"中的半丁和余丁

此处的"原额完赋丁口"与笔者第二章中研究的"原额丁口"含义本完全不同，指的其实是康熙五十年的实在丁口，而后者则是清初制订的编审人丁基数。於潜县清代"原额人丁"4710 丁，依照的是万历四十年的户口人丁数。[②] 康熙五十一年"滋生人丁永不加赋"颁布之前，该县实在丁数始终保持该数，百余年来并无任何增减，因此"原额完赋丁口"数恰等于"原额丁口"数。浙江通省于雍正四年推行摊丁入地，但在此之前，於潜县业已实施"照田起丁"。据《康熙六十年分杭、处等十一府属清编旧额人丁滋生增益人丁总数文册》记载，该县"《全书》原额田五百五十三顷八十五亩四分六厘七毫四丝一微七尘四渺，每田二顷二十一亩五分四厘一毫八丝六忽九微六尘六漠九埃六纤派市民一丁，每田一十二亩四分一厘八毫二丝六忽六微二尘三渺三漠五埃七纤四沙派乡民一丁。"显

---

① 《国家图书馆藏清代孤本内阁六部档案》第 5 册，全国图书馆文献缩微复制中心，2003 年影印本，第 2182～2183 页。

② 康熙《杭州府志》卷七《户口》，第 27 页 a。

表 5－8 於潜县各庄各乾隆二十六年人丁编审情况

庄名	户数	旧管丁口	新收丁口	开除丁口	实在丁口	实在市民丁口	原额完赋市民丁口	盛世滋生增益浙省土著市民丁口	实在乡民丁口	原额完赋乡民丁口	盛世滋生增益浙省土著乡民丁口
俞家庄	77	107	15	11	111	15	4	11	96	77	19
钟赵家庄	72	100	12	10	102	11.5	4.5	7	90.5	74.5	16
溪西门口庄	40	48	8	6	50	6	2	4	44	36	8
泥桥上由坞庄	67	99	19	15	103	13.5	4.5	9	89.5	74.5	15
叫口沈盛村庄	101	124	12	8	128	12.5	5.5	7	115.5	102.5	13
陆陈家庄	50	76	11	9	78	7	3	4	71	59	12
大有塔石庄	60	95	12	11	96	7.5	4.5	3	88.5	76.5	12
涌徐村冷水庄	88	106	16	13	109	9.5	4.5	5	99.5	88.5	11
□卉村朱后庄	70	111	17	15	113	11.5	4.5	7	101.5	79.5	22
凡村横路头庄	45	54	3	2	55	6	3	3	49	45	4
□塘坞肖庄	33	51	5	5	51	6	2	4	45	36	9
寨村平科庄	35	39	9	7	41	5	2	3	36	31	5
武村谢家桥庄	25	36	1	0	37	5	1	4	32	22	10
公山溪西庄	60	80	10	9	81	8	4	4	73	66	7
风凌溪绿杨庄	65	76	15	11	80	9	3	6	71	60	11
泗州殿石桥庄	82	118	13	11	120	14	4	10	106	79	27
朱湾千佛杨岭庄	76	94	12	10	96	7.5	4.5	3	88.5	81.5	7
洪家凌口石亭庄	61	86	9	11	84	6.5	4.5	2	77.5	71.5	6
牛场麻车南湖庄	56	100.63	16	14	102.63	10.645	4.645	6	91.986	79.986	12

续表

庄　名	户数	旧管丁口	新收丁口	开除丁口	实在丁口	实在市民丁口	原额完赋市民丁口	盛世滋生增益浙省土著市民丁口	实在乡民丁口	原额完赋乡民丁口	盛世滋生增益浙省土著乡民丁口
昔口罗家园庄	45	68	8	7	69	6	3	3	63	52	11
黄岭乌金敬口庄	43	66	7	3	70	9	2	7	61	40	21
方圆铺秧田坞更楼庄	43	59	7	6	60	5	3	2	55	49	6
铜山头泥中陈家陇庄	51	70	5	4	71	7.5	2.5	5	63.5	50.5	13
下太阳乌光口庄	57	71	3	2	72	7	4	3	65	62	3
富源琐竹坞庄	41	55	6	4	57	6.5	2.5	4	50.5	46.5	4
上太阳界头庄	53	82	13	12	83	10	3	7	73	59	14
梨必山朱柏坞庄	42	49	15	13	51	5.5	2.5	3	45.5	43.5	2
盛村桃树岭扶善庄	62	67	9	8	68	6	3	3	62	56	6
梨坞高白堂庄	52	72	13	11	74	6.5	3.5	3	67.5	60.5	7
石王殿上下庄	46	60	5	4	61	7.5	2.5	5	53.5	46.5	7
朱夏坞口南大地里庄	46	57	3	2	58	5	3	2	53	51	2
千溪朱尹坞景村庄	60	82	18	16	84	12	3	9	72	56	16
浪山刽船塘景坑口坞庄	29	40	1	0	41	4.5	1.5	3	36.5	28.5	8
绍鲁上下尤庄	74	100	15	11	104	12.5	4.5	8	91.5	77.5	14
绍鲁下田工上口庄	76	90	6	4	92	9	4	5	83	72	11
口敖干鹤村庄	68	87	9	7	89	9.5	3.5	6	79.5	62.5	17
秋甘甲子小昔庄	71	100	6	6	100	8.5	4.5	4	91.5	80.5	11
藻溪闽坞绿槐庄	99	130	19	15	134	12.5	6.5	6	121.5	112.5	9
落云同口长村庄	100	118	16	12	122	11	5	6	111	91	20

续表

庄名	户数	旧管丁口	新收丁口	开除丁口	实在丁口	实在市民丁口	原额完赋市民丁口	盛世滋生增益浙省土著市民丁口	实在乡民丁口	原额完赋乡民丁口	盛世滋生增益浙省土著乡民丁口
亭口方前臬村劳山庄	97	124	16	14	126	12	6	6	114	105	9
桂方平越赵村庄	78	112	13	17	108	7	5	2	101	92	9
对石松塘庄	52	63	6	8	61	5	3	2	56	54	2
九里朱坊庄	78	75	6	6	75	7.5	3.5	4	67.5	62.5	5
盈村上兰庄	57	85	11	9	87	10	4	6	77	68	9
竹林东村庄	48	57	6	4	59	4.5	2.5	2	54.5	47.5	7
塘坞官堰庄	57	84	9	8	85	6.5	3.5	3	78.5	65.5	13
宛村南山兰乌庄	72	90	6	5	91	9.5	4.5	5	81.5	78.5	3
扶西亦村庄	54	76	5	4	77	9.5	3.5	6	67.5	59.5	8
亦坞竹林庄	64	87	6	6	87	8	4	4	79	73	6
牧亭新村庄	74	95	13	9	99	12	4	8	87	72	15
烟口古竹庄	53	63	8	7	64	6	3	3	58	54	4
陈益坞双坑庄	32	42	2	1	43	5	2	3	38	34	4
杨家坞中堂庄	43	49	7	6	50	4	2	2	46	37	9
口库下梅庄	66	98	7	5	100	12.5	4.5	8	87.5	74.5	13
城后紫溪庄	61	82	9	8	83	7.5	3.5	4	75.5	66.5	9
木岭乌巢庄	65	77	12	9	80	7.5	3.5	4	72.5	64.5	8
桂村长家庄	49	70	8	7	71	9	3	6	62	52	10
盛伍村观音庄	63	80	9	8	81	8	3	5	73	57	16
台公赤岭庄	62	79	10	9	80	7	4	3	73	69	4

续表

庄　　名	户数	旧管丁口	新收丁口	开除丁口	实在丁口	实在市民丁口	原额完赋市民丁口	盛世滋生增益浙省土著市民丁口	实在乡民丁口	原额完赋乡民丁口	盛世滋生增益浙省土著乡民丁口
乐平东乐延庄	66	80	12	10	82	7	4	3	75	70	5
西乐筵上豪庄	53	72	8	7	73	10	3	7	63	50	13
天师垄二庄	79	90	10	8	92	9	4	5	83	72	11
桑干漆坑庄	39	56	6	4	58	8	2	6	50	38	12
印口埠法道庄	32	43	7	6	44	7	2	5	37	34	3
祖居下前上前庄	32	40	9	7	42	5.5	1.5	4	36.5	27.5	9
排后桥保安平庄	35	49	7	5	51	7	2	5	44	36	8
汤村口桥口畔庄	38	41	9	7	43	5.5	1.5	4	37.5	28.5	9
绿宅燕窠盛村庄	26	34	5	3	36	5	1	4	31	20	11
延村赤山泥岭庄	37	40	5	3	42	5	2	3	37	34	3
梅树保山徐村庄	34	40	3	2	41	6.5	1.5	5	34.5	29.5	5
前坞禾村庄	33	43	8	4	47	8	2	6	39	31	8
环村冈岗于家庄	40	55	9	5	59	8.5	2.5	6	50.5	41.5	9
西头杏花庄	27	36	5	3	38	6	1	5	32	19	13
太平北门大街石坦庄	32	45	10	6	49	7.5	1.5	6	41.5	29.5	12
县前大街南桂庄	24	27	3	1	29	3	1	2	26	18	8
西门十字街庄	34	44	5	4	45	6	2	4	39	35	4
南门镇郭浮溪庄	29	42	6	4	44	6.5	1.5	5	37.5	27.5	10
横山塘坞庄	39	62	7	5	64	10	2	8	54	37	17
寄庄	11	18	0	0	18	1	1	0	17	17	0

资料来源：《浙江杭州府於潜县乾隆二十六年分清编完赋人丁庄名户口数目文册》。

然，这里的市乡民"人丁"与实际成丁并无关系，实质是附加于田亩上的赋税单位。《文册》中各庄"原额完赋"市乡民丁口中的"半丁"和"余丁"，即是"原额完赋丁口"赋税单位实质的体现。

1. 半丁

《文册》中，许多庄实在丁数与原额完赋丁数中存在"五分"半丁。如钟赵家庄"实在市民一十一丁口五分，内原额完赋市民四丁口五分照旧完赋外，实盛世滋生增益浙省土著市民七丁口钦奉恩诏永不加赋理合注明。实在乡民九十丁口五分，内原额完赋乡民七十四丁口五分照旧完赋外，实盛世滋生增益浙省土著乡民一十六丁口钦奉恩诏永不加赋理合注明。"①

该县"半丁"的来由，史无记载，根据前文的研究发现，笔者推断出现的可能有两种。其一是在推行"照田起丁"以前的"照人起丁"时期，官吏在编审人丁时，出于确保不出现缺额亏空等问题，不仅针对成丁，而且将未成丁也纳入编审范畴，向其征缴丁银，考虑到未成丁经济能力有限，故折算为半名成丁，减半征银。浙江其他县份，不乏将一名未成丁折为半名成丁的记载，如台州府宁海县"食盐钞丁一万三千六百一十五丁，折成丁六千八百七丁五分"。② 按照当时惯例，"凡民男曰丁，女曰口，未成丁亦曰口"。③ 康熙《赋役全书》与人丁编审文册中於潜县有关人丁的单位均为"丁口"，而不用"丁"，或许是其中包含了未成丁的缘故。

第二种可能则是"照田起丁"之后，对于地亩不足以承担一份丁银的人户，酌情使其承担半份丁银。如安徽广德州属建平县，"康熙五十一年，知县陆士渭详请将丁银摊入地亩。先是建邑原照田起丁，每户下有田十亩内者当半丁，十亩外者当一丁，若田去丁存，必当空丁。自陆令详准后，贫民永无赔当空丁之累矣。以前编审概

---

①《国家图书馆藏清代孤本内阁六部档案》第 5 册，第 2184~2185 页。

② 康熙《浙江赋役全书》"台州府·宁海县"。

③ 嘉庆《大清会典》卷一一《户部》，《大清五朝会典》第 12 册，第 139 页上栏。

无增减，不悉载。"① 无论是何种情形，"半丁"表现的赋税单位性质，是毋庸置疑的。

值得注意的是，"半丁"仅存在于完赋丁口中，而滋生丁口中则没有。"滋生人丁永不加赋"以后，丁银额度固定化，尤其是推行摊丁入地之后，丁银的征缴与人丁编审完全脱节，清廷继续开展人丁编审，其目的旨在掌握实在人丁的数量。根据档案史料来看，"康熙五十七年五月十二日，准户部咨开，准浙抚朱轼咨称，浙属人丁各州县科征不一，内有照田粮起丁之州县，系照田照粮均派，原无新增，因奉永不加赋之恩诏，将烟户内已成丁者尽行查出造入滋生册内；有照人起丁之县业将查出新丁顶补开除，其余俱造入滋生册内。"② 此后，人丁编审时仅涉及"烟户内已成丁者"，不再涉及未成丁或地亩，故而滋生丁口中不再有"半丁"出现。

2. 余丁

《文册》中"牛场麻车南湖庄"的人丁记载存在零尾余数。该庄"旧管丁口一百丁口六分三厘五丝一忽五微，新收丁口一十六丁口，开除丁口一十四丁口，实在丁口一百二丁口六分三厘五丝一忽五微。内实在市民一十丁口六分四厘四毫七丝五忽九微，内原额完赋市民四丁口六分四厘四毫七丝五忽九微照旧完赋外，实盛世滋生增益浙省土著市民六丁口钦奉恩诏永不加赋理合注明。实在乡民九十一丁口九分八厘五毫七丝五忽六微，内原额完赋乡民七十九丁口九分八厘五毫七丝五忽六微照旧完赋外，实盛世滋生增益浙省土著乡民一十二丁口钦奉恩诏永不加赋理合注明。"③ 例外的是，这里的原额完赋丁数并非通常康熙五十年的丁数，而是乾隆九年清廷蠲免"人丁"后的丁数。据方志记载，"乾隆九年，於潜、昌化汇报秋禾

---

① 乾隆《广德州志》卷九《户口》，第5页 b。
② 《题为查核浙江所属州县增益人丁事会议编审要务各省悬殊请旨事》，乾隆七年三月二十五日讷亲、海望题，中国第一历史档案馆藏，档案号：02-01-04-13411-010。
③ 《国家图书馆藏清代孤本内阁六部档案》第5册，第2206~2207页。

事，题蠲人丁四十九丁二分一厘八丝五忽五尘，除银一十四两八钱七分九厘七毫九丝五微七尘九渺。（於潜县）乾隆九年免征市民二丁口三分五厘五毫二丝四忽一微，除银三分六毫一丝八忽一微三尘三渺……乾隆九年免征乡丁四十二丁一厘四毫二丝四忽四微。"[①] 其时丁银早已摊入地亩，这里免征的"市民"、"乡丁"实质上都是附加于田赋之上的赋税单位，与实际成丁数量变化毫无关系。而这次免征"人丁"之后，该县的完赋人丁数即有了零尾余数。

二　"市民"和"乡民"的不同增长率

於潜县各庄人丁均由"市民"和"乡民"组成，其中"市民"占全体实在丁口的比重平均为 10.73%，比例最高者为前坞禾村庄，占 17.02%，比例最低者为寄庄丁口，占 5.56%（参见表 5 – 9）。在第三章第三节中笔者业已指出，市民和乡民的区别主要在于是否拥有产业（市民系无产业的"门面光丁"，乡民则系有田产的人丁），而不在于居住位置在城在乡。《文册》中市民遍布各庄，无疑印证了这一论点。

表 5 – 9　於潜县乾隆二十六年各庄市乡民人丁增长情况

庄　　名	实在市民丁口较康熙五十年完赋市民丁口增长率(%)	实在乡民丁口较康熙五十年完赋乡民丁口增长率(%)	市民占实在人丁比率(%)
俞家庄	275.00	24.68	13.51
钟赵家庄	155.56	21.48	11.27
溪西门口庄	200.00	22.22	12.00
泥桥上由坞庄	200.00	20.13	13.11
叫口沈盛村庄	127.27	12.68	9.77
陆陈家庄	133.33	20.34	8.97
大有塔石庄	66.67	15.69	7.81
涌徐村泠水庄	111.11	12.43	8.72
□卉村朱后庄	155.56	27.67	10.18

[①]　乾隆《杭州府志》卷四四《户口》，第 29 页 b。

续表

庄　　名	实在市民丁口较康熙 五十年完赋市民 丁口增长率(%)	实在乡民丁口较康熙 五十年完赋乡民 丁口增长率(%)	市民占实在 人丁比率(%)
凡村横路头庄	100.00	8.89	10.91
□塘坞肖庄	200.00	25.00	11.76
寨村平科庄	150.00	16.13	12.20
武村谢家桥庄	400.00	45.45	13.51
公山溪西庄	100.00	10.61	9.88
风凌溪绿杨庄	200.00	18.33	11.25
泗州殿石桥庄	250.00	34.18	11.67
朱湾千佛杨岭庄	66.67	8.59	7.81
洪家凌口石亭庄	44.44	8.39	7.74
牛场麻车南湖庄	129.18	15.00	10.37
昔口罗家园庄	100.00	21.15	8.70
黄岭乌金敬口庄	350.00	52.50	12.86
方圆铺秧田坞更楼庄	66.67	12.24	8.33
铜山头泥中陈家陇庄	200.00	25.74	10.56
下太阳乌光口庄	75.00	4.84	9.72
富源斑竹坞庄	160.00	8.60	11.40
上太阳山界头庄	233.33	23.73	12.05
梨必山朱柏坞庄	120.00	4.60	10.78
盛村桃树岭扶善庄	100.00	10.71	8.82
梨坞高白堂庄	85.71	11.57	8.78
石王殿上下庄	200.00	15.05	12.30
朱夏坞□南大地里庄	66.67	3.92	8.62
千溪朱尹坞景村庄	300.00	28.57	14.29
浪山划船塘景坑□坞庄	200.00	28.07	10.67
绍鲁上下尤庄	177.78	18.06	12.02
绍鲁下田工上□庄	125.00	15.28	9.78
□敖千鹤村庄	171.43	27.20	10.67
秋甘甲子小昔庄	88.89	13.66	8.50
藻溪闽坞绿槐庄	92.31	8.00	9.33
落云周□长村庄	120.00	21.98	9.02

庄　　名	实在市民丁口较康熙五十年完赋市民丁口增长率(％)	实在乡民丁口较康熙五十年完赋乡民丁口增长率(％)	市民占实在人丁比率(％)
亭口方前呆村劳山庄	100.00	8.57	9.52
桂方平越赵村庄	40.00	9.78	6.48
对石松塘庄	66.67	3.70	8.20
九里朱坊庄	114.29	8.00	10.00
盈村上兰庄	150.00	13.24	11.49
竹林东村庄	80.00	14.74	7.63
塘坞官堰庄	85.71	19.85	7.65
宛村南山兰乌庄	111.11	3.82	10.44
扶西亦村庄	171.43	13.45	12.34
亦坞竹林庄	100.00	8.22	9.20
牧亭新村庄	200.00	20.83	12.12
烟口古竹庄	100.00	7.41	9.38
陈益坞双坑庄	150.00	11.76	11.63
杨家坞中堂庄	100.00	24.32	8.00
□库下梅庄	177.78	17.45	12.50
城后紫溪庄	114.29	13.53	9.04
木岭鸟巢庄	114.29	12.40	9.38
桂村长家庄	200.00	19.23	12.68
盛伍村观音庄	166.67	28.07	9.88
台公赤岭庄	75.00	5.80	8.75
乐平东乐延庄	75.00	7.14	8.54
西乐筵上豪庄	233.33	26.00	13.70
天师室二庄	125.00	15.28	9.78
桑干漆坑庄	300.00	31.58	13.79
印□埠法道庄	250.00	8.82	15.91
祖居下前上前庄	266.67	32.73	13.10
排后桥保安平庄	250.00	22.22	13.73
汤村□桥□畔庄	266.67	31.58	12.79
绿宅燕窠盛村庄	400.00	55.00	13.89
延村赤山泥岭庄	150.00	8.82	11.90

续表

庄　　名	实在市民丁口较康熙 五十年完赋市民 丁口增长率（%）	实在乡民丁口较康熙 五十年完赋乡民 丁口增长率（%）	市民占实在 人丁比率（%）
梅树保山徐村庄	333.33	16.95	15.85
前坞禾村庄	300.00	25.81	17.02
环村闵坞于家庄	240.00	21.69	14.41
西头杏花庄	500.00	68.42	15.79
太平北门大街石坦庄	400.00	40.68	15.31
县前大街南桂庄	200.00	44.44	10.34
西门十字街庄	200.00	11.43	13.33
南门镇郭浮溪庄	333.33	36.36	14.77
横山塘坞庄	400.00	45.95	15.63
寄庄	0.00	0.00	5.56

资料来源：《浙江杭州府於潜县乾隆二十六年分清编完赋人丁庄名户口数目文册》。

　　从表5-9中不难发现，实在市民丁口较原额完赋市民丁口的增长率（平均151.43%），远高于实在乡民丁口较原额完赋乡民丁口的增长率（平均17.23%），前者是后者的约8.8倍。许多庄的市民滋生丁口数是完赋丁口数的数倍，如西头杏花庄市民原额完赋仅1丁，实在达6丁，增长5倍；武村谢家桥庄、绿宅燕窠盛村庄、太平北门大街石坦庄、横山塘坞庄均增长4倍，而乡民的最高增长率仅为68.42%。何以市民的增长如此迅猛？难道是"滋生人丁永不加赋"之后有大量百姓骤然丧失产业了吗？当然不是，笔者以为，市民人丁的骤增，恰恰出于"原额完赋人丁"明显低于当时的实际丁数。前文提到，康熙晚期时，该县载籍丁数与明代万历后期相比毫无变化，与实际情况严重脱节，在"照田起丁"之前，俗称"赤脚光丁"或"门面光丁"的市民每丁征银一分三厘，虽远轻于乡民每丁三钱五厘的负担，但是市民往往缺乏固定生计，流徙频繁，客观上给官府的编审和丁银征缴带来了诸多不便，"若夫赤脚光丁，存亡靡定，毋论远走他乡，即如省会之民，湖墅之去江干计数十里，原在湖墅者忽徙江干，应纳丁银不过钱许，而见年催征一次脚力饭食足抵一丁之银，倘往催征不应，势不得不赔纳矣"，[①] 吏役们考虑到自身便宜，也往往侧重于乡民，故意忽略市民，从而使载籍市民较载籍乡民数量更为失真。"滋生人丁永不加赋"之后，人丁编审与丁银征缴脱钩，使干扰编审的负面因素大为减轻，市民丁口的骤然激增也就不足为怪了。

三　含义叠加复合的"实在丁口"

行文至此，自然而然引发一个问题，那就是"实在丁口"的性质及其可信度的问题。表面上看，各庄户均实在丁口介于 0.96 至 1.83 丁口之间（平均数为 1.35），且实在丁数与户数之间存在着较高的正相关性，[②] 似乎有相当的可信度。但是，只要弄清了"实在丁口"的组成结构，其实质及可信度就不言而喻了。

清代五年一届的人丁编审，将"旧管"丁数（即上一次编审的"实在"丁数），加上"新收"丁数，减去"开除"丁数，即为本次编审的"实在"丁数。而在"滋生人丁永不加赋"之后，"实在人丁"同样可以表达为"原额完赋人丁"（即康熙五十年实在人丁），加上"康熙五十五年起历届编审新收人丁"，减去"康熙五十五年起历届编审开除人丁"，也就是"原额完赋人丁"加上"滋生人丁"。公式表述如下：

实在人丁 = 旧管人丁 + 新收人丁 − 开除人丁 = 原额完赋人丁 + 滋生人丁

前述清廷在康熙五十七年对"滋生人丁"的编审明确规定，"照田粮起丁之州县，系照田照粮均派，原无新增，因奉永不加赋之恩诏，将烟户内已成丁者尽行查出造入滋生册内；有照人起丁之县业将查出新丁顶补开除，其余俱造入滋生册内。"显而易见，"滋生人丁"实质是成丁，同地亩、赋税、丁银等均毫无关系。

然而，"原额完赋人丁"却并非都是指实际成丁。第二章的研究

---

①　康熙《钱塘县志》卷六《户口》，第 5 页 b。

②　笔者尝试将各庄的户数与实在丁数进行相关性分析，其结果是相关系数高达 0.949，呈现明显的正相关。

表明，在照田粮起丁的州县，它实质上是与田赋或地亩相挂钩的赋税单位，与实际丁数并无关系；而在照人起丁的县份，"人丁"不仅包括成丁，也包括未成丁甚至妇女，加上民众抵制增丁和地方官固守原额，往往长期保持或仅仅略高于原额，即明代后期或清代初年的丁数，与康熙五十年的实际状况相差甚远，因此说，其实质也是一种赋税单位。综上所述，康熙五十五年以后的"实在人丁"，实质含义是原本的"赋税单位"和以后的滋生"成丁"的叠加复合，是一个明显不伦不类的概念。即便"滋生人丁"的统计再属实，再准确，考虑到"原额完赋人丁"这个基数的失实，"实在"丁数也难以属实准确，一般来说总会远低于实际情况。

乾隆六年之前，由于尚无民数奏报制度，具体的人口数据无法直接获得，当代许多研究者通过丁数估算口数的方法尝试估算当时的人口数量，由于他们未曾领会"人丁"尤其是"实在人丁"的实质含义，因此不免误入歧途。一般来说，"滋生人丁永不加赋"前，"实在人丁"的实质主要是赋税单位，而"滋生人丁永不加赋"后，"实在人丁"则是赋税单位和成丁的复合概念，而无论是哪一种情况，与"人丁"的固有含义都是迥异的，都不能作为推算人口的依据。

第四节　边疆地区的人丁——以台湾府为例

台湾在清初，相继被荷兰殖民者和明郑集团占据，于康熙二十二年方纳入清廷版图，设立一府三县。在清人看来，孤悬海外、番汉杂居的台湾是不折不扣的边疆地域。① 清廷治台伊始，便对当地的汉族男丁（民丁）和原住民丁口（番丁）开展编审，征缴丁银。本节将分别从民丁和番丁口两方面，分析阐释台湾人丁编审和丁银征收的发展脉络，揭示其地域特点。

---

① 如《清圣祖实录》卷二六八，康熙五十五年五月丙子："福建浙江总督觉罗满保疏言：台湾远属海外，民番杂处，南北两路生番，自古声教未通。"（第5579页）

一 台湾的民丁

1. 民丁的编审

台湾编审民丁与征缴丁银，始于入清之前。康熙十三年，延平王郑经开始在台湾、澎湖等地向百姓征缴丁银，"百姓年十六以上，六十以下，每人月纳银五分，名曰'毛丁'。"① 每月纳银五分，一年合计六钱。到明郑末年，丁银不再按单一等则，而是按不同的人丁名目分等则征缴。据台湾入清之初诸罗知县季麒光的记载，明郑末年，台湾本岛"伪额二万一千三百二十丁，年征银一万八千三百二十两……查伪例，佃丁铺户每丁征银三钱八分，难民每丁征银六钱八分，闲散民丁每丁征银九钱八分，并未开明闲散若干，难民、佃丁、铺户若干也。"澎湖"居民内人丁九百三十三丁，每征银一两二钱，共征银一千一百一十九两六钱。"②

清廷占领台湾后，在明郑的基础上开展人丁编审，但由于战事和人口回迁大陆的影响，丁额发生较大变化，台湾本岛"计自归顺后，海道线清查丁数，已报逃亡七千七百一十七丁，开除难民回籍八千五百九十六丁，原存留一万二千七百二十四丁。今三县招徕三千五百五十丁……计实在人丁一万六千二百七十四丁。"澎湖"除回籍老废三百八十七丁，实在五百四十六丁。"③ 这里的"实在人丁"数，即是清代台湾府原额人丁的来源。

明郑时人丁有主户、客户之分。按照连横先生的解释，"其奔走疏附者为主户，而商旅为客户"。④ 其时"不分主客，计口算丁"，

---

① （清）李延罡补编《靖海志》卷四，台湾银行经济研究室编《台湾文献丛刊》第35种，台北：中华书局，1958年，第77页。

② 同治《重纂福建通志》卷五○《康熙中诸罗县知县季麒光复议二十四年饷税文》，第36页b~37页b。

③ 同治《重纂福建通志》卷五○《康熙中诸罗县知县季麒光复议二十四年饷税文》，第36页b~37页b。

④ 连横：《台湾通史》卷七《户役志》，广西人民出版社，2005，第82页。

而入清之后，"三县以有室家者均编，客户单丁不与焉。"① 即清代编审对象仅为携家定居的男丁，单身赴台、未携家属的男丁则不入编审，这种编审方式显然异于内地。

由于台湾孤悬海外，清廷唯恐发生变乱，除对移民迁入严加限制，规定"凡往来台湾之人，必令地方官给照方许渡载，单身游民无照者不许偷渡，如有犯者官兵民人分别严加治罪"外，② 对民丁的编审亦较内地严格，正如季麒光所谓"见丁开报"、"计口而尽税之"。笔者以往曾对江南、浙江等内地省份的人丁数量变化加以研究，将台湾府的情况（参见表 5-10）与之比较，笔者发现在康熙五十一年清廷"滋生人丁永不加赋"实施之前，台湾府各县的增丁幅度大大超过江浙等省所属州县的平均增长幅度。当然，这并不表明台湾实际的人丁增长超过江浙等地，但可以体现台湾官府对于人丁的编审和控制较江浙等内地更为严格。

表 5-10 康熙三十年到康熙五十年台湾府各县人丁编审情况

	台湾县(含澎湖)	凤山县	诸罗县
原额丁数	9125	3496	4199
康熙三十年审增丁数	441	118	71
增丁幅度(%)	4.83	3.38	1.69
康熙三十五年审增丁数	180	98	45
增丁幅度(%)	1.88	2.71	1.05
康熙四十年审增丁数	139	119	41
增丁幅度(%)	1.43	3.21	0.95
康熙四十五年审增丁数	302	123	65
增丁幅度(%)	3.06	3.21	1.49
康熙五十年审增丁数	103	124	38
增丁幅度(%)	1.01	3.14	0.86

资料来源：周元文等修康熙《台湾府志》卷五《赋役志》。

① 康熙《凤山县志》卷六《赋役志》，收入《中国方志丛书》，成文出版社，1983年影印本，第277页。此外康熙《诸罗县志》卷六《赋役志》也有相同的记载。
② 《清圣祖实录》卷二七七，康熙五十七年二月甲申，第5660页。

2. 民丁的丁银负担

台湾入清之初，丁银沿袭明郑末期的多等则征收方式。其后诸罗县令季麒光上疏称："今现在人丁，自应遵照黄册，不分色目。但黄册之丁，有一户纳一丁者，有父子兄弟共纳一丁者，有增置田产加纳丁银者。台湾则见丁开报。佃民谷贱，纳一丁已去四石之粟；铺户利轻，纳一丁已去一月之食。请援宽典，照原征中则之例，每丁纳银六钱八分。"[①] 这一请求得到批准，并依零点七的换算率改换为纹银四钱七分六厘。[②] 澎湖丁银也照台湾之例，每丁征银四钱七分六厘。

一般来说，内地州县的丁银与田赋负担呈反比关系，如苏松等地田赋较重而丁银甚轻，而陕甘一带丁银甚重而田赋较轻。但是，清代台湾的田赋与丁银均非常沉重。明郑时期，军费开支仰赖台湾一岛，重税势所难免，清廷占领台湾后，将当地作为粮饷供给基地，田赋及丁银虽有所减轻，但相比之下仍重于内地。台湾入清之初季麒光曾就台湾赋重之事陈奏清廷：

> 一曰赋税之重大也。台湾田园分上、中、下三则，酌议匀征矣。然海外之田与内地不同，内地之地多系腴壤，为民间世守之业。台湾水田少而旱田多，砂卤之地，其力浅薄，小民所种，或二年，或三年，收获一轻，即移耕别地，否则委而弃之。故民无常产，多寡广狭亦无一定之数。况田租之最重者莫如苏松等府，每亩输纳一斗五六升至二斗止矣；今田园一甲计十亩，征粟七石、八石，折米而计之，每亩至四斗、三斗五六升矣。民力几何，堪此重征乎？人丁之税，莫重于山之东西、河之南北，谓其地旷土疏，故取足于丁也。然稻麦黍稷生之，梨枣柿栗生之，棉麻豆竹生之，一顷百亩只纳银三四两，轻于彼而重

---

① 同治《重纂福建通志》卷五〇《康熙中诸罗县知县季麒光复议二十四年饷税文》，第36页b。

② 郑喜夫：《台湾史管窥初辑》，台北：浩瀚出版社，1975，第100～101页，转引自台湾省文献委员会编《重修台湾省通志》卷四《经济志财税篇》，1981，第424页。

于此，犹可言也。大江左右，田税既重，丁税不过一钱，且或一家数口而报一丁，或按田二三十亩而起一丁，未有计口而尽税之如台湾者，未有每丁重至四钱八分如台湾者也。今既多其粟额，而又重其征银，较之伪郑则已减，较之内地则实难。所幸雨旸时若，民力可支，倘足过凶荒，莫可补救。所谓不患于瓦解而患于土崩者，正今日之情形也。①

季麒光的陈奏在很长的时期并未引起清廷的重视，从康熙中到乾隆元年，台湾府各县的丁银始终为四钱七分六厘。税负沉重，加之贪官酷吏横行，最终酿成康熙末年的朱一贵起义，在起义被镇压多时后，清廷方才考虑减轻台湾丁银。乾隆元年八月，清廷"命减台湾丁银。谕：朕爱养元元，凡内地百姓与海外番民，皆一视同仁，轻徭薄赋，使之各得其所。闻福建台湾丁银一项，每丁征银四钱七分，再加火耗，则至五钱有零矣。查内地每丁征银一钱至二钱三钱不等，而台湾则加倍有余，民间未免竭蹷。著将台湾四县丁银，悉照内地之例酌中减则，每丁征银二钱，以纾民力，从乾隆元年为始，永著为例。该督抚可速行晓喻，实力奉行。若因内地隔海洋，官吏等有多索滥征等弊，该督抚不时访察，严参治罪。"② 继台湾府所属四县丁银减轻后，澎湖、淡水二厅亦照例减轻民丁的丁银负担。③

　　3. 民丁银的摊丁入地

福建的内地各府摊丁入地大都开展于雍正年间，到乾隆初年已基本完成，惟长泰县迟至乾隆九年。④ 而台湾府由于丁银沉重，在内地绝大多数省区完成摊丁入地之后，迟迟未行。乾隆初年丁银负担

---

① 同治《重纂福建通志》卷五〇《康熙中诸罗知县季麒光条陈台湾事宜文》，第13页。
② 《清高宗实录》卷二四，乾隆元年八月己巳，第551页。
③ "乾隆二年正月初五日内阁奉上谕：……又闻澎粮厅、淡防厅均有额编人丁，每丁征银四钱有零，从前未曾裁减，亦着照台湾四县之例行之。"《乾隆朝上谕档》第1册，档案出版社，1997年影印本，第149页。
④ 陈支平：《福建省"摊丁入地"时间补订》，《清史论丛》，辽宁古籍出版社，1994，第140页。

的减轻，方给台湾民丁银的摊丁入地创造了条件。乾隆九年，"台湾老民于化龙等金呈恳请台地丁银照内地一体随粮办纳，巡台御史六等为据实陈奏等事折奏台属丁银匀入地粮征收一案，奉准部咨，应请闽省督抚就台属情形悉心详查妥议，到日再议。"① 乾隆十二年三月，福建巡抚陈大受疏称："据布政使高山详议，以通郡之丁银匀入通郡之田亩，酌量变通，自无偏枯，允洽舆情。至澎湖原系台邑所辖，人丁归并该县造报，因该处一隅地皆斥卤，民藉捕鱼为业，日久相安，是以仍旧。今奉部行，于地方实有利济，自应一视同仁。奉部议准，将台湾及澎湖丁银自乾隆十二年为始匀入田园征收，以免光丁苦累，钦遵办理。"②

　　台湾民丁银的摊丁入地，系以通府丁银摊入通府田、园，各按上中下三则计亩摊征（参见表5-11）。此后，尽管丁银在官方的赋役文书上仍旧独立开列，③ 但实则演变为田赋的附加税，与实际人丁脱离了关系。

表5-11　乾隆十二年台湾府摊丁入地的情况

单位：厘

	每亩摊丁银		每亩摊丁银
上则田	4.186	上则园	4.929
中则田	4.381	中则园	5.257
下则田	4.639	下则园	5.633

　　资料来源：余文仪续修乾隆《台湾府志》卷五《户口》。

二　台湾的番丁口

　　所谓番丁口，就是归附官府的原住民丁口。自明郑时期，官府

---

① 乾隆《澎湖纪略》卷一〇《户役纪》，收入《中国方志丛书》，成文出版社，1984年影印本，第570页。

② 《清高宗实录》卷287，乾隆十二年三月己未，第747页。另见乾隆《澎湖纪略》卷一〇《户役纪》，第571页。

③ 见道光《台湾府赋役册》（孔昭明编《台湾文献史料丛刊》第1辑，台北：大通书局，1984年影印本）台湾府总及各县、厅相关部分。

即向土著男妇计口征米，这一税制被清代承继，即所谓番饷。由于官府对原住民村社未曾清丈地亩，无从计亩征赋，因而对番丁妇计口征米，同时兼有田赋和丁银的性质。台湾入清之初，季麒光对番丁口负担记载如下：

> 南路八社番民男妇老幼四千三百四十五丁口，共征米五千九百三十三石八斗，折粟一万一千八百六十七石六斗。查老疾男女小番七百五十三口，即内地之孤贫，当格外优恤，伪征米七百三十五石三斗，应请豁免。壮番男妇一千八百四十四口。查壮番每丁既征米一石七斗，番妇每口又征米一石三斗，夫妇重科，殊可悯恻！每口请减米三斗，计减米五百五十三石二斗。二项共请豁免一千二百八十石五斗。实在土番丁口三千五百九十二名口，共征米四千六百四十五石三斗，折粟九千二百九十石六斗。①

上文中"南路"指的是明郑设置的"南路安抚司"，入清后改设凤山县。按照季麒光的提议，番丁每丁征米仍为一石七斗，番妇每口征米减为一石，老幼均得豁免。当时，承担赋税的凤山县番丁口合计3592名口，由于官府对于番丁口并无实际的编审，这一数字长期沿袭不变。雍正三年，"户部议覆：原任福建总督觉罗满保疏言，凤山县上淡水、下淡水、力力、茄藤、放索、阿猴、搭楼、大泽机等八社，每年额征丁米四千六百四十五石，每米一石折谷二石。就中男番一千七百四十八丁，每丁征谷二石以至三石不等；番妇一千八百四十四口，每口征谷二石。此皆初定台湾时，循照伪镇郑成功所定之额，未经改正。查现在台湾民丁，每口只征银四钱有奇，并无妇女纳谷之例，即诸罗县各社土番，亦只男番完粮，不及番妇。

---

① 同治《重纂福建通志》卷五〇《康熙中诸罗县知县季麒光复议二十四年饷税文》，第36页。

请照例将凤山八社番妇，一体免其纳赋。"① 此后，台湾官府仅向番丁征米。

乾隆之前，凤山县番丁可分为"教册公廨番"、"壮番"、"少壮番"三种，负担各有不同。"教册公廨番九十七，每丁征米一石。壮番一千三百九十五，每丁征米一石七斗。少壮番二百五十六，每丁征米一石三斗……每米一石折粟二石。"雍正三年清廷豁免番妇征米的同时，"奉文每粟一石折银三钱六分"。② 以此计算，教册公廨番每丁征银七钱二分，壮番每丁征银一两二钱二分四厘，少壮番每丁征银九钱三分六厘，大大超过了民丁每丁四钱七分六厘的丁银负担。尽管番丁并非如民丁一般严格加以定期编审，其载籍丁数长期不变，与实际人丁必然相差甚大，且番丁并不计亩缴纳田赋，然而考虑到原住民较汉人远为落后的生产状态，加之官府吏役横征暴敛，借机中饱，"社番不通汉语，纳饷办差皆通事为之承理，而奸棍以番为可欺，视其所有无异己物，藉事开销朘削无厌"，③ 原住民实际的税赋负担十分沉重，往往促使番社与官府关系的紧张。

针对这一问题，在减轻民丁银负担的次年，清廷下诏减轻番丁银负担。"乾隆二年正月初五日内阁奉上谕：向来台湾丁银重于内地，朕已加恩仿照内地之例，酌中减则，每丁征银二钱以纾民力。今闻台地番黎大小计九十六社，有每年输纳之项名曰番饷，按丁征收，有多至二两一两有余及五六钱不等者。朕思民番皆吾赤子，原无歧视，所输番饷即百姓之丁银也，著照民丁之例，每丁征银二钱，其余悉行裁减。该督抚可转饬地方官出示晓谕，实力奉行，务令番民均沾实惠。"④ 至此，番丁与民丁的丁银负担趋同。

---

① 《清世宗实录》卷三八，雍正三年十一月癸亥，中华书局，1985 年影印本，第 564～565 页。该规定在台湾的具体实施当在次年即雍正四年，故乾隆范咸《重修台湾府志》、乾隆《重修凤山县志》等均将该事记为雍正四年。

② 乾隆《重修凤山县志》卷四《番饷》，收入《中国方志丛书》，成文出版社，1983 年影印本，第 357～358 页。

③ 乾隆《重修凤山县志》卷四《番饷》，收入《中国方志丛书》，第 361 页。

④ 《乾隆朝上谕档》第 1 册，档案出版社，1997 年影印本，第 149 页。

康熙年间的文献中仅凤山县有按番丁口征米的记载，而随着雍乾以后官府对于依附原住民控制的加强，其他各县也多登记番丁数量，按丁征缴丁银（番饷）。乾隆二年后，各县归附番丁的丁银负担一律为二钱（参见表 5－12）。

表 5－12 乾隆二年台湾府各县番丁数及征银情况

	番丁数	丁银数（两）		番丁数	丁银数（两）
台湾县	365	73	彰化县	2318	463.6
凤山县	1748	349.6	淡水厅	1325	265
诸罗县	1082	216.4			

资料来源：范咸重修乾隆《台湾府志》卷五《户口》。澎湖厅无番丁。

乾隆十二年，台湾民丁银摊入地亩，但"至各番众所耕田地概不完赋，止就丁纳银，仍照旧完纳，毋庸摊入田亩。"[1] 直至清代后期的地方志中，仍有番丁数和丁银数的记载。如淡水厅，"雍正九年彰化县拨归管辖土番大社五社内附小社二十四社，至乾隆二年番丁共一千三百二十五，照民丁例，每丁征银二钱，共征番丁银二百六十五两。同治九年查各社番丁……以上共三十一社番丁一千二百一十二丁，年额共征番丁银二百六十五两。"[2] 同治时的实在丁数少于乾隆时的丁数，但丁银额总数则毫无变化，呈现明显的赋税定额化特征。

研究表明，清代的人丁编审和丁银征收制度，不仅实施于内地州县，同样施行于部分边疆地区；不仅施行于边疆的汉族人口，还施行于某些归附的少数民族人口。除了台湾，其他地区也有诸多类似情况。[3] 边疆地区远离政治中心，番汉杂处，是官府统治薄弱的区

---

① 《清高宗实录》卷二八七，乾隆十二年三月己未，第 747 页。

② 同治《淡水厅志》卷四《番丁》，第 4 页 a～第 5 页 a。

③ 例如广东琼州府的黎族、贵州部分苗族在清代中期亦缴纳丁银。分别参见《广东布政使王士俊奏报琼州黎民踊跃输纳丁银折》，雍正八年十一月十五日，《雍正朝汉文朱批奏折汇编》第 19 册，第 420 页；《云南总督鄂尔泰题报贵州暨番仰番等寨户口人丁认纳钱粮数目本》，雍正八年五月初十日，中国第一历史档案馆编《雍正朝内阁六科史书·户科》第 70 册，第 25 页。

域，容易滋生针对封建统治的反抗和骚动。开展人丁编审，无疑是官府加强人口管理，从而强化地域控制的重要手段。征缴丁银的额度，一方面出于官府的财政需要，另一方面也在一定程度上反映了统治者对于人口的控制导向。在清代前、中期，台湾的丁银远高于东南沿海内地，这与清廷严格限制台湾的人口迁入的政策联系起来，不难发现其深层的内在联系。

在传统的王权观念下，"普天之下，莫非王土；率土之滨，莫非王臣。"官府仿效汉族制度，对归附的原住民登记丁口数量，按丁口征缴丁银（米），目的同样在于加强政治控制和获取财政收入。当然，少数民族地区经济落后、交通闭塞，加之长期的民族隔阂，官府若要严格依照汉族地区的制度，在当地开展人丁编审，难度可想而知。因此，官府对"番丁"往往有编审之名，无编审之实，其载籍人丁数量，往往与实际状况大相径庭，甚至赋役册籍上的人丁数额或丁银数额成为几十年甚至上百年一成不变的定额，这也是具体历史条件下难以避免的。

第六章
几种特殊的人丁

　　明代将人户大体分为军、民、匠、灶等类，户内人丁即分别为军丁、民丁、匠丁与灶丁。律文规定："凡军、民、驿、灶、医、卜、工、乐诸色人户并以（原报册）籍为定。若诈（军作民）冒（民）脱（匠）免、避（己）重就（人）轻者，杖八十。其官司妄准脱免，及变乱（改军为民，改民为匠）版籍者，罪同。"① 顺治二年，清军入关后废除匠丁名色，② 次年又将卫所军丁改称屯丁。由此，清代的人丁主要可分为民丁、屯丁、灶丁三种。此外，主要在民丁之内，除了承担赋役，缴交丁银的当差人丁，还有依法享有豁免部分赋役特权的优免人丁。由于屯丁、灶丁需担负特殊的徭役，编审自然较普通民丁严格，在雍正年间推广摊丁入地之前，未曾发现屯丁、灶丁照田（粮）起丁的记载，而优免人丁涉及丁银赋税的减免，且与具体的官吏士绅相挂钩，官府对其的管理亦不同于当差人丁。前几章中所涉及的人丁都属于民丁，尤其是当差民丁的范畴，本章之中，将对不同于当差民丁的特殊人丁——优免人丁、屯丁与灶丁加以考察研究。

---

① 《大清律例》卷八《户律·户役·脱漏户口》条。参见马建石、杨育棠主编，吕立人等编撰《大清律例通考校注》，中国政法大学出版社，1992，第399页。条文下"谨按"注："此条系明律增入，其小注系顺治初年律内集入。"

② 《清世祖实录》卷一六，顺治二年五月庚子："免山东章丘、济阳二县京班匠价，并令各省俱除匠籍为民。"（第146页）

<h2 style="text-align:center">第一节　优免人丁</h2>

明清两代，依法享有豁免部分赋役特权的人丁，称为"优免人丁"。根据时人记载，"其在仕籍及举贡监生员与身隶营伍者，皆例得优免"。[①] 清代的人丁优免，起初沿袭明代旧例，随后逐步受到朝廷的限制约束，最终在清中期随着摊丁入地的普遍开展而失去现实意义，"优免人丁"一词从而逐渐淡出历史舞台。在清代前期，一方面，优免人丁的主体是各级官员和各级功名获得者，这些社会精英是清廷统治的依靠对象和笼络对象。另一方面，优免人丁在全体人丁中占有相当的比例，其免赋特权给国家赋税征收带来负面作用，优免人丁追求的种种法外利益，不仅不利于财政，还会影响到国家的统治秩序。如何对优免人丁加以限制，确保财政收入和统治秩序，是清前期朝廷亟待解决的问题。

一　明代的人丁优免制度

"优免"一词，在明代即已经广泛出现，指的是豁免地亩的赋税和人丁的差徭。优免主体，按照《大明会典》记载，有官员、贡举监生、吏役等，此外还有军户、灶户等特殊性质的人户。此外，偶尔统治者为了彰显孝道、节义，对于高龄老人、节烈妇女的家中人丁赐予优免特权。如洪武元年诏，民年七十之上者，许一丁侍养，免杂泛差役。[②] 一般而言，明代的优免既包括豁免人丁的差役，也包括豁免名下地亩的田赋。不同主体享有的优免范围差别较大，如嘉靖二十四年明廷的优免则例规定：

---

① （清）张玉书：《纪顺治间户口数目》，贺长龄编《清经世文编》卷三〇，第 741 页上栏。

② 《大明会典》卷二〇《赋役》，第 364 页上栏。清顺治元年亦规定："军民年七十以上者，许留一丁侍养，免其杂泛差役。"康熙《大清会典》卷二四《户部·赋役·征收》，《大清五朝会典》第 1 册上，第 280 页下栏。

京官一品，免粮三十石、人丁三十丁。二品，免粮二十四石、人丁二十四丁。三品，免粮二十石、人丁二十丁。四品，免粮十六石、人丁十六丁。五品，免粮十四石、人丁十四丁。六品，免粮十二石、人丁十二丁。七品，免粮十石、人丁十丁。八品，免粮八石、人丁八丁。九品，免粮六石、人丁六丁。内官内使亦如之，外官各减一半。教官监生举人生员，各免粮二石、人丁二丁。杂职省祭官承差知印吏典，各免粮一石、人丁一丁。以礼致仕者免十分之七。闲住者免一半。其犯赃革职者，不在优免之例。[①]

官员、士绅、胥吏根据品级地位，可以豁免相当数量的名下地亩的田赋与家中成年男子的差役，这些豁免差役的成年男子即为"优免人丁"。

需要指出的是，明代对于人丁差役的优免，只是豁免各类杂役，而里甲正役并不豁免。嘉靖十八年规定："在京文武官员之家除里甲正役外，其余一应均徭杂派差役照依正统元年事例全户优免，如有诡寄田粮靠损小民者，听抚按参奏治罪。"[②] 嘉靖、隆庆以后，差役多数改为折银雇募，分别按丁、田摊征，优免人丁原有的豁免承担差役的特权转而成为豁免缴纳丁银的特权。而晚明的丁银中，既包含了由里甲正役转化的部分（里甲银），也包含了各项杂役转化的部分（均徭银等），此外还有户口盐钞银等纳入其中。对于优免人丁而言，惟各项杂役转化的部分可以豁免，而里甲银、户口盐钞银等仍需缴纳。如江西南昌府丰城县，万历时"人丁每丁派四差盐钞银一钱九厘八毫九丝七忽二纤，优免丁每丁派里甲盐钞银五分一厘五毫二忽七微八纤，妇女每口派盐钞银七厘七毫九丝三忽六纤。"[③] 又如南直隶徽州府所属各县，根据表 6-1 所示，将《赋役全书》中记载

---

① 《大明会典》卷二〇《赋役》，第 366 页上栏。
② 《明世宗实录》卷二二一，嘉靖十八年二月庚子，第 4568 页。
③ 《明代史籍汇刊》第 25 册《江西赋役全书》，第 416～417 页。

的各县优免丁银数总额分别除以优免人丁数，得出的单个人丁的优
免丁银数额均低于当差人丁的每丁科银额，前者为后者的 55.7% ~
69.4%，反过来证明，该府的优免人丁当时仍需缴纳丁银，但其负
担大大轻于普通人丁，大抵为当差人丁税额的 30.6% ~44.3% 之间。

表 6－1　明代晚期徽州府各县优免人丁情况

	户口人丁	每丁科银（钱）	其中优免人丁	优免人丁比例（%）	优免丁银（两）	平均每优免丁免银（钱）	每优免丁免银相当于每当差丁科银（%）
歙县	72647	1.054	3995	5.5	272.43	0.682	64.7
休宁县	63795	1.185	3759	5.9	248.09	0.660	55.7
婺源县	30718	1.046	2423	7.9	151.41	0.625	59.8
祁门县	17701	1.178	1424 丁 3 分	8.0	108.51	0.762	64.7
黟县	10656	1.302	981	9.2	88.69	0.904	69.4
绩溪县	10269	1.209	1025	10.0	84.70	0.826	68.3

资料来源：泰昌元年《徽州府赋役全书》，台湾学生书局，1970 年影印版。

二　顺治初年的人丁优免制度

清廷入关前后，律令典章制度多沿袭明代。其入关前即已规定：
"满汉官员，及看守郊坛陵庙人员，及举人、生员、官学生、吏员、
甲兵，各优免丁徭有差。"[1] 顺治五年，清廷颁布的直省官绅优免例
规定："京官一品，免粮三十石、人丁三十丁。二品，免粮二十四
石、人丁二十四丁。三品，免粮二十石、人丁二十丁。四品，免粮
十六石、人丁十六丁。五品，免粮十四石、人丁十四丁。六品，免
粮十二石、人丁十二丁。七品，免粮十石、人丁十丁。八品，免粮
八石、人丁八丁。九品，免粮六石、人丁六丁。外任官员各减其半。
教职举贡监生员，各免粮二石、人丁二丁。杂职吏承，各免粮一石、

---

[1]　康熙《大清会典》卷二四《户部·赋役·征收》，《大清五朝会典》第 1 册上，第 280 页下栏。

人丁一丁。以礼致仕者，免十分之七。闲住者，免其半。犯赃革职者，不准优免。"① 将其与前述的明嘉靖二十四年优免则例相比较，除了清代不含内官内使，其余规定可谓别无二致。可见，清朝入关初年的人丁优免在制度层面上沿袭明代旧制。

　　然而，深入研究后笔者发现，在实际操作层面中，清初的人丁优免与明代还是有所差异的，主要体现为部分地区的丁银优免额度上。将清初江南徽州府人丁情况（参见表 6 - 2）与明末进行对比，顺治年间徽州府各县户口人丁数额与明泰昌元年的户口人丁数额完全一致，可见此处的人丁反映的并非当时当地的成丁男子数量，而是清廷征收丁银的赋税额度。每丁科征丁银的数额，亦与明代一致。清初优免人丁数量较明代有所下降。原因一方面在于顺治初年徽州府曾爆发多次抗清起事，许多前明官员与士人涉身其中，失败后遇害或潜逃；另一方面则是清初朝廷曾下令褫夺前明官绅的优免特权（这点下文将有详述）。在优免额度上，徽州府清代的优免人丁被完全豁免了缴纳丁银的义务，而并非如明代只是豁免部分丁银——在江南等部分政区，这是改朝换代之后人丁优免制度的一大变化。②

表 6 - 2　　清代初年徽州府各县优免人丁情况

	清初户口人丁	每丁科银（钱）	优免人丁	优免人丁比例(%)	每丁免银（钱）
歙　县	72647	1.054	2728	3.8	1.054
休宁县	63795	1.185	2908	4.6	1.185
婺源县	30718	1.046	1995	6.5	1.046
祁门县	17701	1.178	1272	7.2	1.178
黟　县	10656	1.302	896	8.4	1.302
绩溪县	10269	1.209	878	8.6	1.209

　　资料来源：顺治八年《江南简明赋役全书》，《北京图书馆古籍珍本丛刊》第 60 册史部·政书类，北京书目文献出版社，1998 年影印本；顺治后期《江南赋役全书》，国家图书馆藏。

---

① 康熙《大清会典》卷二四《户部·赋役·征收》，《大清五朝会典》第 1 册上，第 281 页上栏。

② 顺治《江南赋役全书》显示，江南各府州的优免人丁被豁免了全份丁银。而其他一些政区，如江西，优免人丁仍只被豁免部分丁银。

三　优免人丁的社会影响

1. 优免人丁的比重

优免人丁被给予豁免部分赋役的特权。自明代直至清顺治十四年之前，无论是京城官员（明代还包括内廷宦官）、外任官员、致仕闲居官员，均享有相当数量的人丁优免。除了品官，获得功名的士人、衙门内的胥吏，亦享有一至二丁的优免。此外，尚有一些特殊人户，如军户、灶户、陵户等，由于承担特殊差役，其丁徭银亦得优免，而由于国家对此类户口人丁专门审户编籍，不属于普通民户范畴，与官吏士绅等民户中的优免人丁还是有所区别的。由于优免人丁范围广、数量多，在不少地方，清初优免人丁占了实在人丁的相当比重。

以江南为例（参见表 6 – 3），顺治十四年以前，近 2/3 的州县优免人丁占全体实在人丁的比重在 5% 以下，优免人丁比重在 5% ~ 10% 与 10% ~ 20% 比重的州县各占州县总数的 15% 左右。优免人丁比重在 20% 以上的州县有 6 个，分别是安庆府桐城县（23.0%）、潜山县（22.3%），宁国府泾县（21.0%）、旌德县（22.9%）、太平县（48.1%），池州府建德县（21.1%）。各府、直隶州中，安庆、宁国、池州三府优免人丁比重偏高，三府中除个别县分外，优免人丁比重普遍在 10% 以上。探究其原因，并非是上述地方官绅辈出、精英云集，实质根源在于安庆、宁国、池州三府顺治初年战火浩劫惨烈，人口损失严重。如池州府所辖六县，在顺治二年"四五月间，已被左兵到处攻焚掳掠，在在空城，惟余贵池一县止于焚毁四关……此池州情形，惟贵池以附郭瓦全，铜陵以残毁免祸而已。"①而恰恰受战火破坏较轻的贵池县与铜陵县，优免人丁的比重在全府中居于最低。安庆府"明末每被流寇盘踞，焚杀荒疫人丁逃亡"，潜山县万历十四年条鞭总册四十四里实编人丁一万一千一百七十一丁，

---

① 《江宁巡按毛九华揭帖》，顺治二年十一月，中研院历史语言研究所编《明清史料·丙编·中》，北京图书馆出版社，2008 年影印本，第 447 页。

天启时并如旧，崇祯时实编户三千四百二十五户，人丁一万一百四十一丁。① 而待顺治年间战乱初定，重新编审时，实在人丁仅一千九百五十三丁五分，不及崇祯时人丁数的五分之一。怀宁、桐城、宿松等县清初人丁较明代亦有大幅减少。

表 6 - 3 顺治十四年前江南部分府、直隶州优免人丁比重情况

	下辖州县数	优免人丁占实在人丁 5% 以下的州县数	优免人丁占实在人丁 5% ~ 10% 的州县数	优免人丁占实在人丁 10% ~20% 的州县数	优免人丁占实在人丁 20% 以上的州县数
江宁府	8	6	2	0	0
苏州府	8	8	0	0	0
松江府	4	4	0	0	0
常州府	5	5	0	0	0
镇江府	3	1	0	2	0
扬州府	10	8	2	0	0
徐 州	5	4	1	0	0
安庆府	6	0	1	3	2
徽州府	6	2	4	0	0
宁国府	6	1	1	1	3
池州府	6	0	1	4	1
太平府	3	2	0	1	0
庐州府	8	6	1	1	0
滁 州	3	3	0	0	0
和 州	2	2	0	0	0
广德州	2	2	0	0	0
合计	85	54(63.5%)	13(15.3%)	12(14.1%)	6(7.1%)

资料来源：顺治后期《江南赋役全书》。淮安、凤阳二府多数州县未载优免人丁数，故表内不列。

由于士绅阶层拥有较强的经济实力和信息渠道，抵御战乱灾害的能力优于普通平民，幸存可能性相对较大，这是优免人丁比例较高的原因之一。而更重要的原因在于，田地荒芜、人口减少并不意味着税赋的降低。清初朝廷为保证财政收入，筹措军饷，往往对逃亡故绝人丁与抛荒无主田地"照额责征，是令见在之丁，代逃亡者

———————————
① 康熙《安庆府潜山县志》卷四《户口》，第 2 页 b ~ 第 3 页 a。

重出；垦熟之田，为荒芜者包赔"。① 将逃亡故绝人丁的丁银转嫁给实在当差人丁负担，甚至"编审花户人丁，俱沿袭旧数，壮不加丁，老不除籍，差役偏枯不均，或流入邪教，或逃藏盗薮，或投遁他乡，漏户逋粮，为弊匪细"。② 当差人丁不胜重负，设法逃避人丁编审，使当时官府掌握的实在人丁数量急剧下降；相反，由于优免人丁被完全豁免了丁银负担，田赋也得到了相当程度的豁免，因而无须逃避人丁编审（当然也因其身份特殊，更难逃避编审），这就使得某些地方出现了优免人丁比例畸高的情况。

2. 优免人丁的丁银摊派

优免人丁如果数量过多，势必对赋税的征收带来负面的影响。多数地方，优免人丁的丁银（顺治十四年前包括田赋）额数从总额中直接扣除，这对于其他当差人丁而言尚无直接影响，只是多一名优免人丁，清廷就少一份赋税收入。而在湖北、湖南、广东等地，优免人丁的丁银额数被转嫁给其他当差人丁，增加了他们的负担。康熙九年，户科给事中彭之凤曾分别就湖广、广东优免人丁丁银转嫁一事上奏朝廷：

> 楚省优免旧例与别省不同，绅衿优免一分，小民即增一分带摊派补，原未减除额赋，若照部文扣算充饷，前银竟在原额之外……以武昌之江夏而言之，查该县赋役全书，原额人丁二万五千六百一十丁，每丁止该征银一钱八分三厘五毫八丝六忽零，共额征银四千七百零一两六钱五分零。奉文豁免运夫人丁三百六丁，豁除丁银五十六两一钱七分零，实在人丁二万五千三百四丁，实额银四千六百四十五两四钱七分零，此照全书则例额丁额银之数也。当年因有优免，地方官恐将优免之数开除正赋便亏岁额，故将合县人丁每丁派银一钱九分五厘六毫一丝

---

① 《清世祖实录》卷一二，顺治元年十二月庚申，第114页。
② 《清圣祖实录》卷五，顺治十八年十一月戊戌，第96~97页。

零，于全书则例外每丁加派银一分二厘零，以补有免丁内应免银数，此顺治十四年以前由单内摊派之陋习也。自十五年以后停止优免，则士绅既完本户应完之赋，在百姓自当减本户应减之银，照全书则例，每丁止按银一钱八分零起科，以符原额实在之数可也，乃可以相沿至今摊派陋习依然未改。如康熙七年分由单所载合县人丁每丁仍照旧加派银一分二厘零，共加派银三百四两四钱七分零，是由单内空载有免名色，而其实有免丁内应免银三百四两四钱七分零之数，士绅自停免之后，已经完纳，而合县人丁旧日加派银三百四两四钱七分零至今仍未减除。再查秋粮一项，全书原额每石止该征银七钱一分四厘七毫一忽零，其由单内则每石派银七钱三分七厘六毫一忽零，于全书则例外每石加派银二分二厘八毫九丝零。如康熙七年分由单计，合县加派银七百四十六两七分五厘零，是全书内虽无摊派小民字样，而按由单与全书较算。其始也，以有免之银加于无免之户，以求足于岁额已属困民。其继也，有免户既已扣回未免，而无免户仍照旧加征，且溢于岁额之外而民困如故，岂得不谓之摊派乎……合无照各省例除士绅扣回优免已足正额外，将小民额外加派削除豁免，庶民困稍苏，而皇仁广被矣。①

长期以来，湖北、湖南各地官府有一陋规，即把优免人丁的丁银额数转嫁给其他当差人丁负担，优免地亩的田赋则摊征到其他的土地上，以此"不亏原额"，保证税收总额不致减少。如此摊派的结果自然导致当差人丁与非优免地亩的税负增加，超出了《赋役全书》规定的纳税额数。以武昌府江夏县为例，按照清初《赋役全书》每丁应缴纳丁银一钱八分三厘零，但地方官"恐将优免之数开除正赋

---

① 《户科给事中彭之凤为楚省扣回优免仍派于民事题本》，康熙九年闰二月三十日，中国第一历史档案馆：《康熙前期有关赋税征收御史奏章》，《历史档案》1993年第1期，第3~4页。

便亏岁额"，又转嫁给每名当差人丁丁银一分二厘零，使之实际负担丁银一钱九分五厘零。更有甚者，顺治十四年清廷限制优免之后，大批原先的优免人丁转而成为当差人丁，此时本应重新计算当差人丁的丁银缴纳额数，减轻其额外负担。然而直到康熙七年，该县每丁加派丁银一分二厘零并未取消，丁银征收总额已大大超过原额。

广东也是同样情形，"粤东优免以有免之银融于无免之户，前银既按全书派足，则扣追实逾岁额……是前此之优免以有免之银融派于小民以足全书额数者，今扣回优免其有免之家已完前银，而小民融派代完之数仍未有轻减，阳为一体均输之名，而实为一概摊派之事，故于全书额数溢出也。"① 这种将优免丁银摊派给当差人丁的做法其实质是重复计征，加重了当差人丁的负担，与朝廷规制不符，从而引起朝廷官员的重视。彭之凤上疏请求对这一陋规予以清查，豁免当差人丁的额外加派，减轻百姓负担。

3. 优免人丁获取不法利益

明清朝廷为彰显以士为尊的传统儒家理念，笼络社会精英阶层，给予官员士大夫优免特权。然而官员士大夫在享受优免特权的同时，往往利用发达的社会关系和自身在基层社会的权威，滥用优免特权，牟取法外私利。最典型的做法，一为超额优免，另一为包揽诡寄。

朝廷对于优免数额历来都有严格限制，超过规定优免额数的地亩和人丁要与平民一样依法缴纳田赋、承担差役或丁银。然而官绅往往视规章为具文，设法将超额的地亩人丁纳入优免范畴。明末清初的文人叶梦珠提到松江府差役"皆以有土之民充之，而缙绅例有优免不与焉。贡、监、生员优免不过百余亩。自优免而外，田多家富者亦并承充。大约两榜乡绅无论官阶及田之多寡，绝无签役之事。乙榜则视其官崇卑，多者可免二三千亩，少者亦千亩。贡生出仕者，亦视其官，多者可免千亩，少不过三五百亩。监生未仕者与生员等，

---

① 《户科给事中彭之凤为粤东扣回优免仍派于民事题本》，康熙九年闰二月三十日，中国第一历史档案馆：《康熙前期有关赋税征收御史奏章》，第 4~5 页。

即就选，所赢亦无几也。"① 顺治初年巡按御史赵宏文也提到："窃照江南有官户，有民户，复有子户，民户当差，此不必言。至今日服官，明日便称官户，会典内官一品者，免田千亩，今且过万矣。即降而九品，以至阴阳医学，在在然矣。"② 可见，在当时，超额优免是各地、各类优免人户中普遍存在的社会现象。

所谓"包揽诡寄"指的是官员士大夫等将本属于亲友、乡邻等人的田产、人丁登记于自家门下，借自身优免特权来逃避田赋、差役或丁银的行为。按照朝廷制度，"如户内丁粮不及数者，止免实在之数。丁多粮少，不许以丁准粮；丁少粮多，不许以粮准丁，俱以本官自己丁粮照数优免。但有分门各户、疏远房族，不得一概混免。"③ 然而明清两代，包揽诡寄这种不法行为成为长期的顽症。早在明中期弘治年间，刑部主事刘乔言即指出："浙江各府徭役军需皆计丁田派征，而官员之家率得优免，遂致奸伪者多诡寄势家，而征科重累小民。"④ 嘉靖年间庞尚鹏巡按浙江时，曾采用"十段锦"法遏制士绅包揽诡寄，"凡官吏举监生员，军灶匠丁，系例应优免者，即将应免之数，开列册前，如或各甲内俱有丁粮，止从一甲内优免，其余免剩者挨造入册，与民一体编差。"⑤ 但直到清康熙年间，虽然朝廷对优免特权已严加限制，然而"凡绅衿贡监户下，均免杂差，以致偏累小民。富豪之家，田连阡陌，不应差徭。遂有奸猾百姓，将田亩诡寄绅衿贡监户下，希图避役。"以至山东巡抚佛伦感叹包揽诡寄"积习相沿，牢不可破。若不力为禁革，小民困苦，何日得除。"⑥

---

① （清）叶梦珠：《阅世编》卷六《徭役》，来新夏点校，上海古籍出版社，1981，第 146 页。
② （清）赵宏文：《请均赋役以收民心疏》，贺长龄编《清经世文编》卷二九，第 726 页下栏。
③ 《大明会典》卷二〇《赋役》，第 366 页下栏；康熙《大清会典》卷二四《户部·赋役·征收》，《大清五朝会典》第 1 册上，第 281 页上栏。
④ 《明孝宗实录》卷 200，弘治十六年六月乙巳，第 3705 页。
⑤ （明）庞尚鹏：《题为厘宿弊以均赋役事》，陈子龙编《明经世文编》卷三五七，第 3832 页。
⑥ 《清圣祖实录》卷一四六，康熙二十九年六月乙亥，第 611 页。

官员士大夫等优免人丁滥用优免特权，不仅严重影响朝廷的赋税征收，而且危害到国家统治秩序。康熙年间黄六鸿指出：

> 绅衿之豪，以包揽成风，恬不为怪，贫穷亲友及乡间稍裕者，其田地揽归户下，每年钱粮包为代纳。百姓火耗有加三加二加一不等，其包纳火耗，亦不为减。及绅衿完粮，藉口自封投柜，竟有银色不足、银数短少者，县官若一查究追补，辄持官短长，列款控告，拖累衙役，所以绅衿公然包揽，大获其利，而百姓亦乐于绅衿包揽者，其本户之丁，即系绅衿供丁，乡绅供丁多至数十名；青衿亦有十数丁者。每有差徭，里递不敢派及。每遇编审，供丁名下，既有应增新丁，户长总书，亦不敢开报。若竟依粮升擦，则绅衿所包揽之田地，势必增丁，则所增者，非绅衿之丁，而即包揽之丁，是又为绅衿增包揽之丁也。乃百姓见按粮增丁，益惧丁多为累，争附绅衿者愈众，恐光丁无粮者亦求附供丁以逃差，如是穷民长处其苦累，而绅衿长处其乐利矣。①

士绅包揽地亩，诡寄人丁，公然逃避赋税差徭，地方官员对于此类不法行为极少检举惩治，与之互为勾结者当然有之，还有不少官员则是出于对"地头蛇"威势的畏惧。封建时代的各级地方官府是小政府，官员数量、行政能力都相当有限，诸如地方基础设施建设与赈灾应急事务等都有赖于地方士绅的支持。如果没有士绅协助，地方官可谓寸步难行。而基层里甲的头目，或由士绅亲族充任，或完全依附于士绅，根本无力与之抗衡。地方官吏纵容默许士绅逃避赋税，但为完成朝廷地丁税收额数，势必"放富差贫"，将士绅逃避的赋税转嫁于普通百姓。普通百姓不堪重负，转而将名下地亩田赋丁口诡寄于士绅名下，在此恶性循环之下，士绅的势力越发增强，当差百姓负担日益沉重，朝廷的赋税征收日益困难。士绅滥用优免特权为

---

① （清）黄六鸿：《论编审》，贺长龄编《清经世文编》卷三〇，第 756 页下栏。

所欲为，显然与清廷的统治间存在尖锐的矛盾。随着各地局势趋于稳定，清廷的统治逐渐强化，清廷对优免人丁的限制措施逐步展开了。

四　顺治时期清廷对优免人丁的限制

清廷入关不久，就对优免人丁展开了清理。顺治二年议准，"品官及举贡生员杂职吏典，应免丁粮，其废官、黜弁、粟监、赀郎，俱与民间一例当差。有冒滥优免者，抚按劾治。"① 顺治三年清廷又下谕："运属鼎新，法当革故。前朝宗姓，已比齐民，旧日乡绅，岂容冒滥。闻直隶及各省地方在籍文武，未经本朝录用者，仍以向来品级名色，擅用新颁帽顶束带，交结官府，武断乡曲，冒免徭赋，累害小民……自今谕示之后，将前代乡宦监生名色，尽行革去，一应地丁钱粮、差泛杂役，与民一体均当。朦胧冒免者，治以重罪。"② 这次清理，主要针对的是未经清朝录用的前明旧官僚，但不久随着顺治五年优免则例的颁布，加之大批前明官员士绅投靠清廷，其优免赋役的特权并未受到实质影响。

相比之下，顺治十四年的人丁优免制度改革，对于士绅的优免特权冲击较大。当年四月内，台臣马升腾在"题为厘剔优免宿弊以苏民困"一疏内称：绅衿优免或一人而免数十丁，以一户而免千百亩，甚至包揽姻亲，受人投靠，概入己户，竟不循例当差，贻累小民。臣等议此项优免，地粮人丁系俸薪之外，自一品以下至杂职生员吏承，止免本身丁徭，将优免丁粮，悉应停免，以充兵饷等因具题通行在案。③ 清世祖题准，"一品官至生员吏承，止免本身丁徭，其余丁粮，仍征充饷。"④ 这项法令对优免人丁作了较大的限制。

---

① 康熙《大清会典》卷二四《户部·赋役·征收》，《大清五朝会典》第 1 册上，第 280 ~ 281 页。

② 《清世祖实录》卷二五，顺治三年四月壬寅，第 216 ~ 217 页。

③ （清）蒋良骐：《东华录》卷一三，第 209 页。

④ 康熙《大清会典》卷二四《户部·赋役·征收》，《大清五朝会典》第 1 册上，第 281 页上栏。

　　从优免对象上看，原本各级官员一定数量的家属人丁可免除差役、免缴丁银，数量按品级高低，从三十丁到六丁不等，获得功名的士人亦可优免家中二丁的丁银差役。而此之后，官员士绅仅可豁免自身的差役丁银，其家属均不再享受优免。此外，田赋被完全排除出优免范畴。田赋是当时清廷最重要的财政收入，占所有赋税收入的90％以上。清廷取消田赋优免，旨在确保财政收入，筹措军饷开支，而这对优免人户利益的冲击也是相当剧烈的。

　　顺治年间对于人丁优免制度的另一改革，是胥吏不再享有豁免丁银的特权，这点在《会典》上并无明确记载，但文集中收录的奏疏及赋役册籍反映了这一点。取消胥吏优免特权，系顺治十五年户部根据监察御史祖建明的题请，认为"一品等官与吏承下役大相径庭，难以同例，将吏承优免悉行除去，照民间一体当差，果系分别贵贱以裕国用之议，似应允从，合请敕下直隶各省抚按确查一品官以致杂职举监生员均免本身丁徭，至于吏承优免丁银仍彻底清查，尽行除革，照民间一体当差。其吏承优免除革银数，自十五年为始备造清册作速奏报，以凭拨饷可也。"① 该题请经皇帝批准后施行全国。顺治后期刊行的《江南赋役全书》"江宁府·江宁县"记载该县"原额人丁二万一千六百五十七丁，于顺治五年审增人丁八百三十四丁，每丁一例派银七分四厘，共征银一千一百六十四两三钱三分四厘。内除乡绅举贡生员吏承等户优免人丁六百一十三丁，共免银四十五两三钱六分二厘，于顺治十五年四月内准部文优免人丁止免乡绅举贡生员本身一丁，余丁并吏承不免外，实免银二十两五分四厘，余银改解部充饷。"其他如苏州府、常州府、镇江府所辖州县项下亦均注明乡绅举贡生员止免本身一丁，并吏承不免。应当指出，取消胥吏的优免特权，实质目的并非"分别贵贱"，而是同前一次取消官绅家属的优免特权一样，旨在"裕国用"，为清廷征伐南明势力

① （清）韩世琦：《抚吴疏草》卷九《题明吏承除革优免丁徭银两疏》，《四库未收书辑刊》第8辑第5册，第655页。

的巨额军费增加税收来源。

经过此次改革，从有相关记载的江南部分州县来看（参见表6-4），各州县的优免人丁数量都有了不同程度的下降，多数州县降幅在50%以上。综上看来，顺治十四年的人丁优免制度改革对于优免特权的限制有着深远的影响。

表6-4　顺治十四年人丁优免制度改革前后江南部分州县优免人丁数量变化

州县名	上级政区	实在人丁	顺治十四年前优免人丁	占实在人丁比例（%）	顺治十四年后优免人丁	占实在人丁比例（%）
吴　县	苏州府	64816	906	1.4	407	0.6
长洲县	苏州府	101476	2553.5	2.5	1113	1.1
吴江县	苏州府	91271	1712	1.9	826	0.9
常熟县	苏州府	101051	1085	1.1	821	0.8
昆山县	苏州府	51467	1226.5	2.4	576	1.1
嘉定县	苏州府	73343	1582	2.2	780	1.1
太仓州	苏州府	40103	901	2.2	796	2.0
崇明县	苏州府	24268	530	2.2	233	1.0
武进县	常州府	154225	2718	1.8	1185	0.8
无锡县	常州府	136612	1944	1.4	920	0.7
江阴县	常州府	136000	1700	1.3	832	0.6
宜兴县	常州府	150352	1912	1.3	897	0.6
靖江县	常州府	28765	822	2.9	406	1.4
丹徒县	镇江府	40595	1899	4.7	930	2.3
丹阳县	镇江府	15405	1694	11.0	827	5.4
金坛县	镇江府	17745	1969	11.1	929	5.2

资料来源：顺治后期《江南赋役全书》。

清廷在立法限制优免特权的同时，对于士绅包揽诡寄、偷逃赋税的行为厉行打击。刑律规定："生监优免本身丁银外，倘滥以子孙族户冒入者申革。诡寄者同论。"[1]顺治晚期，多个省份对偷逃拖欠

---

[1]《大清律例总类》卷二《户例》，《四库未收书辑刊》第1辑第26册，第532页。《大清律集解附例》卷四《户律》规定更为明确："绅衿除优免本身丁银外，倘借名滥以子孙族户冒入者，该地方官查出，生监申革，职官题参，各杖一百，受财者从重论。如有私立宦儒图户名色，包揽诡寄，照脱漏版籍律治罪，诡寄与受寄者同论。"（《四库未收书辑刊》第1辑第26册，第127页）

赋税的士绅进行了集中查处惩治。其中以顺治十七年的庚子江南奏销案最为著名。此案中，"据参四府一县，共欠条银五万余两，黜革绅衿一万三千余人。造册之后，乡绅一千九百二十四名，生员一万五千四十八名即以完过银四万九千一百五两九钱题报在案续完，冀有回天之意，其如皇上冲龄，政由四辅，但期治之必行，不原情之委屈，一挂弹张，便即降革。惟大学士金公之俊以自陈复职，其他如张太常刃庵，叶编修芳蔼只欠一厘而降调。郡庠生程兆璧阶册上开欠七丝而黜革，功令之严，可概知矣。"① 在清廷严酷的打击手段下，江南士绅几乎被一网打尽，悉数遭到黜革。事后清廷虽为挽回人心而稍作安抚，但江南士绅受到的打击仍是相当沉重的，其滥用优免特权牟取私利的势头也得到一定的遏制。

五　人丁优免制度从历史舞台的淡出

康熙年间，清廷对优免人丁继续加以限制。康熙二十九年，山东巡抚佛伦疏请"通限二月之内，将（绅衿贡监户下）从前诡寄田亩，许其自首，尽行退出。嗣后凡绅衿等田地，与民人一例当差。庶积弊一清，而小民得免偏枯之累矣。得旨：绅衿等优免丁银原有定例，其乡绅豪强诡寄滥免，以致徭役不均，偏累小民，积弊已久。今该抚所奏改正厘剔，具见实心任事，并不瞻徇。直省应一体行，九卿詹事科道会同确议具奏。"② 然而，大凡社会问题，归根到底而言都有深层次的制度因素，只有从制度上加以根本改革，问题才能真正得到解决。事实上，无论优免特权大小多少，只要其客观存在，优免人丁滥用特权牟取私利的行为就无法得到根本解决。

人丁优免特权从根本上得以改变，始于雍正年间摊丁入地在全国范围的普遍开展。摊丁入地就是丁银不再按丁派征，而是分摊到地亩田赋之中，每赋银若干两、税粮若干石或田地若干亩承担一份

---

① （清）叶梦珠：《阅世编》卷六《徭役》，第 137 页。
② 《清圣祖实录》卷一四六，康熙二十九年六月乙亥，第 611 页。

丁银。摊丁入地的方式各地千差万别，有合省统一标准均摊者，有各州县自行摊派者，有将丁银照税粮均摊者，也有照税银均摊者，还有照田亩均摊者。然而无论如何摊派，摊丁入地之后，丁银名义上还是官府的独立税种，实际上成为田赋的附加税。由于顺治十四年改革之后优免人丁不再享有优免田赋的特权，因此在摊丁入地后，其是否应承担摊派到其名下地亩田赋的丁银，成为各地方督抚关注的问题。雍正初年，不少地方督抚上疏朝廷，要求士绅与普通人户一体承担地丁赋税。

四川早在康熙年间已普遍实行以粮载丁，然而士绅等优免人丁凭借特权，不承担丁银差役。雍正四年，代理巡抚罗殷泰上疏朝廷，请求彻底废除优免特权："川省州县多属以粮载丁，绅士丁银无从优免，其田地自应与民一例当差。乃陋弊相仍，凡绅衿贡监以及大小衙门吏员、书役、兵丁、天文译字乐舞赞礼等生、阴阳僧道等官、寺院香火田地，除正粮之外一应差徭概行优免，以致差徭偏累……仰恳皇上敕部严禁，悉遵定例，令川省州县不论绅衿诸色人等田地悉与平民一例当差，即将优免之名永行禁革，倘再违犯，即将州县及滥免绅衿人等一并题照例处分，则功令获伸，徭役得均，四民共戴，皇仁万世咸歌帝力矣。"① 尽管雍正帝认为罗殷泰禁革优免的建议"固属太刻"，但仍要求九卿详议。九卿议曰："各省征收钱粮计亩纳赋，是为地粮；按名输赋，是为丁粮。丁粮有绅衿贡监优免本身一丁之例，其随地赋之差徭则不论绅衿民庶一体当差。"② 按照该议表达的意思，丁银摊入田赋，即是"随地赋之差徭"，因而士绅应当承担摊入名下地亩田赋的丁银。

---

① 《护理四川巡抚印务罗殷泰题请令川省州县革除绅衿贡监人等优免之名以均徭役本》，雍正四年二月二十六日，中国第一历史档案馆编《雍正朝内阁六科史书·户科》第25册，第410~412页。

② 《大学士管户部尚书事张廷玉等题令川抚严饬各属以粮载丁革除绅士优免之弊以恤穷黎本》，雍正四年五月二十六日，中国第一历史档案馆编《雍正朝内阁六科史书·户科》第27册，第105~108页。

该议经雍正帝批准颁行，得到了各地督抚的响应。直隶总督李绂上疏说："臣查直属丁粮俱已摊入地粮之内，现无绅衿优免之事，其征收地粮又蒙皇上谕旨除去儒户、宦户名色钦遵在案，今复将绅衿包揽等弊严禁，则绅民一体，徭赋均平，实为有益。"①

河南巡抚田文镜上疏："今就一邑之丁粮均摊于本邑地粮之内，无论绅衿富户不分等则一例输将。"② 这一请求得到了户部的批准："今该抚田文镜疏称豫省丁银请摊入地粮之内，无论绅衿富户不分等则一例输将，地多之家力能输纳而无地之家得免光丁之累等语。应如该抚田文镜所请，将豫省丁银均匀摊入地粮之内，一例派征。"③ 这次，朝廷明确规定了优免人丁承担名下地亩田赋摊征的丁银的义务。尽管河南士绅对巡抚田文镜此举颇为不满，封丘县甚至引发生员罢考闹事的事件，然而清廷态度坚决，这一政策得到贯彻实施。顺治十四年优免制度改革后，优免人丁保有的豁免丁银的特权，自此实际上已被取消。

摊丁入地之后，地方官员若违例豁免士绅丁银，便会受到弹劾追究。例如，雍正十年湖北总督迈柱上疏对黄州府黄安县的地方官员将士绅应缴丁银转嫁给里民并借机加派的行为进行弹劾：

> 该臣看得湖北丁随粮派一案，经臣题准部覆奉旨谕允钦遵在案。其绅衿优免丁银，各府州县应照粮均派，难容违例滥免，致滋偏累。今据湖北武昌布政使钟保等详称：黄安县于雍正七年题定之后，仍存优免名色，每年共免银二百二十四两派入里

---

① 《直隶总督李绂题为查报本省丁银俱已摊入地粮之内现无绅衿优免之事本》，雍正四年十二月初六日，中国第一历史档案馆编《雍正朝内阁六科史书·户科》第31册，第1页。

② 《河南巡抚田文镜题请丁银均摊入地银输纳本》，雍正四年九月十九日，中国第一历史档案馆编《雍正朝内阁六科史书·户科》第30册，第201~202页。

③ 《总理户部事务和硕怡亲王允祥等题准河南巡抚所请丁银摊入地粮统于雍正五年始照数征收本》，雍正四年十二月初四日，中国第一历史档案馆编《雍正朝内阁六科史书·户科》第31册，第439~442页。

民名下代完。查雍正七年分除绅衿共免银一百八十三两零，余银四十两九钱零。雍正八年分绅衿共免银一百七十六两三钱零，余银四十七两六钱零。雍正九年分绅衿共免银一百八十一两六钱零，余银四十二两三钱零。以上除绅衿优免外，尽系县令藉称公用名色，频有侵蚀情弊。雍正七八九三年共派累里民银六百七十二两。前任知府康忱不行查革，明系徇情市惠等情前来。臣查湖北州县丁银已随粮派，而黄州府参革知府康忱、前任黄安县参革知县贾多男、原署黄安县参革知县刘光然、原任黄安县参革知县钟□等乃敢违例市惠绅衿，又各自侵蚀苦累百姓，殊干功令，所当时疏纠参，请旨严审究追。①

受到弹劾的不仅有黄安县的前后三任知县，黄州府知府也因知情不举受到弹劾。清世宗的旨意是："这所参康忱、贾多男、刘光然、钟□市惠绅衿藉端侵蚀苦累百姓情由，该抚严审究追具奏。该部知道。"在皇帝的严谕下，可以想见这些地方官员将受到的严厉处分。而正是由于清廷的严厉措施，取消士绅的丁银优免特权在各地才有可能顺利开展。

纵观清代人丁优免制度的发展过程，在清军入关之初，人丁优免制度沿袭明代旧制，在丁银税额方面部分地区较以往还有所宽免。然而时隔不久，清廷对优免特权就采取了严格限制的措施，将优免主体局限于品官和有功名的士人，且单单豁免其本身的差役丁银。与此同时，清廷严厉打击士绅利用优免特权超额优免、包揽诡寄的不法行为。由于晚明以来差役大多按丁折银摊派，清前期优免人丁享有的特权主要是豁免丁银的缴纳。雍正年间摊丁入亩普遍推行之后，优免人丁豁免丁银的特权也被取消。士绅只剩下免于承担杂差

---

① 《湖北总督迈柱题参黄州府参革知府康忱等违例实惠绅衿派累里民请照例究追本》，雍正十年十二月初七日，中国第一历史档案馆编《雍正朝内阁六科史书·户科》第88册，第418页。

力役的特权。乾隆初年清高宗曾下谕："任土作贡，国有常经，士民均应输纳，至于一切杂色差徭，则绅衿例应优免。乃各省奉行不善，竟有令生员充当总甲、图差之类者，殊非国家优恤士子之意。嗣后举贡生员等著概行免派杂差。俾得专心肄业。倘于本户之外，别将族人借名滥免，仍将本生按律治罪。"① 力役在当时仅仅是一点儿历史残余，可以说，优免人丁实质上已不再享有真正意义上的优免特权。尽管此后士绅仗势逃避赋税的不法行为依然存在，但这与以往的优免特权已无直接关系。

最后也要指出，优免人丁逐渐淡出历史舞台，并非是说"优免人丁"一词完全不再使用。事实上，直到人丁编审已废止多时的清代晚期，在某些官方文书，如光绪元年《苏省赋役全书》中，仍可发现"优免人丁"一栏，各州县的数额均与乾隆《江南通志》记载的优免人丁数额一致，可以毫不夸张地说，此处的"优免人丁"是一项历史孑遗，是封建官僚体制下官方文书在形式上对旧制度的机械沿袭。"优免人丁"的现实意义，此时已经完全不存在了。

第二节　江南的屯丁

"屯丁"一词明代即已出现，其前身系驻扎各卫所的军丁。"前明之初，招集民人充实行伍，以为征兵，指挥领之，得地即令坐镇。厥后镇守日久，官丁皆与本地子民婚配，安居食业。又因本地别设营伍，足资捍御，原派镇守之兵虚设无用，裁其粮饷。但年久难驱回籍，给荒田责令开垦，以资生计。故凡属卫军，皆有屯田，是以谓之'屯军'，又谓之'军丁'。军代民劳，著令挽漕，即今之旗丁也。"② 卫所军丁原本承担镇守防御任务，但时至明中后期，卫所的

①　《清高宗实录》卷一二，乾隆元年二月戊辰，第 362 页。
②　(清)潘世恩等：《钦定户部漕运全书》卷二五《查金运丁》，《故宫珍本丛刊》第 1 册，海南出版社，2000 年影印本，第 321 页。

军事职能瓦解崩坏，卫所军丁大都解甲归田，就地屯垦。此外，明代中后期徭役制度改革，漕粮的输送由民解改行官解，其任务亦由部分卫所军丁承担。从事屯垦的卫所军丁当时亦被称为屯丁，如"（嘉靖）八年议准：甘肃等处屯田，除见种成熟不许更换外，今后凡有荒芜堪种地土，止论人丁于一卫之内，许令附近有力屯丁告顶。其卫所拨补，务查屯丁住居。先尽本渠分地土，不许隔远及将无影地土虚拨，致令包赔粮则。"① 又如"凡各卫屯丁告更由造由，先投状亲管百户，百户审明始申掌印指挥，指挥申详本院，本院批卫查报，该卫又详本院，本院批准更由报或批准造由报，该卫方行更由造由申详本院，本院挂号用印批发，该卫始给屯丁执业。"②

清廷定鼎中原后，鉴于卫所制度早已名存实亡，着手整顿改革。顺治三年"兵部奏言，指挥、千（户）、百户名色，既已尽裁，而卫所必不可裁。应每卫设掌印官一员，兼理屯事，改为卫守备；千户改为卫千总，每所设一员，俱由部推；百户改为卫百总，每所设一员，由督抚选委。其不属于卫之所，俱给关防。卫军改称屯丁。凡卫所钱粮执掌及漕运造船事务，并都司、行都司分辖，皆宜照旧从职。"③ 此后，卫所制度继续保留，仍旧执掌屯垦和漕运，但在官方文书中，卫所军丁悉数改称屯丁。

屯丁世代承袭，其复杂程度不亚于普通民丁。根据其管辖部门，可分为卫所屯丁和归并州县屯丁。屯丁的编审方式与民丁有相似之处，亦有显著的差别。屯丁有不同的名目，承担不同种类的差役，丁银负担亦各不相同。与民丁银一样，在清代屯丁银也经历了按丁派征到摊丁入地的过程。笔者尝试以江南省各卫所及归并州县屯丁为例进行研究，阐释清代屯丁编审、屯丁银编征制度的变化历程和屯丁内部的复杂多样性。

---

① 《大明会典》卷一八，第339页。
② （明）施沛：《南京都察院志》卷一六《职掌九》，《四库全书存目丛书补编》第73册，齐鲁书社，1996年影印本，第460页。
③ 《清世祖实录》卷二八，顺治三年十月二十三日乙未，第337页。

一 屯丁的两种归属形式——卫所屯丁和归并州县屯丁

在明代和清初顺治年间，屯丁悉数归属卫所。顺治《江南赋役全书》中，州县项下没有屯丁名色。而到了康熙《江南通志》和乾隆《江南通志》之中，不仅卫所项下，部分州县项下都有屯丁的记载。究其原因，源于清代前期数次将卫所归并州县的举措。

早在顺治年间，归并卫所的提议就时有所闻。顺治十五年五月，都御史魏裔介提议"除运粮卫所及边方卫所不裁外，其余尽行归并相邻州县官有司管理。"① 御史陈紫芝也疏乞裁并屯卫，大指谓屯卫始于前代，今名存实亡，而其籍掌于卫官有司不预知，请以屯务属州县，则钱粮可稽，地亩可核，逃盗可清。② 顺治十六年，清廷"裁四川卫所，其屯粮归并州县，照民田起科"。③ 以此为开端，开始了卫所归并的举措。

江南的卫所归并主要有两次。第一次是康熙十一年的归并省卫。时任江南总督麻勒吉、巡抚马祐上疏："查江宁等卫所屯丁、黄快丁散在各州县地方，离省窵远，经管守、千各官四远催征，完纳不前，致逋国课。今若归各州县就近征比，顽丁不致恃远拖欠，则粮赋易于完纳，且卫所本折钱粮不过二十万，散归各州县征收，每邑所增无几，又并入地丁考成，不烦另案参罚，诚为简便。况江西各卫屯田归并之后，军民俱各称便，金运亦无窒碍，已有成效。则江宁等卫丁田钱粮，似应于康熙十二年为始，照例归并州县征收。"④ 清廷批准后，江宁左、江宁右、江宁前、江宁后、上元中、上元前、上元后、江淮左、江淮右、广洋、兴武、石城、镇南、鹰扬、江阴、

---

① （清）魏裔介：《兼济堂文集》卷二《兴利除弊之大疏》，魏连科点校，中华书局，2007，第39页。
② 乾隆《鄞县志》卷一七《人物》，第20页。
③ 《皇朝文献通考》卷一〇《田赋考·屯田》，《景印文渊阁四库全书》第632册，台北：商务印书馆，1986年影印本，第203页。
④ 乾隆《江南通志》卷六八《食货志·漕运》，第4页。

横海十六省卫的地丁钱粮归并临近州县。① 第二次是雍正二年的归并外卫，"兵部等衙门议覆条奏内，改并各卫所归于州县管辖一条，查得各县军民，户役不同，未便归并。且武官科甲出身人员，专选卫所守备千总。若尽裁卫所，必致选法壅滞，应无庸议。得旨：'此事部议所见甚小。滇蜀两省曾经裁减卫所，未闻不便。今除边卫无州县可归，与漕运之卫所民军各有徭役，仍旧分隶外，其余内地所有卫所，悉令归并州县。饬令直省督抚分别详悉区画，其武举、武进士作何铨选，不令壅滞之处，吏兵二部详议奏闻。'"② 是年，六安、寿州、凤阳左、凤阳前、凤阳后、怀远、武平、高邮、洪塘九外卫所丁粮归并入临近州县。③ 这就是州县项下屯丁的由来。

由于卫所辖地一般呈插花状散布州县境内，屯丁亦星散居住，卫所归并州县后，一个州县项下的屯丁，可能来自数个卫所。例如，和州含山县有原属石城、鹰扬、江阴、镇南四个卫的屯丁。"康熙十二年奉文，屯田各项归并在县交纳。江宁前、石城、鹰扬、江阴、镇南五卫原额军丁计三千四百二十二丁。内除江阴、镇南二卫屯丁一千八百三十六丁领田纳粮不纳丁银，外实该纳银黄、快、窜、中、下五则丁共一千五百八十六丁……内石城卫快丁五丁，鹰扬卫快丁二丁，江阴卫黄快丁共一千一百八十五丁，窜丁三十九丁半。镇南卫快丁三百三十四丁，窜丁一十四丁半，中则闲丁一丁，下则闲丁五丁，共征丁银五百五十一两六钱。"④

反过来，一个卫所的屯丁亦有可能被拆分并入数个州县。如江宁左卫屯丁，分别归入芜湖、无为、全椒、和州、天长等五个州县，分属五府州。⑤ 凤阳左卫屯丁，分别归入庐州府合肥县与凤阳府的凤

---

① 具体卫所名称参见：（清）冯煦主修，陈师礼总纂《皖政辑要》卷二五《田赋四》，刘辰等点校，黄山书社，2005，第234页。

② 《清世宗实录》卷一九，雍正二年闰四月甲申，第313页。

③ 参见《皖政辑要》，第234页。

④ 乾隆《含山县志》卷五《食货志·户口》，第7页。

⑤ 参见《皖政辑要》，第237~239页。

阳、定远、寿州、凤台等县。① 又如乾隆《江南通志》中，扬州府的江都县和高邮州项下都有"高邮卫归并屯丁"。屯丁归并入州县后，随着时过境迁，往来徙居，地域分布更为广泛。乾隆年间，归并入安徽建德、东流二县的江西饶州所、抚州所屯丁"多半在建（德），其余散居在当涂、句容、宣城、东流、贵池、怀宁、铅山、霍山、临川、丹徒、宁国、潜山、青阳、望江、弋阳、彭泽、苏州府等十余州县，除本籍军户现在逐户查编，其余各州县鸯远之处丁居星散，随经分檄造报，俟到日详请委员赴地复查，确实汇造清册呈送，不使稍有脱漏。"② 即便在归并州县之后，屯丁与民丁的编审仍分属不同系统，相比之下，屯丁的编审较民丁更为严格。屯丁居住分布零散，无疑带给官府编审极大的困难。

二 复杂多样的屯丁名目

江南的屯丁，名目繁多，有征缴丁银的黄丁、快丁、窜丁、闲丁和承担漕运等差役的运丁等项。下面将就各种屯丁名目加以阐释。

1. 黄、快丁

"派令驾驶黄、快船者，即今之黄、快丁。"③ 其中黄船是指御用之船；快船是指水军征战用船。然而黄快船的驾运，在明万历年间即已改行雇募。"快船之害各卫军，至万历初年极矣。修船则有赔贩之苦，编审则有需索之苦，出差在各干涉衙门，则有使用之苦，中途则有领运内官索打帮钱之苦，卒遇风水不测，则有追赔罪罚之苦，役之轻重，总于卫官，则又有非时勒胁诛求之苦。以故卫人语及快船，无不疾首蹙额。盖有千金之家财，出一差而

---

① 参见《皖政辑要》，第 244~245 页。
② 《题为遵查乾隆二十一年分安省编审人丁并应征银两数目事》，乾隆二十六年三月二十二日傅恒等题，中国第一历史档案馆藏，档案号：02-01-04-15347-001。
③ （清）赵慎畛：《榆巢杂识》上卷《运粮军丁》，徐怀宝点校，中华书局，2001，第 79 页。

家徒四壁矣。万历十四年驾部倪君博采公议,将快船改同马船事例,额减为五百只,官募江、济二卫人驾之,而总计每船每年出差物力应费之数,均摊派算,每船计一年约用银三十两。而于旧日各卫领船之丁,衰多益寡,每船定派一百丁,每丁出银三钱,以供一船一年之费。而认丁之法,只计物力,不计人口,富者或一人而认二三十丁,贫者或二人而共一丁,大约如田土条鞭之法而制加详,计每年输银兵部一万五千余两。疏奏,得旨允行,于是百年之积困,一朝顿苏。卫之应快船役者,家家如脱汤火,愿子孙世世祷祠倪君,不敢忘矣。"[1] 时至清代,仍然是运丁承担漕运差役,不纳丁银;黄快丁缴纳丁银,不负差役。"江、兴二卫有运丁、黄快两项。运丁属卫备管辖,勾金驾运漕船,向不编审;黄、快丁归州县管辖,向系按丁征银,不驾漕船。"[2] 由于运丁不入编审,康、乾两部《江南通志》中的"实在屯丁",往往仅包括缴纳屯丁银的诸类屯丁。

2. 窜丁

改行雇募后,黄、快丁的徭役负担得到缓解,但运丁仍陷于繁重的漕运任务,"或毙于棰楚,或死于刎缢,或终于图圄,或降至数级,职命两倾",这就致使不少运丁设法改充快丁,逃避差役,被称作窜丁。"自万历十四年以后,黄快船只更新屯种垛名承佃修仓,余丁议改纳钱,而窜入避差者日新月盛矣",万历后期明廷清审,"将快丁除万历十四年祖册老丁并本人子孙不掣外,修仓除不派领运卫所外,屯田除原领由帖及帮种一丁外,查出窜丁共计三千六百一十八名,悉听临运清审金点"。[3] 清顺治年

<hr />

① (明)顾起元:《客座赘语》卷二《快船》,谭棣华、陈稼禾点校,中华书局,1987,第53页。

② 《题为遵旨核议起运漕粮额设黄快丁请归入民赋人丁项下一同办理事》,乾隆五年七月初五日讷亲、海望等题,中国第一历史档案馆藏,档案号:02 - 01 - 04 - 13237 - 002。

③ (明)黄克缵:《数马集》卷七《请掣卫军疏》,江苏广陵古籍刻印社,1997年影印本,第374~382页。

间，"漕臣蔡士英会同江南督臣查出窜快之运丁二千九百一十六名仍归运户"。① 而此后，窜丁一般不再强行改归运丁，而是如黄快丁课征丁银。"窜丁者乃从前革运归农旗军，亦纳窜丁银两。"②

3. 闲丁

闲丁亦称官舍闲丁，是指"无屯无运者"。③ "闲丁者乃明季卫所世袭后裔"，④ 本无差役，顺治年间，"漕臣蔡士英题明将省卫余闲丁除领运之外，均照民丁事例编列上中下三则，纳银以支给钻夫底料之用。"⑤ 无论是黄丁、快丁、窜丁，还是闲丁，其屯丁银的性质与民丁银一样，是一种代役银。

三　屯丁的丁银负担

清代，一如民田的民粮和民丁的丁银，朝廷向屯田征缴屯粮，向屯丁征派屯丁银。康熙八年清廷即已"令各省卫所钱粮并入民粮，一体考成巡抚，从御史张所志请也。"⑥ "康熙十七年覆准：直隶、山东、山西、河南、陕西及江苏等处，归并卫所屯丁，向俱照州县例编审征银。今安徽等处及浙江、江西、湖广、福建、广东并归卫所屯丁，亦令照州县人丁例，一体编征。"⑦ 但鉴于卫所辖区征收的田赋和屯丁徭银标准同州县有显著差异，从基层起就加以合并相当困难，所以屯粮和屯丁银在征收环节上仍然保持独立。即便是归并入州县的卫所地、丁，相对于州县原有的官民地、民丁依旧独立开列，征收赋税时也未曾与之混同。

---

① 《题为请除运快之牵混以免贻误事》，乾隆六年七月讷亲、海望等题，台北：中研院史语所内阁大库藏，档案号：071157。
② 乾隆《江南通志》卷七六《食货志·徭役》附《江浦县碑记略》，第15页。
③ （清）赵慎畛：《榆巢杂识》上卷《运粮军丁》，第79页。
④ 乾隆《江南通志》卷七六《食货志·徭役》附《江浦县碑记略》，第15页。
⑤ 《题为请除运快之牵混以免贻误事》，乾隆六年七月讷亲、海望等题，台北：中研院史语所内阁大库藏，档案号：071157。
⑥ 《清圣祖实录》卷二九，康熙八年五月戊午，第397页。
⑦ 康熙《大清会典》卷二三《户部·户口·编审直省人丁》，《大清五朝会典》第1册，第266页。

在清代前期，江南各卫所或归并州县屯丁银的派征方式，大抵有以下三种。

1. 分名目征银

绝大多数卫所，将屯丁分为不同的名目，除了承担漕船驾运等差役的屯丁外，其余屯丁均须缴纳丁银。不同屯丁的缴纳标准如表6-5所示。

表6-5　不同名目屯丁的丁银（含协济银）负担

屯丁名目	每丁丁银负担	屯丁名目	每丁丁银负担
黄丁	3钱5分	上则官舍闲丁	5钱
快丁	3钱5分	中则官舍闲丁	3钱
窜丁	2钱至3钱5分不等	下则官舍闲丁	2钱

资料来源：康熙《江南通志》卷一六《户口》；乾隆《江南通志》卷七四至卷七五《食货志·户口》。

2. 分等则征银

这种征收形式与北方三等九则编丁类似，如上文提到的闲丁分上中下三则。此外，颍州（后改阜阳县）和颍上县的分则更为复杂。颍州归并颍川卫屯丁"上上丁每丁科银二钱一分，中丁每丁科银一钱八分，中则中丁每丁科银一钱五分，中则下丁每丁科银一钱二分，下则上丁每丁科银九分，下则中丁每丁科银六分，下则下丁每丁科银三分。"[1] 屯丁共分七则，每则之间丁银负担相差三分。颍上县归并颍上所屯丁"中中丁每丁科银五钱四分，中下丁每丁科银四钱四分，下上丁每丁科银三钱四分，下中丁每丁科银二钱四分，下下丁每丁科银一钱四分。"[2]

3. 一例征银

新安卫和宣州卫所有人丁均为中则，每丁科银三钱；建阳卫每

---

① 康熙《江南通志》卷一六《户口》，第36页b～37页a。

② 康熙《江南通志》卷一六《户口》，第37页a。

丁科银二钱八分。海州归并外所屯丁"例无丁徭，因无屯田，照丁均派军需银六十两。"① 实际也是一则征收丁银。

四 日益减少的屯丁

上文笔者提到，明代运丁为逃避漕运重役，设法转入黄快丁，这种现象清代照旧存在。"一族之中，有快有运；一家之中，亦有快有运。昔时运漕得利，即快亦为运，近年帮船疲乏，即冒快脱运，是以两卫每佥一丁，即以是快非运告辨无休，佥丁虽由卫所而审断，必由州县书吏棍徒勾串左袒，州县往往堕其术中，断为是快非运，是佥一丁即脱一丁，因而丁已贫疲，仍令驾运，不敢另佥。"② "快丁事简而甚逸，运丁责重而颇劳，于是奸丁思欲避重就轻，窜入黄快者遂不可胜计……一遇佥丁而狡猾之运户即贿黄快册内有名之丁认为一家，虽名不相符，多捏称某即某，无不避入黄快之内……查江南黄快差船不过一百余只，而快丁即以万计；运船一千一百八十余只，而运丁仅存现运之户，多寡悬殊，牵混之弊一至于此。臣思漕船以佥丁为要务，必运丁殷实始无挂欠等事。今贫疲统计止有此数，若不早为剔清归运，将来必致佥补乏人。"③ 运丁逃避差役，人数日益减少，是漕运面临的棘手问题。

尽管运丁不断避入黄快丁，但是黄快丁等缴纳丁银的"当差屯丁"数量却不增反减。明代时，快丁的编审已多有逃避，"或二人朋一丁，或三四人攒一丁"。④ 康熙中期到雍正末年，时值和平稳定时期，从表 6-6 来看，江南各地民丁均有不同程度的增长，然而多数州县的归并卫所实在屯丁却不同程度地减少。43 个有归并卫所

---

① 康熙《江南通志》卷一六《户口》，第 17 页 b。
② （清）杨锡绂：《四知堂文集》卷一二《通筹漕运全局急宜调剂疏》，《四库未收书辑刊》第 9 辑第 24 册，北京出版社，2000 年影印本，第 284 页上栏。
③ 《题为请除运快之牵混以免贻误事》，乾隆六年七月讷亲、海望等题，台北：中研院史语所内阁大库藏，档案号：071157。
④ （明）黄克缵：《数马集》卷七《请挈卫军疏》，第 378 页。

的县份中，自康熙二十二年至雍正十三年，仅 13 个州县的实在屯
丁数增长，5 个州县维持原数，其余州县的屯丁数不同程度减少。
句容、溧水、吴县、丹徒四县康熙二十二年尚有屯丁二丁至二百余
丁不等，后全数予以豁免。另有 12 个州县的屯丁数降幅在 20％ 以
上，山阳县、无为州、盱眙县的屯丁降幅超过 50％ 。即便康熙五
十一年推行"滋生人丁永不加赋"政策后，也仅 15 个州县有滋生
屯丁产生。

表 6 - 6 清前期江南有归并卫所的州县民、屯丁数量变化情况

州县名	康熙二十二年实在民丁数	康熙二十二年实在屯丁数	雍正十三年实在民丁数	雍正十三年实在完赋屯丁数	康熙五十年后至雍正十三年滋生屯丁数	民丁增长率（％）	屯丁增长率（％）
上元县	34848.9	10128	36366.5	6228	20	4.35	-38.31
江宁县	26519	7446.5	28091	5474.5	0	5.93	-26.48
句容县	49118	216	49870	0	0	1.53	
溧水县	20994.75	15	21787.25	0	0	3.77	
江浦县	8478.58	4441.5	8886	3923.4	47	4.81	-10.61
六合县	13762.5	17915.5	14139.5	12847	0	2.74	-28.29
吴 县	66551	2	76355	0	0	14.73	
丹徒县	42264	71.5	44256	0	0	4.71	
山阳县	162621	24.5	163817	10	0	0.74	-59.18
盐城县	77427	97	78993	301	0	2.02	210.31
海 州	4938	68	6503	63	0	31.69	-7.35
邳 州	31163	327	49478	337	1505	58.77	463.30
江都县	68502	308.5	73425	193.5	0	7.19	-37.28
高邮州	31520.91	762	32586.91	776	0	3.38	1.84
兴化县	32998	854	35216	810	102	6.72	6.79
宝应县	25956	83	28072	46	0	8.15	-44.58
泰 州	71400	302	75377	302	32	5.57	10.60
通 州	66978	382	71208	382	0	6.32	0.00
当涂县	33814	86	35753	53.5	0	5.73	-37.79
芜湖县	17152	121.5	17875	89	0	4.22	-26.75
无为州	49842	2986	55424	859	0	11.20	-71.23

续表

州县名	康熙二十二年实在民丁数	康熙二十二年实在屯丁数	雍正十三年实在民丁数	雍正十三年实在完赋屯丁数	康熙五十年后至雍正十三年滋生屯丁数	民丁增长率（%）	屯丁增长率（%）
六安州	30245	687	34077	687	0	12.67	0.00
合肥县	144754	157	154152	146	0	6.49	-7.01
巢 县	28242	603.5	28432	587.5	0	0.67	-2.65
凤阳县	9993	269	10126	269	30	1.33	11.15
临淮县	13300	56	14480	68	0	8.87	21.43
怀远县	13671	423	14038	423	0	2.68	0.00
定远县	35769	4295	36897	4012	17	3.15	-6.19
五河县	2400.5	66	2609.5	66	9	8.71	13.64
寿 州	36282.5	943	39325.5	1327	10	8.39	41.78
蒙城县	29562	9	37021	9	0	25.23	0.00
霍丘县	21499	96	24767	120	16	15.20	41.67
泗 州	30090	20.5	30634	20.5	0	1.81	0.00
盱眙县	18289	284	18652	121.5	0	1.98	-57.22
天长县	11959	4710.5	12437	3799	0	4.00	-19.35
颍 州	41165	2998	66522	5809	259	61.60	102.40
颍上县	3744	1253	4476	1633	90	19.55	37.51
亳 州	26147	147	31890	168	0	21.96	14.29
滁 州	11891.5	7727	13229.5	7072.5	371	11.25	-3.67
全椒县	19918	4398	20499	3851.5	86	2.92	-10.47
来安县	9258	4002	9575	3489	112	3.42	-10.02
和 州	79992	5468.5	81153	3921	0	1.45	-28.30
含山县	21643	1586	22900	1100	0	5.81	-30.64

　　资料来源：康熙《江南通志》卷一六《户口》；乾隆《江南通志》卷七四至卷七五《食货志·户口》。

　　说明：雍正十年析山阳、盐城二县置阜宁县，表内山阳、盐城二县雍正十三年民屯丁数仍按原辖境统计。江都县雍正十三年民屯丁数含甘泉县。寿州雍正十三年民屯丁数含凤台县。另，雍正十三年丁数实为雍正九年编审数。

　　实在屯丁数量不断减少，多半是因为屯丁不断的逃匿脱籍。屯丁脱籍早已有之，顺治年间户部尚书交罗郎丘即指出"外省屯丁殷实之家或有窜入民籍希图免运者，或有运弁不肖卖富差贫者，或有孱弱之民与军卫亲邻运弁借勾摄之名以扰良民者"。[①] 屯丁逃亡的记载不绝于史，如江宁府江宁县，"归并省卫原额屯丁一万三百九十丁五分，内除领田纳粮不纳丁银屯丁一千六百九十一丁，又豁免逃故三则闲丁一千二百五十三丁，又于康熙三十年审缺三则闲窜各丁三十四丁五分，又豁免逃故无征并现当民丁又包赔屯丁一千九百三十七丁五分，实在各屯丁五千四百七十四丁五分。"[②] 该县前后逃亡屯丁达三千余丁，占到原额中缴纳丁银屯丁的近四成，不可不谓惊人。

江南省各州县归并屯丁的丁银负担普遍重于民丁。如表6-7所示，有的县份屯丁银额达民丁银的三四倍，过重的税赋负担是屯丁脱籍隐匿的原因之一。

表6-7 归并屯丁1000丁以上州县的民、屯丁银比较

州县名	实在完赋屯丁平均每丁科银(钱)	实在完赋民丁每丁科银(钱)	屯丁银与民丁银的比例
上元县	3.20	0.86	3.72:1
江宁县	3.37	0.74	4.56:1
江浦县	3.40	2.00	1.70:1
六合县	3.45	2.00	1.73:1
定远县	2.67	1.20	2.23:1
寿州(含凤台县)	2.58	2.00	1.29:1
天长县	3.35	2.15	1.56:1
滁州	2.82	4.92	0.57:1
全椒县	3.46	2.70	1.28:1
来安县	3.41	2.94	1.16:1
和州	3.48	1.00	3.48:1
含山县	3.49	1.35	2.59:1

资料来源：乾隆《江南通志》卷六九至七三《食货志·田赋》、卷七四至卷七五《食货志·户口》。阜阳县和颍上县归并屯丁亦超过1000丁，因民屯合并统计，无单独屯丁银数，故不列。

---

① 《题为再陈清理屯丁之法以杜扰害事》，顺治十二年十月初七日交罗郎丘等题，台北：中研院史语所内阁大库藏，档案号：006952。

② 乾隆《江南通志》卷七四《食货志·户口》，第10页 b。

除此以外，屯丁对封建政权的人身依附较普通民丁为重。清廷在运丁短缺之时，为确保漕运，往往"闲丁舍余同金领运"，或"运快并金"、"一运一快挨次轮金"，强制本不负担差役的黄快丁、舍丁改充运丁，或向其摊派费银贴补运费。① 一些不良官吏则蓄意枉法更改屯丁名目，借机敲诈勒索。如江浦县发生的官吏金真擅自将快丁吴褒篡改为运丁的事件，"籍既攸分，差难朦胧，乃近有卫弁运蠹官识扶同借漕运为骗端，以黄快为鱼肉，栽害诬陷，顺则计算其身家，逆则枉坑其性命，各卫皆然，每年叠见。即如今横海卫十号快船老丁生员吴褒，突遭运识金真索骗未遂，舞文作弊，挖补运册，添填名姓，诬捏作运。"虽然该案得到同为黄快丁的几位生员的援助，最终得到纠正，"将金真杖责的决行卫革役，其吴褒等一户三十四名檄行江浦县遵奉宪行，照旧输纳屯丁粮充当丁差"，② 然而这种现象在当时屡见不鲜，黄快丁、闲丁等屯丁始终无法避免金作运丁、破产亡身的风险。

雍正三年，江宁府城甚至发生屯丁为避免差役聚众闹事的事件。"江南各卫之内，江淮、兴武此二卫有漕船共一千一百余只，每船需十五十六人，或需二十人。该卫漕丁甚少，摇船不足。除漕丁外，查出在册各色闲散男丁，酌情办给船只练习。江宁城附近居住之闲散男丁，因欲逃脱官差，欺惑众人。三月初八日夜，其所居城外高桥等乡敲锣聚众，初九日晨胁迫开店铺人罢市。报来臣后，臣当即派江宁城守营副将张玉金，江宁知府郭汝边，晓谕众商人照常营业，抓捕敲锣聚众之吉泰……继之，抓获周滦子审问，供称敲锣罢市之事，乃姚修、郁九、陈聋子、李尧生与小人一起商议是实，因小人不会摇船，恐办给船只，故有商议罢市免于官差之意等语。"③ 骚乱

---

① 参见（清）潘世恩等《钦定户部漕运全书》卷二六《查金运丁》，《故宫珍本丛刊》第 1 册，第 323、326 页。

② 雍正《江浦县志》卷五《蠲赈》附《永禁黄快丁差不金领运碑》，第 44～45 页。

③ 《两江总督查弼纳奏报惩处滋事之闲散漕丁事折》，雍正三年三月二十一日奏，中国第一历史档案馆译编《雍正朝满文朱批奏折全译》上册，黄山书社，1993，第 1088～1089 页。

平息后，清世宗深知屯丁对漕运差役的恐惧和抵触，对于地方官员"将各色闲散男丁陆续补入，必不致摇船之人缺乏"的主张不以为然，批示"依法亦不可过于严峻，若明知不能成之事不可补放闲散。"上述案例表明，设法逃避隐匿，脱籍为民，从而逃避苛酷的税赋和差役，是"太平盛世"下屯丁不增反减的根本原因。加之上文业已提到，屯丁分布零散，编审费时久，难度大，官府对屯丁的隐匿难以有效遏制，无疑加速了屯丁的流失。

五 屯丁银的摊丁入地和屯丁编审的废止

各省摊丁入地的推行，始于康熙晚期，盛于雍正前、中期。江南屯丁银的摊丁入地是与民丁银一体开展的。雍正五年十一月，署理江南总督范时绎上疏朝廷，指出"丁银随田并征最为均平良法，直隶各省节经题奉谕旨在案。江南各州县有随田征输者，亦有丁田各办者，原不画一"，请求"以雍正六年为始画一，丁随粮办，以广皇仁亿万斯年，永为遵守。"① 由于江南省地跨长江南北，幅员广阔，各地自然地理环境、经济发展状况存在较大差异，范时绎建议"查各属田地原有高下之殊，按亩起科亦有轻重之别。所有丁银各就本县地亩均摊为便，且可省改造《全书》之烦，至中间或照银米科算，或照地亩科算，亦皆下顺舆情便于输纳"。清廷批准了他的题请，"应如该署督范时绎所请，以雍正六年为始，将丁田各办之州县应征丁银匀入本县地亩，按数摊征。再该署督疏称或照银米科算，或照地亩科算，亦皆下顺舆情便于输纳等语，查各州县钱粮之多寡，地亩之科则均属不一，若概照银米加丁，势必有畸重畸轻之处，亦应如该署督范时绎所请，行令该督抚妥饬各州县按照地亩分别米银科则，总期下顺舆情，务使小民便于

---

① 《署两江总督印务范时绎题请江苏、安徽以明年为始丁随田办以广皇仁本》，雍正五年十一月二十六日，中国第一历史档案馆编《雍正朝内阁六科史书·户科》第42册，第16页。

输纳。"江南各州县有权按照各自具体情况选择照地亩抑或照田赋摊征丁银，卫所的摊丁入地也同时展开。

摊丁入地之际，各实体卫所和绝大多数的归并州县卫所，其屯地仍然自成体系，因此屯丁银的摊征均系摊入各属屯地地亩或田赋。江苏布政使司仅海州、山阳（雍正十年析置阜宁）、高邮、江都四州县归并屯丁为数甚少，并无屯田，"无地军丁额数无几，匀入民田每亩所增不过丝忽之间，均应画一摊征"。安徽布政使司的泗州及代管盱眙县亦无屯田，屯丁银与民丁银一并摊入民田内。

由于各地屯丁、屯田数量差异悬殊，田赋和丁银的征收标准亦不相同，摊丁入地的结果自然相差甚远。根据《江南通志》记载，同系照田地摊派丁银，滁州屯丁银多，屯田地少，每亩摊征屯丁银8厘5毫有奇，而徐州卫则银少地多，每亩摊征屯丁银仅1毫9丝有奇；而同属照田赋摊派丁银，江浦县屯丁银重，田赋轻，粮银每两摊征屯丁银6钱4分3厘有奇；仪征卫丁银轻，田赋重，粮银每两摊征屯丁银仅1分5厘9毫有奇。但无论轻重，"在收租纳粮均输犹易，若责之无地光丁无追呼之扰"，①减轻了无地屯丁的丁银负担和卫所官员征收丁银的困扰，与民丁银的摊丁入地一样，具有历史进步意义。

康熙五十一年清廷下令"滋生人丁永不加赋"后，尤其是经过了摊丁入地，人丁（特别是民丁）编审的实际意义大大降低。早在雍正年间，就有官员提议废除编审，"愚民无知尚多顾虑，仍未肯据实开报。是名为编审而实数究莫可稽查，且向每逢编审之岁，民间派费甚多：有里书里长之费，有州县造册之费，有院司道府吏书纸笔之费，有部册之费，有黄绫纸张解册诸费，悉向里户公派，追索甚于丁粮……丁银业已照粮均摊，是编丁之增损，与一定

---

① 以上引文，分见《总理户部事务和硕怡亲王臣允祥等题准江南丁田各办州县明年为始将丁银匀入地亩摊征本》，雍正五年十二月二十日，中国第一历史档案馆编《雍正朝内阁六科史书·户科》第42册，第496~497页。

之丁银全无关涉，而徒滋小民繁费，似宜斟酌变通。"① 乾隆六年清廷开始推行民数汇报制度，实际大体涵盖了民丁编审的功能。乾隆三十七年，清廷下诏停止民丁编审，对于屯丁编审也一并作了规定："各省民丁五年编审之例，奉旨永行停止。所有向不归运军丁，一体停其编审外，其各省运漕军丁，按四年编审一次，粮道编查造册，送总漕核题。至江南所属江淮、兴武二卫之黄快丁，湖广所属荆州、荆左、沔阳三卫操军，系统经奏明归运，自应与运丁一律编查。"②

　　清廷的这项规定，将屯丁分情况加以处理。一类是与漕运无关的屯丁，其本质上与民丁并无区别，故也不再编审；另一类是与漕运相关的屯丁，包括运丁和江淮、兴武二卫的黄快丁，运丁须承担运输漕粮的差役，黄快丁则或作为运丁的后备，或须出资贴补运费，与差役均未脱钩，因此仍旧予以编审，但编审周期作了调整。从现存人丁编审题本等史料来看，自顺治年间规定屯丁"五年一编审"，③ 与民丁相同，直至乾隆三十七年。而此后编审漕运屯丁，改为四年一次，周期有所缩短。江南漕运屯丁的编审一直延续到清末，"自漕米改由海运以来，屯卫弁丁半成虚设……此后屯丁运军各目概

---

① 《直隶总督李绂奏报地方丁银折》，雍正四年五月初十日，《宫中档雍正朝奏折》第 5 辑，台北故宫博物院，1978，第 912 页。此前监察御史段曦也奏请废止造报滋生册："伏查康熙五十一年春奉谕旨，编审之年照五十年定额永不增丁益赋，惟缺额者补足，仰见圣祖仁皇帝弘恩浩荡，天下之民固已巷舞街歌矣。至于另造一滋生册报部，总见我朝累洽重熙，户口殷繁之意。但愚民无知，未免过虑，惟恐按册征银，是以造报之时，往往迟延不前，或且捏名造报，而有司官因此借册费名色科牌使用，以致都图里甲不无扰累。窃思此册既已蒙恩不入编审额内，原属可有可无，而又多造此册，徒为地方有司端科敛之资。臣妄议嗣后编审之年滋生一册似可停止造报，则省一繁牍，民间即可省一事之累矣。"见《掌江南道事监察御史段曦奏请停止造报滋生册折》，雍正三年正月十二日，《宫中档雍正朝奏折》第 3 辑，台北故宫博物院，1978，第 704 页。但上述两项奏请当时均未被清廷采纳。
② 光绪《钦定大清会典事例》卷一五七《户部·户口·清厘丁役》，《清会典事例》第 2 册，中华书局，1991 年影印本，第 985 页。
③ 《题为再陈清理屯丁之法以杜扰害事》，顺治十二年十月初七日交罗郎丘等题，台北：中研院史语所内阁大库藏，档案号：006952。

行删除，其原设之卫守备、千总等官并着裁撤，改归营用"，① 屯丁编审制度方才画上句号。

清代屯丁是由明代卫所军丁转化而来的特殊人丁。在江南，屯丁主要可分为承担漕运差役的运丁和缴纳代役丁银的黄快丁等。为什么在"太平盛世"下，同一州县之中，民丁数量增长，而归并屯丁的数量却在下降？答案是，漕运差役艰险，屯丁银偏重，为了趋利避害，运丁力求转入黄快丁，而黄快丁则设法脱籍为民，这样导致了载籍屯丁的不断减少。清廷虽有编审法令皇皇，但并不能遏制屯丁的逃亡隐匿。这一点，屯丁与民丁有极其相似之处。只要按丁编派的徭役或赋税存在，民间便会自发地抵制人丁编审。明代官府载籍丁口的不断减少；清代前期许多州县载籍人丁数量长期不变，原因均在于此。滋生人丁永不加赋和摊丁入地的推行，淡化了民丁隐匿的问题，但未能解决漕运屯丁的困境。有清一代，漕运是维系朝廷运作的命脉，漕粮运输的差役始终是漕运屯丁挥之不去的沉重负担。那么，屯丁的逃避隐匿，官府编佥运丁的困境，也只能随漕运始而始，随漕运终而终了。

第三节　浙江的灶丁

明代户籍中的灶户，是指为官府生产食盐的专业户，其中的成丁男子，即为"灶丁"，亦称"盐丁"。入清以后，"顺治二年又除豁直省匠籍，免征京班匠价。前明之例，民以籍分，故有官籍、民籍、军籍、医匠释灶籍，皆以其业以应差役，至是除之。其后民籍之外，惟灶丁为世业"。② 清廷保留"灶户"和"灶丁"身份，旨在保证食盐的生产。鉴于清代沿海各地均有灶丁分布，北至盛京，南及两广，但

---

① 《大清光绪新法令》光绪二十八年正月十七日谕旨，清宣统年间上海商务印书馆刊行本，第6~7页。

② 《清朝文献通考》卷二一《职役考》，第5044页上栏。

与民丁相比，相关资料尤其是较为原始的史料相当匮乏，仅江浙等地资料相对丰富，因此，笔者尝试以浙江省为研究的地域范围，探讨清代前期该省灶丁的编审及赋税负担状况，完善相关领域的研究。

一　两种不同的灶丁——州县灶丁与盐场灶丁

研究浙江的灶丁，首先遇到的问题是史料中两类不同的灶丁。笔者将各州县所辖灶丁称为"州县灶丁"，而各盐场所属灶丁称作"盐场灶丁"。

州县灶丁是明代中后期从盐场灶丁中分化出来的，其时"有灶丁不谙煎盐，发县与民一体当差，其名下应纳之银该县通融均派于秋粮余米内征收，名曰水乡"。[①]　此种灶丁与原属盐场脱离，改由州县直接管辖，实质上业已转化为民丁。清代，州县灶丁记载于《赋役全书》和人丁编审黄册内，一般每五年进行一次编审，与其他种类的民丁一并造册上报。州县灶丁分布于宁波府慈溪县，绍兴府山阴、会稽、上虞县，台州府太平、宁海县，温州府永嘉、乐清、瑞安、平阳县境内。此外，宁海县、乐清县、瑞安县有灶户食盐钞丁，乐清县还有灶食盐课口（参见表6-8）。根据第二章的研究，"食盐钞丁"是指不成丁（幼丁），"食盐课口"是指女口，显然，"灶食盐钞丁"和"灶食盐课口"分别指的是灶户内的不成丁（幼丁）和女口。

表6-8　清代浙江"州县灶丁"情况表

	原额人丁	原额灶丁	灶丁比率（％）	每丁征缴丁银（钱）、丁米（斗）情况
慈溪县	63184	2890.15	4.72	市民人口：银0.124　乡民人口：银0.212，米0.092　民口：银2.05　灶口：银0.369
山阴县	31728	5344	16.84	市民人口：银1.42　乡民人口：银1.6，米0.007　灶户人口：银0.09，米0.003

[①]　（清）李卫等：《敕修两浙盐法志》卷四《课额》，台湾学生书局，1966年影印本，第578页。

续表

	原额人丁	原额灶丁	灶丁比率（%）	每丁征缴丁银（钱）、丁米（斗）情况
会稽县	20549	2787	13.56	市民人口：银 1.62　乡民成丁、新升人口：银 1.8，米 0.039　食盐钞丁：银 1.5　灶户：银 0.1，米 0.013
上虞县	35682	1854	5.20	市民人丁：银 1.54　市民人口：银 0.014　乡民人丁：银 1.585　乡民人口：银 0.077　灶丁：银 0.077
太平县	22807	2906.5	12.74	乡民：银 2　灶丁：银 0.45　无田单丁：银 1.05　食盐课口：银 0.31
宁海县	49935	2275	4.56	成丁：银 1.4，米 0.109　灶户人丁：银 0.285，米 0.109　灶户食盐钞丁每二丁折成一灶户成丁　食盐课口：银 0.145，米 0.109
永嘉县	103729	7412	7.15	民户成丁：银 1.553　食盐钞丁：银 0.518　食盐课口：银 0.282　灶丁：银 0.282　老不成丁：例不起科
乐清县	79714	8587.5	10.77	民户成丁：银 1.689，米 0.118　民食盐钞丁：银 0.753　灶户成丁：银 0.183，米 0.118　灶食盐钞丁：例不起科　民灶食盐课口：银 0.14，米 0.089
瑞安县	45055	3058	6.79	市民成丁：银 2.012，米 0.287　灶户食盐钞丁：银 0.35　灶户成丁、军户成丁、食盐课口：银 0.256，米 0.287
平阳县	86779	1605	1.85	市民人丁男妇：银 0.01　乡民男子成丁：银 1.293，米 0.157　食盐钞丁：银 0.55，米 0.157　军户以田配丁：银 1.288　灶丁、食盐课口并存男丁：银 0.179，米 0.157

资料来源：康熙《浙江赋役全书》；《康熙六十年分杭、处等十一府属清编旧额人丁滋生增益人丁总数文册》。

　　明清浙江境内盐场全部隶属于两浙都转运盐使司。① 清初浙江境内共有盐场 26 个，分布于沿海的嘉兴、杭州、绍兴、宁波、台州、

———————

① 两浙运司除管理浙江境内盐场外，还统辖江南松江府境内的横浦、浦东、袁浦、青村、下砂、下砂二、下砂三等盐场，本书中暂不涉及这些盐场。

温州六府境内。需要指出的是，一县境内，可能有多个盐场，如镇海一县，即有清泉、龙头、穿山、长山四场，而一个盐场则可能地跨数县境内，如钱清场坐落萧山、山阴二县，黄岩场地处黄岩、临海、太平三县境内。[①] 盐场灶丁的编审造册，明代早期系十年一次。"成化九年，令两浙巡盐御史督同分巡、分守并运司官清查灶丁，其绝户及寡妇盐课照数开豁，以清出多余卤丁顶替，再有余丁照例办课，幼丁候长成办盐，俱造册备照，仍类造送部，自后每十年一次。"[②] 后又改为三年一次，"（弘治十六年）议准，巡盐御史每三年一次，查审各场灶丁，其正丁就将余丁帮贴，不拘户籍同异，务使均平。"[③] 最后定为五年一次编审，"嘉靖十二年直隶御史周题准清理灶丁……每五年本司呈请本院行委本司分司官会同有司官亲诣各场，逐一清审灶丁。事故者开除，成丁者佥补，俱令总催并各户呈递亲供开报，不许扶捏隐漏。"[④] 这一制度自此沿用下来。清代盐场灶丁记载于《盐政全书》与盐法志等书内，而不见于各府县的《赋役全书》中。盐场灶丁与州县灶丁均系五年一次编审，其区别在于州县灶丁附于民丁之内，而盐场灶丁自行编审造册，上报朝廷，完全独立于民丁编审。

二　清代前期灶丁的赋税负担

明代前期，灶丁承担煎制食盐上缴官府的徭役。"（洪武）二十三年，定两淮两浙各灶户，每丁岁办小引盐一十六引，每引重二百斤，共岁额七十万五千一百八十引。复盐工丁半之，其余工丁四引。"[⑤] 但到明代中期，浙江灶丁的煎盐徭役逐步为折银代役所取代。

① （清）李卫等：《敕修两浙盐法志》卷六《场灶》，第 758～762 页。
② （清）李卫等：《敕修两浙盐法志》卷三《沿革》引明《浙江通志》，第 512 页。
③ 《大明会典》卷三四《盐法三》，第 634 页下栏。
④ （明）杨鹤：《两浙订正鹾规》卷三，《北京图书馆古籍珍本丛刊》史部第 58 册，书目文献出版社，1998 年影印本，第 506 页。
⑤ 《大明会典》卷三四《盐法三·盐法通例》，第 617 页上栏。

"（成化）十九年，令浙西场分，每正盐一引，折银七钱，浙东折银五钱，解送太仓。候余盐支尽，仍纳本色……（弘治）二年，令各场灶丁，离场三十里内者，全数煎办。三十里外者，全准折银。每年十月以里，征送运司解部。其折银则例，每一大引，浙西六钱，浙东四钱。"① 到嘉靖年间，"废本色纳盐之名，而尽征折色，将所征折色银内除给还边商本价之外，余粮等银二万五千三百三十三两二钱一分解充京储。"② 自此，两浙各盐场灶丁向官府缴纳丁课银。灶丁丁课银的性质，与民丁丁银一样，是一种代役银。明代后期，灶丁开始分为州县灶丁和盐场灶丁，两者的赋税负担是大相径庭的。

1. 州县灶丁

从表6-8来看，州县灶丁的丁银负担大都较一般民丁为轻，有的甚至轻很多。如山阴县，每市民人口岁征银一钱四分二厘，每乡民人口岁征银一钱六分，岁征米七勺，而每灶户人口仅岁征银九厘，米三勺，按照当时官府惯例将米一石折为银一两，灶户人口的丁银米负担仅为市民人口的6.5%，乡民人口的5.8%，其他各县灶丁负担也都明显较民丁为轻。不仅如此，灶丁的丁银负担甚至轻于民户的食盐钞丁，仅相当或略高于食盐课口。会稽县的食盐钞丁岁征银一钱五分，而灶户仅岁征银一分，米一合三勺。永嘉县的食盐钞丁岁征银五分一厘八毫，灶丁与食盐课口均岁征银二分八厘二毫。乐清县民食盐钞丁岁征银七分五厘三毫，灶户成丁岁征银一分八厘三毫，米一升一合八勺，民户和灶户的食盐课口均岁征银一分四厘，米八合九勺，而灶食盐钞丁虽入编审，但例不起科，免征丁银。

州县灶丁不仅丁银负担较轻，而且慈溪、上虞、太平等县的灶丁拥有独立名目的"灶田"，其田赋相当或略低于一般官民田（参见表6-9）。

---

① 《大明会典》卷三二《盐法一·两浙》，第596页下栏。
② （清）李卫等：《敕修两浙盐法志》卷四《课额》，第577页。

表 6-9　清代浙江部分州县官民、灶田税收情况表

	每亩征银(钱)、米(升)情况
慈溪县	民户官田：银1.47，米2.37　灶户官田：银1.41，米2.37　民户民田：银0.89，米0.73　灶户民田：银0.52，米0.73　民地：银0.64，米0.41　灶地：银0.35，米0.41
上虞县	上患田：银1.099，米0.45　中患田：银1.111，米0.47　熟田：银1.131，米0.4707　破岗等畈患田：银0.954，米0.41　例不起耗灶田：银1.111，米0.47
太平县	官民田：银0.526，米1.9　灶免田：银0.32，米1.5　民下折八田：0.401，米1.3　折四田：银0.39，米0.47　沙田：银0.39，米0.47

　　资料来源：乾隆《慈溪县志》卷二《田赋》，光绪《上虞县志》卷二六《田赋上》，嘉庆《太平县志》卷四《赋役》。

2. 盐场灶丁

　　清代，浙江各盐场"有课荡，有税荡，有备荒荡三项分征，滩场沙荡可以刮卤煎盐者为课荡，征丁课；各则荡地涂田仓围基地堪种植者为税荡，征商税，皆系解京正课。备荒荡地为税最寡，存留盐库为闲款拨饷等用。"[1] 盐场灶丁主要承担以下赋税：（1）领取课荡地煎制食盐，按丁缴纳丁课银；（2）垦种税荡与备荒荡地，计亩缴纳田赋。据表 6-10 和表 6-11 分析，各场税荡田赋总体上看似虽较州县民地或灶地略轻，但实际上盐场濒海，多盐卤之地，产量低下，又常有海侵坍没之苦。而各场丁课银占全部赋税的比重极少有低于五成者，大多在六七成以上，不少接近甚至达到全数。浙江各州县的民丁岁征丁银鲜有超过三钱者，而半数以上的盐场中，灶丁岁征银超过三钱，甚至有超过一两者，尤其对于无地少地的贫苦灶丁而言，必然是难以胜任的重负。关于沉重赋税对盐场灶丁的影响，下文另有详细讨论。

---

　　[1]　乾隆《敕修两浙海塘通志》卷一〇《坍涨上》，第 1 页 b～第 2 页 a。

表 6－10　清前期浙江各盐场税收情况表

盐场名	原额			雍正四年额征				
	丁课银（两）	备荒税银（两）	荡税银（两）	丁课银（两）	荡税银（两）	备荒税银（两）	丁课银占全部税银比重（%）	平均每丁征丁课银（钱）
仁和场仁和仓	3360.42	404.55	259.72	3360.42	414.94	404.55	80.39	2.76
仁和场钱塘仓	1537.35	275.32	371.59	1537.35	591.55	275.32	63.94	
许村场西仓	1089.74	143.75	204.90	1089.74	216.69	143.75	75.15	3.25
西路场	829.55	0.00	3.00	829.55	3.18	0.00	99.62	1.54
鲍郎场	350.80	31.64	110.20	350.87	161.40	31.64	64.51	1.12
海沙场	1256.90	58.70	844.20	1256.90	970.97	58.76	54.97	2.20
芦沥场	0.00	307.83	4649.48	0.00	合计：	4980.63	0.00	0.00
西兴场	1005.22	12.14	178.86	1005.22	501.89	12.14	66.17	4.23
钱清场	1767.47	50.21	123.34	1767.47	163.41	20.21	90.59	4.87
三江场	1962.20	63.15	421.68	1962.20	463.00	63.15	78.86	4.39
曹娥场	1036.35	59.59	341.92	1036.35	397.32	59.59	69.40	2.48
石堰场	4164.81	1425.43	654.16	4168.99	943.27	1425.43	63.77	3.00
清泉场	1367.90	0.66	678.73	1367.90	689.84	0.66	66.45	3.52
鸣鹤场	2062.74	155.18	133.88	2062.74	221.79	155.18	84.55	9.31
龙头场	561.18	0.68	632.97	561.18	640.20	0.68	46.68	3.28

续表

盐场名	原额			雍正四年额征				
	丁课银（两）	荡税银（两）	备荒税银（两）	丁课银（两）	荡税银（两）	备荒税银（两）	丁课银占全部税银比重（%）	平均每丁征丁课银（钱）
穿山场	415.88	143.95	0.00	565.50	266.60	0.00	67.96	14.04
长山场	455.16	281.09	236.00	469.40	318.15	236.00	45.86	10.72
大嵩场	204.91	482.86	48.37	278.71	827.56	48.37	24.14	4.30
玉泉场	58.20	92.73	0.00	108.92	350.26	0.00	23.72	2.19
长亭场	339.65	0.00	0.00	691.94	21.96	0.00	96.92	7.49
黄岩场	1048.98	0.00	7.19	1551.84	169.68	7.19	89.77	0.96
杜渎场	313.39	213.70	0.00	522.82	324.42	0.00	61.71	0.65
双穗场	1085.26	0.00	0.00	1805.81	289.92	0.00	86.17	2.05
长林场	66.99	0.00	0.00	189.34	54.10	0.00	77.78	0.95
永嘉场	0.00	0.00	0.00	690.61	23.68	0.00	96.68	1.53
南监场	不详	0.00	0.00	258.65	0.00	0.00	100.00	3.25
北监场白沙仓、岳头仓	32.30	0.00	13.23	54.51	0.00	13.23	80.47	0.70
北监场峡门仓、华岩仓	1.61	0.00	0.00	31.77	25.68	0.00	55.30	

资料来源：乾隆《敕修两浙海塘通志》卷一、卷一一《纾课》；《敕修两浙盐法志》卷四《课额》。芦沥场丁课银先于明万历间因灶户逃亡殆尽，归荡地征输。北监场并无场地，备荒银亦系按丁征课。

表 6-11　清代浙江部分盐场原额各则税荡、备荒荡征银情况

盐场名	各则税荡（亩）	荡税银（两）	每亩征银（钱）	各则备荒税荡（亩）	备荒税银（两）	每亩征银（钱）
仁和场仁和仓	4802.80	259.72	0.54	9510.60	404.55	0.43
仁和场钱塘仓	8165.30	371.59	0.46	11613.70	275.32	0.24
许村场	4372.70	204.90	0.47	2732.90	143.75	0.53
西路场	22.60	3.00	1.33			
鲍郎场	5082.20	110.20	0.22	534.50	31.64	0.59
海沙场	35376.10	844.20	0.24	3917.50	58.70	0.15
芦沥场	99187.60	4649.48	0.47	4654.10	307.83	0.66
西兴场	9601.40	178.86	0.19	1214.50	12.14	0.10
钱清场	13937.80	123.34	0.09	1550.30	50.21	0.32
三江场	7066.50	421.68	0.60	2904.90	63.15	0.22
曹娥场	24236.80	341.92	0.14	403.10	59.59	1.48
石堰场	50785.70	654.16	0.13	42359.20	1425.43	0.34
清泉场	41399.60	678.73	0.16	28.90	0.66	0.23
鸣鹤场	4000.00	133.88	0.33	7786.90	155.18	0.20
龙头场	18008.90	632.97	0.35			
穿山场	8997.30	143.95	0.16			
长山场	17461.60	281.09	0.16	6526.50	236.00	0.36
大嵩场	25168.40	482.86	0.19	1510.70	48.37	0.32
玉泉场	4637.30	92.73	0.20			
黄岩场				223.70	7.19	0.32
杜渎场	7323.60	213.70	0.29			

资料来源：乾隆《敕修两浙海塘通志》卷一、卷一一《坍涨》。

三　清代盐场灶丁的数量变化

　　州县灶丁实质属民丁范畴，有关清代前期浙江民丁的数量变化，笔者已在第二章详加研究。相比民丁而言，记载浙江盐场灶丁数额的史料较为匮乏，仅存明代万历年间及清康熙六十年各场的灶丁数（参见表6-12）。将两组数据加以比较，可以发现，百余年间，北部杭州、嘉兴二府灶丁数基本不变，仁和、芦沥二场略有增加，许

村场有所减少，其余西路、鲍郎、海沙三场前后丁数丝毫不变。显而易见，这些盐场中灶丁的编审造报长期因循旧额，与实际情况业已完全脱节。

表 6-12　明清浙江各盐场灶丁数量变化情况

所在地域	盐场名	明万历年间灶丁数	清康熙六十年灶丁数	增长幅度(%)
杭州府	仁和场	16966	17714	4.41
	许村场	3593	3353.5	-6.67
	西路场	5373	5373	0.00
嘉兴府	鲍郎场	3141	3141	0.00
	海沙场	5720	5720	0.00
	芦沥场	8784	8811	0.31
绍兴府	西兴场	4061	2374	-41.54
	钱清场	4146.5	3632.5	-12.40
	三江场	4727	4468.5	-5.47
	曹娥场	4554	4177	-8.28
	石堰场	13872	13906	0.25
宁波府	清泉场	4957	3881.5	-21.70
	鸣鹤场	2545	2215.3	-12.95
	龙头场	2138	1711.5	-19.95
	穿山场	702	402.7	-42.64
	长山场	670	437.7	-34.67
	大嵩场	1618	648.75	-59.90
	玉泉场	1018.5	496.8	-51.22
台州府	长亭场	2028	924	-54.44
	黄岩场	15795	16137	2.17
	杜渎场	6873	8072	17.45
温州府	双穗场	11762	8829.5	-24.93
	长林场	11012	1995	-81.88
	永嘉场	12759	4522.5	-64.55
	南监场	6260	797	-87.27
	北监场	5045	1236	-75.50

资料来源：《两浙订正鹾规》卷三；《敕修两浙盐法志》卷七《户口·煎盐户口》，原书未载丁数的年份，通过将一处开载的"食盐户口"与人丁编审黄册加以比对，笔者判定该灶丁数额的年份应系康熙六十年。

而浙中南绍兴、宁波、台州、温州四府境内的盐场，除杜渎场灶丁增加稍多，石堰、黄岩二场略有增加外，其余绝大多数的盐场灶丁数均有不同程度的减少，半数盐场灶丁减员四成以上，甚至有减少近九成者。盐场灶丁数量的停滞不前乃至大幅下降，是由多种因素共同造成的。

1. 清初的战乱和迁海

顺治年间，浙东沿海是清军与郑成功等率领的南明水师及其他抗清力量长期作战的主要战场之一，深受战乱破坏，而滨海盐场则首当其冲。从顺治十六年六月巡视两浙盐课监察御史迟日巽向清廷的汇报中，浙东盐场的受害情况可见一斑：

> 台温长宁等八场连遭海寇杀戮逃亡，万苦情形实难申诉。即如台属长亭场，坐落宁海县系边海青屿地方。见今海寇出没，灶户星散，钱粮分毫无稽。再黄岩场坐临黄岩县新河地方，十四年八月遭寇残破，又于十五年九月内突犯。并杜渎场坐临洮渚，接连海门，海寇不时窃发。煎灶不安，额课仅可勉输其半。温属南监场所隶平阳县，坐悬金乡卫二十余里，与闽交壤，频年遭寇焚戮，灶丁尽数逃亡。长林场所隶乐清县岐头边海地方，本年三月内遭寇焚劫盘踞，钱粮分毫无完。又双穗场所隶瑞安县，离城三十里，十五年七月内遭寇残破。永嘉场所隶永嘉县龙湾梅头地方，十五年七月内亦遭寇破。北监场坐悬乐清、太平二县，上年遭寇劫掠，复于本年三四月间寇踞盘石，延劫各场，焚烧屠戮，加以疫疠盛行死亡过半。窃思各属屡遭海寇，各灶十室九空，是以钱粮连年拖欠……灶户煮海为业，逼水为居，郑逆赊死，日与寇邻。宁属各场皆然，独玉泉一场孤悬海外，穿山数团插入海中，平居时切震惊，登犯遂深肤剥。数年以来，杀掳逃散，商人绝买补之迹，盐舍无突灶之烟，催课无方，旧欠日积，遂至玉泉之官部选者闻风而逃，带理者严催不赴，钱粮正无归着。又于本年四月二十九等日，清泉、大嵩等

场，郑逆连舟数千，贼有数万余人，自穿山登岸，焚掠杀伤，各灶十无六七，且在场扎营七昼夜，□土三尺，将锅盘卤缸尽行打毁，真灶无可办之盐，官无从征之课……温所则永嘉、长林等场，台所则长亭、杜渎等场，俱坐海口，必由此买补发运，以入内港，近年屡遭海寇沿场焚劫，动辄杀人。灶户逃避煎盐，各商畏命绝足，其行盐卖地，温所坐派松阳、龙泉等县，台所坐派天台、仙居等县，俱嵌万山之中，全赖烟居贸易。今为各处援兵往来，民多离散，商难负贩从何行销？即温郡前遭海寇围城，焚毁商盐碧湖镇，杀死商人王继善等。台州府十三年正月，马逆作变，杀死商人李潜宇、应来仲等。继遭十四年八月，海寇凭陵劫掠，焚戮之惨更倍于昔。又于上年九月，贼船突入海门，盐廒盐船皆为焚弃，盐场盐灶尽被摧残，人民散徙，户口萧条，满路蒿莱，食盐无几。至如长亭、杜渎、黄岩等场，煎灶皆处海口，为贼寇屯踞之地，近如清泉、大嵩等场，郑逆登犯惨戮，逃避万灶无烟……该职看得浙东沿海一带，括卤煎烧寥寥。灶丁即平时手胼足胝，恒苦不足聊生。其商之贸易斯地者，于万山之中盘岗越岭，运卖为艰。当此海氛猖炽，一犯再犯，迭罹闵凶。如温台如宁郡该属县场，在在庚[荑]刘，处处残破，析骸暴骨，满目荆榛，所存一二兵燹之遗，鸠形鹄面，多半残废不全。加以时疫流行，死亡枕藉。不惟办盐者灶尽丘墟，即食盐者户口无几。宜乎商日困而引日壅，课额逋缺盖有由然。职以军需孔亟，设法劝输，新课旧逋督催罔应，诚挥泪有心，绘图靡术，但不敢以变乱浒臻宽司醒之考成，更不忍以灾伤极惨置商灶于膜视也。兹据该司详报前来，除职一面备行运司，确查荒残县场逃亡商灶逋欠引课分数另册具题达部外，谨将沿海伤残情形合先汇疏上闻。伏乞皇上大沛洪慈，俯垂矜恤，敕部议覆施行。①

---

① 《巡视两浙盐课监察御史迟日巽谨揭为汇报沿海县场商灶迭难情形仰祈睿慈鉴恤事》，顺治十六年六月题，台北：中研院史语所内阁大库藏，档案号：087110-001。

　　长期的战乱使浙东沿海各盐场受到近乎毁灭性的摧毁，灶丁非死即逃，十室九空，存者寥寥。雪上加霜的是，为了彻底隔绝台湾明郑势力与大陆方面的联系，自顺治十八年起，清廷在东南沿海各省厉行迁海政策，浙东盐场深受影响，"督臣赵廷臣巡历温、台二郡，目击各灶以播迁失业，商盐以远运价重，民多淡食之苦"，① 双穗、永嘉等场"灶地灶丁顺治十八年迁弃无存"，② 被完全弃置。

　　盐场大量迁弃，灶丁数量锐减，不仅直接影响丁课银等赋税收入，同时严重妨碍食盐生产，不利于百姓民生，也间接关系到朝廷的盐税收入。康熙二十二年清军攻占台湾后，放宽海禁，各盐场得以恢复，开始多方展复地亩，招徕灶丁。至康熙五十一年清廷推行"滋生人丁永不加赋"后，仍有盐场继续招徕灶丁，增加丁课银税额。长亭场"康熙二十三年至五十七年展复灶丁，征丁课银三百五十二两二钱九分零"，双穗场"康熙二十三年至六十一年招徕灶丁，升丁课银六百二十五两一钱三分零；雍正元年至雍正三年招徕灶丁，升丁课银一十七两六钱六分零"，长林场"康熙二十三年至雍正元年招徕灶丁，升丁课银一百二十二两三钱五分零"，永嘉场"康熙二十四年至六十年招徕灶丁，展复丁课银四百八十六两八分零……雍正元年招徕灶丁展复丁课银二两九钱七分零。"③ 直到雍正三年七月，署理浙江巡抚甘国奎在题本中提出"嗣有续复之地，除荡亩仍照原则输税，所有新摊丁课请同原额荡地通算均减，如止复灶丁应否照盛世滋生人丁之例，止将丁数报部，免其科征丁课，听部议臣覆加会核。"④ 户部的答复是"如止复灶丁，应否照康熙五十二年滋生人丁之例免其科征丁银统听部议等语，应令该抚等将该处续复灶地同

　　① （清）李卫等：《敕修两浙盐法志》卷一一《奏议》，第 1206 页。
　　② （清）李卫等：《敕修两浙盐法志》卷六《场灶》，第 880、886 页。
　　③ 乾隆《敕修两浙海塘通志》卷一一《坍涨下》，第 29 页 a ~ 第 39 页 a。
　　④ 《署浙江巡抚甘国奎题请杭州、嘉兴等七府灶丁归入灶地征收丁课银两本》，雍正三年七月二十九日，中国第一历史档案馆编《雍正朝内阁六科史书·户科》第 21 册，第 482 页。

原额荡地通算均减，如止复灶丁，应准其照旧免征丁银，仍将丁名报部，以便顶补。"[1] 至此，灶丁的完赋人丁和丁银额数得以固定下来。鉴于煎盐劳苦，丁课沉重，直到摊丁入地前夕，浙东多数盐场的灶丁数量始终未能恢复明代的水平。

2. 灶丁的困窘与逃亡

明代前期，灶户在承担煎制食盐的繁重徭役同时，被赋予一定的优免待遇。"洪武二十七年，令优免盐丁杂泛差役。"[2] 此外，灶丁还享有分得免税的摊场沙荡、支领工本钞等诸种优待，作为劳苦重役的补偿。然而，时至明代中后期，随着岁办盐引的差徭改行折银代役，灶丁的贫富分化日益显现，优免荡地的弊端也逐渐突出。嘉靖后期担任浙江巡按的庞尚鹏指出：

> 国初立法，灶户办盐上场，候商支领，积贮之久有消耗赔补之苦，故每一大丁优免田百亩。近时各场盐课俱已奉例改征折银，每一大丁岁纳课银一两八钱，大丁外止以实征小丁纳银之数为主，如一钱者免田五亩五分五厘零，其余二钱三钱以致六七钱者亦朋足一两八钱之数，准作一大丁，亦俱免田百亩。夫以一灶丁，每年止纳课一两八钱，而免田已至百亩。若依民间所输里甲均徭，并各项军需差务论之，每一亩岁该用银五分，总计前田百亩，共得免银五两，比之所纳课银，多余三两二钱，此外免剩之田，又止量派轻省银差，是果所免倍于所输，况灶户完课有终岁之乐，百姓杂差无息肩之时，故人皆乐于趋灶，巧于避民，或借义男名色，或假赘婿缘由。人本非灶也，而或捏认为子；户本无田也，而或冒收于人。受寄之弊既滋，编民之差愈重。

---

① 《雍正三年十一月户部为请将灶丁归并灶地征收以免苦累事覆原署浙江巡抚印务按察使甘国奎题前事》，（清）李卫等：《敕修两浙盐法志》卷一一《奏议》，第1276页。
② 《大明会典》卷三四《盐法三》，第633页下栏。

且如往年优免，止据在册灶丁以免其田，初非以田准丁而概免之也。自有倭患之后，只因一二盐场具告灶丁伤耗，始许有田之灶，以五十亩准为一丁，办纳盐课，乃照旧规优免，致未经倭患盐场，纷纷比例。此诡寄之弊，所以日深，而民灶之不均，职此故也。及查灶户之中，其豪富者，出办课银为力甚轻，而滥免避差，获利甚厚，且专滩荡巨利，私置竹盘，任力煎煮，任情给卖，而于一切有利处所，或占为田，或占为庄，漫无纪极，此富者所以日富也。其贫弱灶户，业无片田，荡无寸沙，既无别项规利，不免照丁纳课，催征之急，不至卖鬻逃亡未已也。盖由灶丁例不分户，其田皆总收户长名下，如优免则论丁，而有丁无田者，徒有纳课之苦，不受优免之赐。[①]

明代中期的灶户免田法，对于占据大片荡地的富裕灶户（如户长、总催等）格外有利，同时也吸引了民户中的权势之家设法诡寄户口于灶户，借以逃避赋税差役，进而刺激了荡地的兼并集中。而广大贫弱灶丁所占荡地不多，从免田法中获益无几，但要缴纳数倍于民丁的丁课银，加之各级官吏和盐商在食盐收购时的种种盘剥，催征急迫之际，不得已典卖放弃灶地，继而背井离乡，逃亡他处。尽管官府对此采取一定措施予以干预，如"万历二十二年，前院王案开：一清丁荡。有丁必有荡，有荡必有税。奈何日久弊生，膏腴者半属豪强，疑似者无凭稽考，或有丁而无荡，或有荡而无丁，或苦于失荡，灶窜于民，或利于得荡，民窜于灶，诸如此类，纷纷有词。各该分司将各年审册严收在官，预行各场开造草册，送分司会同总巡官临场面审，豪家果有并吞，悉还原主，其逃名窜籍之辈速令归巢，如有抗拒不服者依律招详。"[②] 然而实际上这些举措往往流于形式，未能有效遏制荡

---

① （明）庞尚鹏：《题为厘宿弊以均赋役事》，陈子龙编《明经世文编》卷三五七，第 3832～3833 页。

② （明）杨鹤：《两浙订正鹾规》卷三，《北京图书馆古籍珍本丛刊》史部第 58 册，第 506 页。

地兼并与载籍灶丁逃亡，盐场实存丁数日益减少。

从晚明到清初，浙江多数盐场始终面临灶丁缺额的问题，需要指出的是，灶丁数量的缺少并不意味着额征丁课银的减征，甚至一些盐场在遭受海侵等灾害，荡地坍没，已无法正常煎制食盐之际，丁课银仍不得豁免。"各场课荡原系分给灶丁煎办，因每年坍涨靡常，分给不等，故历来计丁征课，后滩场被潮冲没，而丁数仍存。"[1]据表6-10可知，雍正初年各盐场即便灶丁数额较晚明时锐减，其丁课银额则较清初所定原额或保持不变，或因展复招徕灶丁而有所增加，却无一较原额减轻者。为了完成丁课银额的征缴，多数盐场的对策是将缺额丁课银摊派给实存灶丁乃至无丁灶户，致使其负担愈发沉重。晚明时官员杨鹤记述道：

> 洪武中每灶一丁给与工本钞二贯六十文，以备器用，给口食。当时钞一贯可易米二石，灶丁之优裕可知，今无有矣。祖制每丁煎盐给有灰场以资摊晒，有草荡以供樵采，草荡所收之值岁可抵一丁盐课之半，不称苦也。其后贫富不齐，力不能煎办，穷者糊其口于四方，场荡没入于总催豪右之手，或开垦成田，收利入己，犹于各灶名下征收全丁课银，曰此额课也。即转徙他乡而课必不可免，故有卖妻鬻子以偿课者，有终身不娶，有生子溺死，恐贻灶丁之累者，穷灶之苦尚忍言哉。每遇五年清丁清荡之期，名为清丁矣，单丁独户卒未尝豁也，清荡矣，豪强兼并卒莫之问也。盖灶户之清丁荡非如有司编审之法委官清理，不过责成于场官，场官不过听命于场霸，团保攒书皆因缘为奸，滋狡兔之三窟者耳。其豪有力者人人得逞其影射之私，寂不复言，而其敢怒而不敢言者皆疲癃愚懦之灶丁，必不能自达其隐者也。[2]

---

① 乾隆《敕修两浙海塘通志》卷一〇《坍涨上》，第2页a。
② （明）杨鹤：《永宽商灶疏》，前揭（清）李卫等《敕修两浙盐法志》卷一六《艺文上》，第1948～1949页。

将逃亡灶丁的缺额丁银转嫁现存灶丁，固然可解燃眉之急，但治标不能治本，只会迫使更多的穷苦灶丁不堪重负，走上逃亡之路，致使日后的丁课银征缴更为艰难。

上文提到，明代后期有一批不再从事食盐生产的盐场灶丁转为州县灶丁。但直至清代，仍有许多盐场灶丁，其先祖因种种原因被金为灶丁后，世代相袭，虽从未从事煎盐，亦无滩场沙荡配给，但须承担沉重的丁课银，台州府宁海县境内长亭场有一种"山灶丁"，即为典型：

> 宁邑长亭场有海灶丁、山灶丁二项，海丁三百八十九丁，每丁课银八钱零，亦括土煎盐为事，又有海涂田地不免薄收，犹可垦种，尚非尽属空赔。其山丁五百三十五丁，内四百三十五丁每丁课银七钱二分零，又一百丁每丁课银八钱零，俱山居谷汲，与海窎远，原无荡地，不事煎盐，因从前役重丁轻，故避役就丁耳。岂知充丁之后子孙承袭无从委卸，兼有沧桑更变着落摊赔，即台属所谓"赤脚光丁"，较之丁役而偏苦尤甚，无论万里君门不能绘图上达，且系题销正项，又何敢沥血敷陈？此固滨海穷丁唏嘘啜泣而不能自解者也。幸皇上御极之二年特发奏折，有"灶丁一项必宜归在灶地，钦此"之行折开明。初灶户烧盐有地有丁，其地谓之盐场，又谓之荡田，乃取卤烧盐之地，惟丁税特重，立定户册有增无减，使历数百年，人更数十世，已经更业并无地灶者甚多。又有祖遗数丁着落一人完纳者，犹为可悯。[1]

由于战乱和自然灾害的侵袭，加之赋役繁重，盐场灶丁多有逃亡，给官府征缴丁课银造成了不小的困难，将缺额无征之丁课银摊派给现存灶丁固不可取，摊丁入地即是在这样的背景下展开的。

---

[1] 光绪《宁海县志》卷五《仓储》，第2页。

四 灶丁银的摊丁入地

浙江"州县灶丁"和"盐场灶丁",其丁银的摊丁入地各不相同。"州县灶丁"的摊丁入地与其他民丁一并展开,大多是根据各属县份"照田地起丁"或"照粮起丁"的规则,将其丁银与其他民丁的丁银一并摊入所属州县的地亩或田赋内,惟慈溪、上虞、太平三县有所谓"灶地",灶丁银自行摊入灶地地亩或田赋,同民丁、民地完全分开。慈溪县"灶户田地一千一百五十二顷九十五亩一分六厘六毫例起灶丁……每灶户田地三十九亩八分九厘二毫四丝五忽五尘派灶丁一口";上虞县"灶田六十二顷二十八亩七毫例起灶丁……每灶田三亩三分五厘九毫二丝二忽七微一尘派灶丁一丁";太平县"灶免田应征银一千四百七十一两二钱六厘一毫一丝九微零例起灶丁……每灶免田应征银五钱五分三厘八毫一丝三忽零派灶丁一丁口"。[1] 相比州县灶丁,盐场灶丁的摊丁入地更显复杂。

1. 明代晚期部分盐场的摊丁入地

盐场灶丁的丁课银摊入荡地征收,始于明嘉靖年间,浙江盐运司松江分司所辖横浦、浦东、青村、下砂、下砂二、下砂三等六场由于倭寇作乱等原因灶户逃亡殆尽,丁课已归荡地征收,成为摊丁入地的先行者。[2] 其后不久,芦沥场"自万历年间灶户逃亡殆尽,丁课已归荡地征输"。[3] 同时在杨鹤的主持下,该场将总催之役由照丁金派改行照荡金催。"臣查得嘉兴分司芦沥场总催之役金派最为不均。本场豪户荡连千亩而反脱役,小灶苦无立锥而竟陷催。富者收荡之利而避催之役,贫者躬催之役而无荡之利,甚有民户势宦不畏令甲明佃灶荡,仅代纳课,而荡去丁存之灶,资身无策,复令照丁当催,役苦费烦,赊死无路。据该场灶户赵志奎等呈称,愿行照荡

---

① 乾隆《浙江通志》卷七二《户口二》,第 12 页 a、第 27 页 a;卷七三《户口三》,第 9 页 b。
② （清）李卫等:《敕修两浙盐法志》卷六《场灶》,第 804~828 页。
③ （清）李卫等:《敕修两浙盐法志》卷六《场灶》,第 800 页。

金催之法。臣檄下所司行之。"①

此外，还有盐场将丁课银中的一部分摊入荡地，从而减轻了无地少地灶丁的负担。西路场"丁额以五千三百七十有三伙甚矣。他场之待以举火者，或以山，或以荡。西路则仅藉一亭土亭，人七尺而岁办课六钱，是则土寸而金分，且又数鬼徙土，能操沉浮，而金不能挠画一，是以繁丁供重金也。丁繁而人不胜丁则金虚，虚则不得不补，甚至阖户而责之，则人人丁也。不足则责及黄口，雏不足则责及腹孕，是又以虚丁供重金。丁愈不胜金而丁贫，贫则逋，逋则累催者偿，偿又不胜逋，而催亦贫，贫则不能终偿亦逋，以故西路丁辄鸟兽散，不知几何氏矣……长公因口绘灶艰状，关上下心，乃得受羡金一千三百四十三两有奇，丁减课二钱五分，去岁征几半矣。令甲灶丁免田二十五亩，而丁不皆受田，于是发征于场，以佐催者。然而免之弊颇征之弊漏也。长公罢典属国归，偕父老议以田之额准丁，征之入准民，即以县贮输所司，则弊为尽洗。而星石许公适以御史还里中，星泉复力从臾，星石因具请御史王公俞其议，岁得免田之金八百五两有奇，丁又减课一钱五分，存场之征三之一，而灶以大苏。"② 该场原本每岁征银六钱，贫苦灶丁常因不堪重负而拖欠、逃亡，以致缺额税负转嫁给妇女幼童，亦令催甲和官府头疼不已。后经过改革，将大部分丁课银改按地亩征收，无地少地的灶丁负担大为减轻，官府丁课银的征缴也得以确保。

2. 雍正初年盐场灶丁银的摊丁入地

盐场灶丁银普遍摊丁入地，亦在雍正初年，与民丁大体同时。雍正二年，署江苏巡抚何天培上奏清廷，提出"窃丁银归地洵为良法，惟江浙之松嘉杭绍等府有灶丁一项，必宜归在灶地。查明初灶

① （明）杨鹤：《永宽商灶疏》，前揭（清）李卫等《敕修两浙盐法志》卷一六《艺文上》，第 1950 ~ 1951 页。

② （明）陈与相：《报功祠碑记》，前揭（清）李卫等《敕修两浙盐法志》卷一六《艺文下》，第 2104 ~ 2107 页。

户烧盐，其地谓之盐场，乃取卤烧之地，但征税银，不征粮米，而灶丁之税特重。其丁立定户册，子孙承袭，有增无减。人经数十世，已经改业，并无灶地者甚多。又有祖遗数丁着落一人完纳者，尤为可悯。臣请皇上敕下该督抚行令盐运使将灶丁归并完纳，按亩匀摊，每亩所加不过毫厘，而灶户之苦累永除矣。"[1] 而当时清廷认为"有人条奏此一事，朕看来与丁银归地事同一体。尔等会同谢赐履悉心筹画，确议具奏"，并未立即推行。雍正三年、四年，经署浙江巡抚甘国奎、浙江巡抚兼理两浙盐务李卫先后上疏请求将盐场灶丁银摊入地亩征收，并详细拟订了各盐场的摊征方式后，户部方才批准了这一计划。[2]

按照李卫等制定的方案，各盐场根据自身状况，分别实施不同的摊丁入地方式。

（1）仁和场下属仁和仓及许村、鲍郎、鸣鹤、西兴、钱清、三江、曹娥、石堰等八场，"向有沿海滩荡给丁樵刮，例非按亩征银，实皆计丁输课者，今即以每丁应纳之课摊于给丁荡地，计弓按亩定则征输。"这些盐场拥有较多的沿海滩荡，原本配给灶丁樵采使用，不征税银，现将灶丁银悉数摊派到这些沿海滩荡之上，由滩地的使用者承担赋税。如此，占据大片滩荡的富裕灶户将摊派相应较多的赋税，而无地少地的贫苦灶丁，可少承担乃至不承担摊派丁课银，赋税偏累从而大为缓解。

（2）仁和场钱塘仓、北部西路等九场、南部黄岩等六场以及北

---

① 《署江苏巡抚何天培奏为请将灶丁归并灶地征收以免苦累事》，雍正二年闰四月二十六日奏，《朱批谕旨》卷二〇，《景印文渊阁四库全书》第 417 册，第 268～269 页。

② 《署浙江巡抚甘国奎题请杭州、嘉兴等七府灶丁归入灶地征收丁课银两本》，雍正三年七月二十九日，中国第一历史档案馆编《雍正朝内阁六科史书·户科》第 21 册，第 482 页；《总理户部事务和硕怡亲王允祥等题准浙抚所请将有地仓场应征灶丁银摊入给丁荡地征收本》，雍正四年七月二十九日，中国第一历史档案馆编《雍正朝内阁六科史书·户科》第 31 册，第 273～276 页。下文摊丁方式所引材料，未注明者皆出于此。

监场的峡门、华严二仓，"或虽有给丁课荡而砂碛芜樗刮煎无几，或海潮侵削坍没无存，均不便概摊丁课，更有本无给丁之地，无可摊征者"，"暂令各丁照旧输纳者，或虽有给丁樵刮荡亩，而地少丁多，因而酌量分别于旧有纳税荡滩之上加摊者，此特一时权宜，原非经久，必须清查升涨抵补，庶光丁得甦苦累，办粮荡户亦免摊赔。今查据许村、仁和、鲍郎、鸣鹤、海沙、龙头等场通共报升荡沙涂地三万四千六百九十二亩三分三厘，共应升税银五百七十一两八钱六分零，均应抵补丁银，惟是各场应补丁银为数尚多，前项升科银两不敷归足，如本场无地摊丁者应即抵补本场丁银，如本场不须抵补者，即抵邻近场分之无地丁银"。这些盐场原本分配给灶丁樵采、免征税银的沿海滩荡为数很少，或根本没有，摊丁入地只能采取其他的方式。这里实际上可以再细分为下列三种情况。

一是"暂令各丁照旧输纳"，即继续老办法，按丁征银。这种方式有黄岩场与杜渎场两例：黄岩场"雍正四年丁归地征，因本场原无给丁荡地，止有种植税荡，又属丁多荡少，难以摊派，仍令照旧输纳，俟有新涨地亩即行抵除"。该场"雍正四六两年新升税银共七百四十九两四钱四分零抵补前项无地丁课银外，尚余无抵丁课银八百二两三钱九分零，议摊民买灶田项下征收"，实现摊丁入地；杜渎场亦本无给丁课荡，"雍正四年丁归地征，因本场税荡地少丁多不能承摊，暂行照旧输纳，俟有涨垦地亩抵除。"后雍正四年和七年该场"新升税银共五百二十七两八钱九分零，抵除前项丁课，符合原征丁课之数"。① 也就是通过将新升荡地的税银与原征灶丁银抵消的方式，该场最终于雍正七年完成了摊丁入地。

二是"分别于旧有纳税荡滩之上加摊"，即在免税课荡不足的情况下，暂时将丁课银分摊到税荡之上，由垦殖灶户承担税银。由于税荡本身承担田赋，地处海滨又多为盐卤之地，产量低下，且常受

---

① 乾隆《敕修两浙海塘通志》卷一一《坍涨下》，第 32 页 b～第 33 页 a。

海侵、台风等自然灾害的侵袭，再加税负的话垦殖灶户恐难以胜任，因此方案强调为"一时权宜"，待日后有升科地亩时，以新升税银抵消此项丁课银。此类情况为数较多，如海沙场"雍正四年将丁课银按亩均摊，计旧熟课荡弓柴存荒草荡海滩共摊丁课银三百五十两二钱零，各则税荡暂摊丁课银九百六两六钱九分零，俟有新涨地亩即行抵除。"①

三是"前项升科银两不敷归足，如本场无地摊丁者应即抵补本场丁银，如本场不须抵补者，即抵邻近场分之无地丁银"。即当某盐场免税课荡和税荡均不足以摊征丁课银，而邻近盐场有富余的新升税银时，即以邻近场分的新升税银抵消该场丁课银，从而完成摊丁入地。如仁和场钱塘仓"雍正四年丁归地征，计本仓课荡应摊银一千五百三十七两三钱五分，肆因课荡履经坍卸，议将坍缺丁课加摊税荡之上，复以税荡亦多被坍，前项摊课俟有各场新升税银拨抵"。② 长亭场"缘本场并无荡地可摊，将邻近鸣鹤、钱清、西兴、石堰等场逐年新升税银拨补，符合本场原征丁课之数"。③

（3）南监场"并无场地，止纳丁课"，北监场白沙、岳头二仓"并无场地，备荒银亦系按丁征课"，邻近盐场亦无富余的新升税银，只得"将本场丁课摊归民条统征"。此外长林场"将原征丁课于办税荡上加摊，其新升丁课俟有新涨抵除。查本场实无新涨，可抵照南监场丁课摊归民条统征"。④ 摊归民条统征，即是将丁课银摊派到盐场所在州县的民地征缴。总而言之，浙江各盐场灶丁银的摊丁入地，与民丁银的摊丁入地一样，归功于李卫等地方官员对策有方，能够针对各盐场的实际状况，采取灵活方式均衡负担，最终方达到较为完满的功效。

自明代后期至清代中期，浙江沿海各盐场始终面临灶丁数量不

---

① 乾隆《敕修两浙海塘通志》卷一〇《坍涨上》，第25页b。
② 乾隆《敕修两浙海塘通志》卷一〇《坍涨上》，第8页b。
③ 乾隆《敕修两浙海塘通志》卷一一《坍涨下》，第29页b。
④ 乾隆《敕修两浙海塘通志》卷一一《坍涨下》，第40页b、41页b、37页。

断下降的问题。除了一些不从事煎盐生产的灶丁改归州县管辖之外，盐场灶丁面临沉重的丁课银负担，加之清初的战乱和迁海政策，以及自然灾害、官商盘剥，使盐场灶丁不堪重负，给官府的丁课银征缴也带来困难。摊丁入地的推行，不仅减轻了无地少地灶丁的赋税压力，也使清廷的赋税征收有了保障。

第七章
人丁编审废止后的人丁

雍正年间摊丁入地的普遍推行，使人丁对于清廷的赋税意义大大降低。乾隆初年开始实行的民数奏报制度，加速了人丁编审制度的瓦解。终于，乾隆三十七年清廷一纸诏令，将人丁编审"永行停止"，① 这一在清代实行了百余年的制度被画上了句号。

人丁编审不存在了，那"人丁"一词是否随之一同退出历史舞台？

笔者查考了上海图书馆藏的道光《归安县赋役全书》、同治《江苏赋役全书》与光绪《苏省赋役全书》，浙江图书馆藏道光《桐庐赋役全书》，杭州图书馆藏光绪《鄞县赋役全书》、清后期《瑞安县赋役全书》等。研究表明，清代后期的"人丁"概念不尽相同：浙江各地赋役全书中的"人丁"，均保留固有含义，继续与地亩田赋挂钩；江苏赋役全书中的"人丁"，其含义完全改变，与男性人口意思等同。笔者以为，尽管时过境迁，但判断清代后期的"人丁"含义，与把握清代前期的"人丁"内涵的方法相同——那就是具体情况具体分析，根据不同的语境内容加以准确判断。

第一节　清代后期的浙江人丁

首先看道光《归安县赋役全书》，归安县在清代属浙江布政司的

---

① 光绪《大清会典事例》卷一五七《户部·户口》，《续修四库全书 800 史部·政书类》，上海古籍出版社，2002 年影印本，第 549 页。

湖州府管辖，与乌程县同为该府治所。根据中国第一历史档案馆藏《康熙六十年分杭、处等十一府属清编旧额人丁滋生增益人丁总数文册》记载，归安县原额完赋人丁 68111 丁，其中包括市民人口 3516口与乡民人口 64595 口。该县当年已推行照粮起丁的人丁编审方式，田地山荡等项共征银 89424 两 6 钱 9 分 9 厘，约每银 25 两 4 钱 3 分 3厘派市民人口一口；每银 1 两 3 钱 8 分 4 厘派乡民人口一口，丁银共计 4234 两 7 钱 3 分 7 厘。

清代前期的浙江，每一"人丁"承担的丁银是固定的。从康熙早期的《浙江赋役全书》与康熙、雍正年间"人丁编审黄册"的记载来看，浙江各州县单位人丁的负担毫无变化，归安县每一市民人口的丁银负担为四分七厘，每一乡民人口的丁银负担为六分三厘。依照康熙五十一年的"滋生人丁永不加赋"诏，完赋人丁的数量被固定下来（即"原额完赋人丁"）。那么，以后完赋人丁与丁银数额是否一成不变？从道光十四年编纂的《归安县赋役全书》来看，实在完赋人丁和丁银的数字较康熙晚期相比均有变化：实存市民人口3503 口 2 分 4 厘，乡民人口 64370 口 5 毫，丁银合计 3128 两 7 钱 4分 7 厘。无论人丁还是丁银与康熙末年相比均有一定程度的下降。

《赋役全书》不仅是地丁赋役的最原始资料，其对于地丁赋役的历史沿革往往也有着较为详细的描述。根据记载，该县在雍正、乾隆年间，人丁与丁银数字先后经历了八次调整，具体情况如表 7-1所示。

可以看到，人丁与丁银的变化主要出于两种原因，一是丁银减免，二是田地改征，前者属直接原因，后者属间接原因。雍正、乾隆年间号称"治平盛世"，清廷时常以轻徭薄赋的手段宣扬其"仁政"，钱粮的蠲免在乾隆年间达到顶峰，为中国历史之冠。[①] 在雍正后期与乾隆初年，清廷着力调整税则，改重为轻，减除摊丁入地中

① 常建华：《清代的国家与社会研究》，人民出版社，2006，第 124~125 页。

表 7 – 1　归安县清代中期人丁与丁银变化情况

事　　由		市民人口	市民丁银（两）	乡民人口	乡民丁银（两）
原额完赋		3516.00	165.25	64595.00	4069.49
雍正六年	减免丁银		－16.53		－406.95
乾隆四年	减免丁银		－26.21		－645.36
乾隆十年	冲废沙盖田地免征	－1.03	－0.04	－18.98	－0.89
乾隆十年	渗漏硗瘠田改为地荡	－3.40	－0.12	－62.40	－2.91
乾隆十二年	积荒渗漏田改为地荡	－1.15	－0.04	－21.19	－0.99
乾隆十五年	积荒渗漏田改为地荡	－1.31	－0.05	－24.00	－1.12
乾隆二十九年	积荒渗漏田改为地荡	－4.87	－0.17	－89.45	－4.18
乾隆三十年	坍荒田改为地荡	－1.00	－0.03	－8.98	－0.42
道光十四年实存		3503.24	122.08	64370.01	3006.67

资料来源：道光《归安县赋役全书》，上海图书馆藏，索书号：线普 500358。

的重摊，蠲免丁去税存、多报垦荒数造成的重赋。归安县在雍正六年"为钦奉上谕事案内"减免了丁银的 10%。乾隆四年"为遵旨密议事案内"减免的幅度更大，占剩余丁银的 17.6%，两次减免合计超过丁银总额的四分之一。田地改征即是将某些遭受灾害、产量低下的田亩或蠲免田赋，或改按地荡标准减轻税赋。由于归安县系照粮起丁，即人丁数量与田赋数额成正比关系挂钩，那么田赋的减轻或蠲免则必然导致人丁数量的下降与丁银数额的减少，因而说这属于间接因素。相比之下，田地改征对于丁银的减轻程度远不及直接的丁银蠲免，乾隆年间六次田地免征、改征减免丁银合计 10 两 9 钱 5 分余，仅相当于直接减免丁银额的 1%。

　　进一步研究发现，丁银与田赋的减幅大体是一致的。道光《归安县赋役全书》中，实征丁银总数相当于康熙末年原额完赋丁银的 72.35%，而实征田赋则相当于康熙末年田赋银的 73.85%，减幅大体相同。个中原因除上文提到的人丁与田赋挂钩之外，也在于清中后期田赋与丁银虽然是两项独立的税目，但是由于摊丁入亩使丁银与田赋或地亩直接挂钩，统治者往往将两者视为一体，合称"地丁银"。在减免田赋时丁银也一并得到减免，从而使两者能够保持相近的减幅。

　　严州府桐庐、宁波府鄞县、温州府瑞安三县的《赋役全书》中，"人丁"的特点与归安县完全一致（参见表 7-2、7-3、7-4），其实际含义都是与田赋挂钩的赋税单位。历次减免"人丁"，都和地亩受灾、减免田赋密切有关。《桐庐赋役全书》载"乾隆九年为汇报秋禾水旱偏灾等事案内，题准水冲无征市民人口九分九厘二毫五忽……道光八年为查明等事案内题准水冲无征豁免人口四口八厘"。显然，遭"水冲"的并非实际成丁男子，而是摊入了丁银的土地，"豁免人口"实质就是在豁免田赋的同时，将该项田赋上附加征收的丁银一并豁免。也正因为如此，每次豁免丁口及丁银时，各类"人丁"的减幅比例基本是一致的，归安、桐庐、鄞县莫不如此。但也有例外，如瑞安县乾隆五十五年、嘉庆五年两次减丁，"灶户成丁、军户成丁、食盐课口"及"灶户食盐钞丁"的减丁幅度均显著高于"市民成丁"。

　　研究浙江各县清代后期的赋役全书，笔者发现其中记载的"人丁"均属完赋人丁，而没有滋生人丁的出现。原因在于，随着"滋生人丁永不加赋"诏的颁布，"滋生人丁"的财政意义消失；康熙末年增丁州县官员议叙停止后，"滋生人丁"的政治意义消亡；乾隆初年推行民数奏报制度后，"滋生人丁"仅存的统计意义也变得无关轻重。随着"滋生人丁"意义的消亡，"五年编审不过沿袭虚文，无裨实政"，[①] 最终于乾隆中期被明令废止。但是，人丁编审废止既不意味着人丁的消亡，也不必然导致人丁实质的转变，直到清代后期，某些场合下的"人丁"依旧与田赋或地亩保持直接的联系，而与实际人口、成年男子或全体男性均无关系。

　　从浙江各县《赋役全书》中，看到的都是减免田赋导致减除人丁的记载。那么，如果土地开垦升科，田赋加增的话，丁银额数会随之增加吗？从其他省区的情况看，答案是因地而异的。在新垦升

---

　　① 光绪《大清会典事例》卷九九《吏部·处分例·人丁编审》，《续修四库全书》第 799 册，第 586 页。

表 7 - 2　桐庐县清代中期人丁与丁银变化情况

	市民人口	丁银（两）	市民人丁	丁银（两）	乡民人口	丁银（两）	乡民人丁	丁银（两）
原　额	695.0000	3.4055	905.0000	273.3100	5963.5000	180.6941	10309.5000	3366.0518
乾隆九年	-0.9921	-0.0049	-1.2918	-0.3901	-8.5124	-0.2579	-14.7160	-4.8048
道光八年	-4.0800	-0.0200	-5.2900	-1.5976	-34.8840	-1.0570	-60.2970	-19.6870
道光十四年	-13.6330	-0.0668	-17.7480	-5.3599	-116.9615	-3.5439	-202.1960	-66.0170
实　在	676.2950	3.3138	880.6702	265.9624	5803.1421	175.8352	10032.2911	3275.5430

资料来源：道光《桐庐赋役全书》，浙江图书馆藏，索书号：普 915.1249/3031。

表 7 - 3　鄞县清代中期人丁与丁银变化情况

	事由	市民人口	丁银（两）	乡民人口	丁银（两）	丁米（石）	人丁	丁银（两）
原　额		15510.00	193.81	111921.00	2248.83	1264.27	87279.70	10897.46
乾隆三年	请申劝垦等事	-2.25		-16.24			-12.66	
乾隆七年	请申劝垦等事	-3.12		-22.50			-17.55	
		15504.63	193.81	111882.26	2248.83	1264.27	87249.49	10897.46
乾隆十九年	请申劝垦等事	-7.65	-0.10	-55.20	-1.11	-0.62	-43.05	-5.38
实　在		15496.98	193.71	111827.06	2247.72	1263.65	87206.44	10892.08

资料来源：光绪《鄞县赋役全书》，杭州图书馆藏，索书号：141-3450-21325。

表 7 - 4　瑞安县清代中期人丁与丁银变化情况

	事由	市民成丁	丁银（两）	丁米（石）	灶户成丁、军户成丁、食盐课口	丁银（两）	丁米（石）	灶户食盐钞丁	丁银（两）
康熙五十年完赋		12653.00	2545.78	363.14	14790.00	378.62	424.47	7106.00	248.71
乾隆二年	请申劝垦等事	-30.44	-6.13	-0.87	-35.59	-0.91	-1.02	-17.10	-0.60
乾隆七年	汇报秋禾等事	-4.77	-0.96	-0.14	-5.57	-0.14	-0.16	-2.66	-0.09
乾隆八年	请申劝垦等事	-7.57	-1.52	-0.22	-8.85	-0.23	-0.25	-4.25	-0.15
乾隆十五年	汇报各属偏灾等事	-11.72	-2.36	-0.34	-13.70	-0.35	-0.39	-6.48	-0.23
乾隆四十一年	请申劝垦等事	-86.09	-17.32	-2.47	-100.63	-2.58	-2.89	-48.35	-1.69
乾隆四十六年	请申劝垦等事	-17.40	-3.50	-0.50	-20.34	-0.52	-0.58	-9.77	-0.34
乾隆五十年	请申劝垦等事	-17.86	-3.59	-0.51	-20.87	-0.53	-0.60	-10.03	-0.35
乾隆五十五年	请申劝垦等事	-16.70	-3.36	-0.48	-41.10	-1.05	-1.18	-10.00	-0.35
嘉庆五年	请申劝垦等事	-43.89	-8.83	-1.26	-108.02	-2.77	-3.10	-26.28	-0.92
实存		25069.56	2498.21	356.36	14435.34	369.54	414.29	6971.09	243.99

资料来源：清后期《瑞安县赋役全书》，杭州图书馆藏，索书号：141-3451-21326。

科耕地征收丁银的问题上，各省做法很不相同，"各省新垦地亩应派丁银，有俟五年编审后将通省民屯旧额新升之粮均匀摊派者，亦有各按本州县新升地亩内摊派者，又有按照各该州县额定科则征收，并不摊派者，俱系相沿旧例，并未画一。"① 按照各省奏报，广东、福建等省，新升地亩并不派纳丁银，丁银额数故不会增长。江西等省，"因新垦地亩俱无丁可加，而旧额内均有丁银，未便使其偏枯，是以将旧额内所带丁银减出若干，摊入新垦项下均匀分派"。② 个别县份可能因为开垦升科地亩较多，使摊纳的丁银数额增加，但全省的丁银总额并不会增长。唯有按照额定科则征缴丁银的省份，丁银总额可能增加，直隶即为典型："直属丁银，从前原系按则征收，嗣因丁多田少，苦乐不均，于雍正元年将通省丁银摊入通省地粮之内，共计应征丁匠银四十二万四千四百四十四两零，摊入应征地粮银二百五万一百八十九两零，每粮银一两摊丁匠银二钱七厘零，遇闰加银七厘九毫零。凡有新垦升科地亩，丁随粮计，即按此数加摊。如遇除粮，丁银亦一体豁免，统于各本案内随时题咨，入于本年奏册分别增除办理。"③ 只要有新垦升科地亩，就按照每粮银一两摊丁匠银二钱七厘零（遇闰加银七厘九毫零）的科则征缴丁银，那么丁银数额势必随着新垦升科地亩的数量上升而增加。

第二节　清代后期的江苏人丁

上海图书馆藏同治《江苏赋役全书》与光绪《苏省赋役全书》

---

① 《闽浙总督钟音等为复福建新垦地亩俱照额定科则征收事奏折》，乾隆三十八年十月十五日，中国第一历史档案馆编《摊丁入亩后新垦地亩丁银征收史料》，《历史档案》1992 年第 3 期，第 40～41 页。
② 《江西巡抚海成为江西新垦地亩丁银仍每五年通省均摊事奏折》，乾隆三十八年十月十三日，中国第一历史档案馆编《摊丁入亩后新垦地亩丁银征收史料》，第 39～40 页。
③ 《直隶总督周元理为复直隶新垦地亩丁银照旧田科则征收事折》，乾隆三十八年九月十四日，中国第一历史档案馆编《摊丁入亩后新垦地亩丁银征收史料》，《历史档案》1992 年第 3 期，第 38～39 页。

反映的是江苏（苏州）布政使司所辖苏州、常州、镇江、松江四府及太仓直隶州及其所属县厅同治四年与光绪元年册报人丁与丁银的数额。按照清廷早年规定，《赋役全书》"定例每十年修辑一次"，①但时至晚清，由于吏治腐败加上战乱频仍，这一规定往往形如具文。同治《江苏赋役全书》中提到，前一次的全书纂修是道光十年，其后三十余年未曾编纂。清廷于同治三年镇压太平天国后，由于苏南诸府土地荒弃严重，田亩赋税亟待重新整理，便于同治四年令各州县恢复编纂《赋役全书》。十年后的光绪元年，鉴于耕地大多恢复垦种，地方官府又一次对《赋役全书》进行了修订。

一　两份《赋役全书》"人丁"概貌

与清代前期的赋役全书一样，这两部《赋役全书》对于"人丁"一项有着较为完整的记载，记载内容包括各州县厅的实在人丁数（作"实在通共男丁"，而清代前期相关的史料很少有"男丁"这样的表述）、"原额充饷当差人丁"数（也称原额完赋人丁）及丁银额、"滋生免徭人丁"数等内容。笔者尝试将实在丁数与原额充饷当差丁数进行对比，如表7-5所示。

表7-5　同治四年、光绪元年江苏布政使司所属各州县厅
实在人丁与原额充饷人丁对照

州县名	上级政区	原额充饷当差人丁	同治四年册报实在通共男丁	较原额增长（%）	光绪元年册报实在通共男丁	较原额增长（%）
苏州府	长洲县	49296	264722	437.0	289702	487.7
	元和县	49735	260665	424.1	314125	531.6
	吴县（含太湖厅）	66830	86976	30.1	184712	176.4
	吴江县	48828	118588	142.9	146015	199.0
	震泽县	56566	100245	77.2	262404	363.9

① 《清朝文献通考》卷四一《国用三》，第5230页中栏。

州县名	上级政区	原额充饷当差人丁	同治四年册报实在通共男丁	较原额增长(%)	光绪元年册报实在通共男丁	较原额增长(%)
苏州府	常熟县	64226	213532	232.5	216455	237.0
	昭文县	49759	185571	272.9	197971	297.9
	昆山县	27186.5	28416	4.5	38540	41.8
	新阳县	26403.5	29430	11.5	42694	61.7
常州府	武进县	76308	74555	-2.3	78946	3.5
	阳湖县	80554	76196	-5.4	136703	69.7
	无锡县	73853	72053	-2.4	130819	77.1
	金匮县	68656	138008	101.0	236160	244.0
	江阴县	151692	85687	-43.5	165859	9.3
	宜兴县	92791	28271	-69.5	103257	11.3
	荆溪县	64044	25818	-59.7	73011	14.0
	靖江县	29751	244310	721.2	245085	723.8
镇江府	丹徒县	43182	105560	144.5	123653	186.4
	丹阳县	19567	241568	1134.6	324820	1560.0
	金坛县	17884	21758	21.7	33696	88.4
	溧阳县	54575.5	39824	-27.0	55725	2.1
太仓州	太仓州	20159	66051	227.7	67142	233.1
	镇洋县	20082	61959	208.5	62961	213.5
	嘉定县	44718	223378	399.5	228179	410.3
	宝山县	36618	128348	250.5	129525	253.7
	崇明县	35461	324848	816.1	85184	140.2
松江府	华亭县	29599	151019	410.2	157341	431.6
	奉贤县	29382	140215	377.2	145736	396.0
	娄县	30198	151954	403.2	156880	419.5
	金山县	24520	160212	553.4	162278	561.8
	上海县	43285	285988	560.7	285821	560.3
	南汇县	41336	291397	604.9	344463	733.3
	青浦县	33699	208870	519.8	208399	518.4
	川沙厅	6587	68249	936.1	68759	943.9

资料来源：上海图书馆藏：同治《江苏赋役全书》（索书号：线普长 54599-639）、光绪《苏省赋役全书》（索书号：线普长 54640-69）。

同治四年与光绪元年，江苏布政使司所辖四府一州人丁数合计分别为4704241丁与5503020丁，较康熙五十年人丁（即原额充饷当差人丁，也称原额完赋人丁）分别增长1.92与2.42倍。各州县的人丁增长率相当不均衡。同治四年，松江府各县的人丁增长率普遍在300%以上，甚至是原额人丁的9倍以上。太仓直隶州的增长率也均超过200%。而其余三府除个别县份外，绝大多数地区的增幅则大大低于平均增幅，尤其是常州、镇江两府的一些县份，同治四年的人丁数甚至低于康熙晚期的原额数。同治《赋役全书》特意将这些县份道光十年的编审人丁数增列出来，相比之下，下降幅度不可不谓惊人（参见表7-6）。

表7-6　常州、镇江府部分县份道光十年与同治四年人丁对照

	道光十年人丁	同治四年人丁	下降幅度（%）		道光十年人丁	同治四年人丁	下降幅度（%）
武进县	397494	74555	81.2	宜兴县	330621	28271	91.4
阳湖县	525588	76196	85.5	荆溪县	229034	25818	88.7
无锡县	339549	72053	78.8	溧阳县	346443	39824	88.5
江阴县	555126	85687	84.6				

资料来源：同治《江苏赋役全书》。

结合时代背景，这一时期载籍人丁的下降与太平天国战乱有着紧密的联系。[1]同治年间人丁较原额增幅缓慢，乃至出现负增长的县份，恰恰也是咸、同年间清军与太平军战事激烈，战火持续较长，毁坏最为严重的地区。据时人记载同治三年冬时："自沪至昆（山），炊烟缕缕，时起颓垣破屋中。而自昆至苏（州）境转荒落，金阊门外瓦砾盈途，城中亦鲜完善，虎丘则一塔幸存，余皆土阜。由是而

---

[1]　同治《江苏赋役全书》中实在通共男丁数低于原额充饷当差人丁数的县份均附有以下文字："同治四年分据报通县人丁被兵故绝较多，不足充饷原额，以致前项滋生免徭丁数无从开造。其丁银原系随田办纳，现在该县荒田未尽，开垦亦已随田蠲免，就数造报无关出入，应俟民生渐繁再行照案纂订，理合登明"。

无锡、而常州、而丹阳，蔓草荒烟，所见一律……余若奔牛、吕城、新丰诸镇，向称繁庶，今则一望平芜，杳无人迹；偶见一二乡人，皆骨立声嘶，奄奄垂毙。问之，则云一村数百人，今什不存一矣。"① 即使战后经过一段时间的恢复，到光绪初年时，人丁数虽有一定的回升，但数额仍大大低于战前。与之相反，松江府、太仓州的许多属县没有或较少受到战火波及，载籍人丁较原额仍保持较大增幅。

二　两份《赋役全书》中的"人丁"的实质

《赋役全书》中记载的"人丁"，包括"实在通共男丁"、"原额充饷当差人丁"与"滋生免徭人丁"三种类别，"实在通共男丁"数为后两者相加之和。实际上，不同的人丁，其实质完全不同。可以这样说，整部清代后期《赋役全书》，就是不同含义的"人丁"的混合体。

（一）原额充饷当差人丁的实质

所谓"原额充饷当差人丁"，指的是康熙五十年编审时的实在人丁。"滋生人丁永不加赋"诏将这一数字作为定额，日后编审新增人丁则作为"滋生人丁"，免征丁银。江南诸府县早在晚明时就大多陆续改行照田地或粮银起丁的人丁编审方式。"东南开垦益多，地利逾广，其势不得不重田亩，以金派里役。于是黄册之编审，皆以田若干为一里，不复以户为里……此江北之以丁定差者，今尚有真户籍；江南之以田定差者，今概无口数。"② 清代盛枫记载康熙末年江南人丁编审情况时说："江南之丁寓于田，卖田则丁随田去，故贫民之丁，俱归于富民，是有丁之名，而无丁之实也。"③ 可见雍正六年清廷在江南正式推广摊丁入地之前，许多州县已经自行采用这一方式

---

① （清）毛祥麟：《甲子冬闻赴金陵书见》，转引自刘石吉《明清时代江南市镇研究》，中国社会科学出版社，1987，第 75 页。

② （明）顾炎武：《天下郡国利病书》第 22 册《浙江下》引《海盐县志·食货篇》，第 1756 页。

③ （清）盛枫：《江北均丁说》，贺长龄编《清经世文编》卷三〇，第 736 页上栏。

核算人丁，征派丁银。而雍正六年江南的摊丁入地并无统一的范式，而是各府州县自主匀摊，方式各异，根据乾隆《江南通志》卷六十九、七十《田赋》的记载，上述四府一州中，松江府与常州府属各县系按田地摊派丁银，其余则为按田赋税银摊派丁银，这很可能是延续过往的做法。

"原额充饷当差人丁"的实质，归根到底取决于康熙五十年该州县的人丁编审方式。在照田地派丁与照粮赋派丁的县份，人丁是与地亩或田赋挂钩的赋税单位，与实际成丁均无关系。而在照人起丁的县份，人丁在名义上保持本意，是指十六至六十岁的成年男子。鉴于同治《江苏赋役全书》与光绪《苏省赋役全书》中所列的"原额充饷当差人丁"，基本上都是康熙五十年丁数的沿袭，判断其实质就必须追溯当地康熙晚期的人丁编审情况，从历史中获得答案。

（二）实在通共人丁与滋生免徭人丁的实质

"滋生人丁永不加赋"诏颁布后，清政府规定在照人起丁的地方，"如一户之内开除一丁，新增一丁，即以所增抵补所除。倘开除二三丁，本户抵补不足，即以亲族之丁多者抵补，又不足，即以同里同图之粮多者顶补，其余人丁归入滋生册内造报。"① 而照田、粮起丁的地方则因地而异，第四章第二节中笔者已论述了江南与浙江的差别，此处不赘。第四章第三节的研究亦表明，实在通共人丁由原额完赋人丁与滋生人丁两部分组成，很大程度上是两种不同含义的叠加复合，是一个明显不伦不类的概念。

但上述这些只是人丁编审尚未废止前的情形。人丁编审废止后，官府不再专门统计成丁数据，那么，《赋役全书》中变化有常的实在人丁（实在通共男丁）与滋生免徭人丁其实质又是什么呢？笔者通过将两份《全书》的实在通共丁数与地方志中记载的丁口数进行对比，从中获得了新的启示（参见表7-7）。

---

① 乾隆《钦定大清会典则例》卷三三《户部·户口下》，《景印文渊阁四库全书》第 621 册，第 20 页上栏。

表 7 - 7　松江府各县、厅同治三年实在丁口数与同治四年丁数对比

	同治三年			同治四年实在通共男丁
	通共男妇丁口	男丁丁数	妇女口数	
华亭县	269429	150586	118843	151019
奉贤县	264166	135291	128875	140215
娄　县	264708	151554	113131	151954
金山县	274375	160097	114278	160212
上海县	544357	285966	258391	285988
南汇县	515318	285679	229639	291397
青浦县	375047	208788	166259	208870
川沙厅	122386	68234	54152	68249

资料来源：光绪《松江府续志》卷一四《田赋志·户口》；同治《江苏赋役全书》。

《松江府续志》中的人口总数由男丁丁数与妇女口数构成，"男丁"无疑就是男性人口。《赋役全书》中实在通共男丁数，与地方志中的男丁丁数极其接近，其时间仅隔一年，可以判定《赋役全书》中的实在人丁事实上就是男性人口。

其他地区的地方志同样能验证这一观点。如光绪《吴江县续志》卷九《赋役志二·丁口》引据档册记载："（同治）十三年实在二十六万二千十三丁口，大男一十万四千九百五十一，小男四万六百六十九，大妇七万二千七百七十九，小女四万三千六百十三。"男性（大男与小男）人口共计 145620，与《赋役全书》光绪元年实在人丁数 146015 相当接近。

光绪《嘉定县志》卷四《赋役志·户口》："同治三年册报民数三十八万五千五百八十五口，内男丁二十二万三千一百三十一。四年册报男丁二十二万三千三百七十八……光绪元年册报民数三十九万一千二百一十二口，内男丁二十二万八千一百七十九。"这里民数中的男丁无疑就是男性人口，而两份《赋役全书》中的当年实在丁数与之皆吻合，显而易见实在人丁指的都是男性人口。

这样看来，同治《江苏赋役全书》与光绪《苏省赋役全书》中的"人丁"在概念上极其混乱。"通共实在人丁（男丁）"是实在男

性人口，"原额充饷当差人丁"指的则是康熙五十年的实在人丁——在一些地方是指十六至六十岁的成年男子，而在更多的地方则是与成丁脱钩，而与地亩田粮挂钩的赋税单位。而"滋生免徭人丁"则是将"通共实在人丁"减去"原额充饷当差人丁"的数字。"原额充饷当差人丁"与"通共实在人丁"的人丁性质大相径庭，但在官僚体制下，为了延续传统《赋役全书》的格式，而将口径完全不同的两种"人丁"置于一处加以计算，在逻辑上显然荒谬绝伦。但是，当时的赋役全书编纂者并未意识到这一点。

三　始终复杂的清代"人丁"实质

《赋役全书》中人丁概念的混杂，表面上看，是编纂者对于各种人丁的实质未能清晰掌握。而如果追根溯源的话，深层次的原因则是清代中期"人丁"意义的弱化。

"滋生人丁永不加赋"之前，人丁在多数地方是指成年男子，在南方的某些地区，还包括妇女、未成丁等，而在丁随地（粮）派的地区则是与成丁脱钩而与地亩或田赋密切挂钩的赋税单位。"滋生人丁永不加赋"之后，多数地方改行照田、粮起丁，且丁银的定额化的特征极其明显，[①] 完赋人丁的意义因而渐渐弱化。而上文已提到的"滋生人丁永不加赋"、增丁议叙废止与民数奏报制度的建立，使滋生人丁的意义亦逐步弱化。人丁意义的弱化无疑是其实质转变的重要因素。

乾隆三十七年之后，由于人丁编审已不复存在，"人丁"在时人脑海中的概念更趋淡化、模糊化，其实质亦开始逐步变化。这体现在以下两个方面。

一方面，人丁与男性人口等同起来。乾隆中期以后，虽然人丁编审制度被废止，但在许多地方（比如江苏布政使司辖区），《赋役

---

① 直到光绪年间，江苏布政使司辖区的绝大多数县份，丁银数额与雍正年间毫无二致（仅崇明、靖江两县因辖境变化丁银数额有所降低）。

全书》等官方载籍的人丁记载项目照旧存在，每隔一段时间，州县必须重新编制"实在人丁"与"滋生人丁"数目。起初，为了虚应故事，编纂人员就从每年的民数奏报中取出男性人口（男丁）数，作为实在人丁造入《赋役全书》中，久而久之，实在人丁就与实在男性人口等同起来，且造成了《赋役全书》内人丁含义的极度混乱。

另一方面，人丁与人口的概念混同起来。最典型的例子就是清高宗于乾隆五十八年发布的上谕，其中述道"朕恭阅圣祖仁皇帝实录，康熙四十九年民数二千三百三十一万二千二百余名口，因查上年各省奏报民数共三万七百四十六万七千二百余名口，较之康熙年间，计增十五倍有奇。"① 其实，康熙年间的所谓民数乃是人丁数，而清高宗将其混为一谈，才得出人口增长十余倍的错误结论。清高宗作为摊丁入地制度的亲历者与废止人丁编审制度的最高决策者，照例应对人丁的来龙去脉十分清楚，但事实却全不尽然。

高高在上的君主对于人丁的概念不甚了了，基层的官吏则更是一笔糊涂账。光绪《江阴县志》卷四《民赋志·户口》："同治三年编查户三万二千五百二十八，口十万一千六百四十九，四年增编人丁四万四千七百五十一，五年增编人丁七万一千二百七十四，六年增编人丁一万九千八百八十六……十二年编审滋生人丁九百九十九，十三年编审滋生人丁一万一千四百七十一，光绪元年编审滋生人丁三千二百十五，二年编审滋生人丁实在共三十万九千四百四十一口，男十七万六千六百三丁，妇女十三万二千八百三十八口。"人丁编审其时早已废止，此处每年的"编审"实际指的都是民数奏报，而"人丁"则全部与"人口"混同。

光绪《溧阳县志》也出现了人丁与人口混同的问题："嘉庆十六年五万八百四十五户，六十二万四千五百八十一丁，内男丁三十四万三千六百零五，妇女二十八万九百七十六。"② 地方志的编纂者将

---

① 《清高宗实录》卷一四四一，乾隆五十八年十一月戊午，第249～250页。
② 光绪《溧阳县志》卷六《食货志·户口》，第56页。

男性人口记作"男丁"，而全体人口的单位竟然也是"丁"。"人丁"意义在清代后期的混乱，于此可见一斑。

笔者关于本章的结论是：把握清代后期"人丁"的实质，仍需具体情况具体分析。从清代后期的几部《赋役全书》中首先可以发现这一事实：人丁编审制度的废止并不意味着人丁从历史舞台退出，由于有清一代，丁银始终作为一项税收名目存在，这就决定了人丁在清代后期一如既往地见载于官方文书之中。

然而，自康熙晚期起，人丁的意义却随着"滋生人丁永不加赋"诏的颁布、增丁议叙的废止与摊丁入亩的推行而不断弱化，最终导致了乾隆三十七年人丁编审制度的废止。时过境迁，人丁的实质此时逐渐发生新的变化。除了保留成年男子（某些地区包括妇女与未成年人）和与地亩粮银挂钩的赋税单位等清代前期"人丁"一词已被赋予的含义外，清代后期，人丁又增添了两种新的含义——全体男性人口与全体人口。这使得"人丁"含义的复杂程度，较以往更有过之而无不及。

因此，与清代前期一样，人丁编审废止后的"人丁"亦难以给出放之各地而皆准的定义或描述。对于这一时期的人丁，我们同样要具体情况具体分析，结合具体的语境和时代背景，做出符合历史真相的判断。

第八章
结　论

通过本书研究可以看到，虽然早在明初的黄册中对人丁即加以编审，相比之下丁银征收制度则起步较晚，发源于明代中期，成型于明代后期。清军入关后，人丁编审和丁银征收制度得到了承继、规范和发展。康熙晚期和雍正年间清廷推行的"滋生人丁永不加赋"和"摊丁入地"，是人丁编审和丁银征收制度经历的根本变革。随着绝大部分省区的丁银摊入地亩，人丁编审的意义迅即下降，最终于乾隆中期为清廷明令废止。然而"人丁"在官方文书中的痕迹仍留存至晚清，尽管其实际含义发生了更大的变化。人丁编审与丁银征收制度的发展过程，同时也是国家财税体制经历的一次重大变革，意义极其深远。

一　人丁编审与丁银征收制度在明代的发源与成型

所谓"人丁"，是指能够提供赋役的青壮年男子："凡民男曰丁，女曰口，未成丁亦曰口。"① 秦汉以降，直至明清，农业始终被视为国家的根本，田地和人丁，则是农业生产的两项基本要素。对田地征收田赋，对人丁征收税金或派征力役，是历代政府两项基本的财政来源。"自古赋出于地，役出于丁。明初编审税粮，则以地为经，丁为纬。编审银力差徭，则以丁为经，地为纬，二者相为经纬，法

① 嘉庆《大清会典》卷一一《户部》，《大清五朝会典》第12册，第139页上栏。

至善也。"① 在明太祖等早期统治者看来，所有除了官僚、士大夫及其部分亲属等（即"优免人丁"）以外的丁壮男子，都有义务承担官府的差徭，但同时也不能完全不顾其负担具体徭役的实际能力。因此，人户的丁口和地亩、财产情况一概记载于黄册，由里甲按期编审，综合作为派征徭役的依据。

田赋的税额在明初即明文规定，无法随意增加，但徭役的内容却随官府的实际需要经常变化。明中期后，官僚集团日益腐败，边疆与沿海地区又遭受"南倭北虏"的不断侵扰，各级官府对物资供奉与差役服务的需求显著增加。由于徭役日趋繁扰，且轻重不均，人丁逃亡隐匿以逃避差徭的现象日益凸现。随着 16 世纪大航海时代的到来，白银大量涌入国内并逐渐成为交易的硬通货。为解决应役人丁负担畸轻畸重、大量人丁隐匿避役的问题，不少地方尝试将各种力役改行雇募，所需费用折算成银两后按人丁、土地分别派征。如江西，嘉靖年间里甲、均徭、驿传、民壮等"四差"基本已经折银雇募，或照丁粮分派，或完全摊入田赋中。

徭役货币化的实现，在提高官府行政效能的同时，使人民摆脱了大部分徭役的苛扰，削弱了百姓对国家的人身隶属，减轻了对于农业生产和民众生计的妨害，促进了社会流动和经济发展。然而存在的问题是，税出多门，零散分派，吏役奔走催科，百姓频繁完纳，亦给官吏借机加派，中饱私囊滋生了便利。且均徭银五年或十年一纳，数额较大，贫民负担较重，这些弊端促使丁银的"一条鞭"征法应运而生。隆庆、万历年间，经过"一条鞭法"改革，各种繁杂的赋役名目基本被归并入田赋和丁银这两大系统中。各项差役折银与原本计口征收的户口食盐钞等税赋合并为统一的丁银，一年中一次完纳，不仅公私两便，而且较"十段法"更为均衡易行，是赋役制度史上的一大进步。而随着食盐钞等赋税并入丁银征收，丁银的

---

① （明）任源祥：《问条编征收之法》，贺长龄编《清经世文编》卷二九，第 717 页上栏。

纳税主体多样化，妇女（食盐课口）、未成丁（食盐钞丁）等亦加入载籍"人丁"的行列，使人丁一词的含义不仅为固有的丁壮男子，而变得复杂起来。

与徭役的派发一样，丁银的派征同样建立在人丁编审制度下，这意味着国家对于民众（尤其是成丁男子）的人身控制并未出现根本改变。长江以南地区的徭役折银大部分摊入田赋，仅少部分派于人丁，故多数地方丁银负担相对较轻，且人丁编审日益形式化；长江以北地区徭役折银后大部分转化为丁银，因而人丁编审执行严格，且丁银负担普遍较重。丁银负担对于广大人民，尤其是缺乏产业的贫苦百姓而言，仍是一项较为沉重的负担。而到明代晚期，旱灾、蝗灾、瘟疫齐袭，清军压境，民变蜂起，明廷疏于赈灾，应敌无方，却急于科敛，"万历末年，户部尚书李汝华倡加辽饷。崇祯初，杨嗣昌柄政，又加练、剿二饷。计前后加赋二千万，是为三饷。"① 赋税的增加并未挽救明廷的内外交困局势，而是极大恶化了赋税财政秩序，激起了更为激烈的反抗，最终将其统治彻底颠覆。

二　人丁编审与丁银征收制度在清代的承继、规范与发展

（一）清初朝廷视野下的人丁编审和丁银征收

顺治元年清军入关，取代明朝的统治。当时，北方各省经历了十余年的战乱，田地荒芜，民众流离失所，载籍地亩和人丁数额急剧下降，而南方则有相当部分区域处于南明各派势力及其他武装的控制下，与清廷继续抗衡。面对纷乱的局势，恢复统治秩序，尤其是恢复赋税征收秩序，为国家机器的正常运转提供充足的财力保证，是清廷的当务之急。

中国历史上的封建社会长期处于以农业为中心的自然经济状态，民间提供赋税的能力相当有限，竭泽而渔的赋役榨取，只会

---

① （清）王庆云：《石渠余纪》卷一《纪免科》，第8页。

招致财政秩序的恶化和民众的反抗。秦代苛政，"又加月为更卒，已复为正，一岁屯戍，一岁力役，三十倍于古；田租口赋，盐铁之利，二十倍于古"，① 结果二世而亡。历代朝廷总结这一历史教训，于新王朝创建伊始，在恢复正常财政秩序的同时，一般都会推行轻徭薄赋的政策，争取民众支持。尤其是历经浩劫，或战乱未息的朝代，如《老子》所谓"师之所处，荆棘生焉。大军之后，必有凶年"。基于客观环境，更不得不如此，以图休养生息，逐渐恢复。

清廷定鼎北京后，承继了明代的赋税征收制度，同时颁布了一些轻徭薄赋的政策，力图恢复正常的财政秩序。入关伊始，清廷便下诏规定："地亩钱粮俱照前朝《会计录》原额，自顺治元年五月初一日起按亩征解，凡加派辽饷、新饷、练饷、召买等项，悉行蠲免。其大兵经过地方仍免正粮一半，归顺地方不系大兵经过者免三分之一，就今年一年正额通算。各直省起存拖欠本折钱粮，如金花、夏税、秋粮、马草、人丁、盐钞、民屯、牧地、灶课、富户、门摊、商税、鱼课、马价柴直枣株、钞贯果品及内供颜料、蜡茶、芝麻、棉花、绢、布、丝绵等项，念小民困苦已极，自顺治元年五月初一日以前，凡未经征收者，尽行蠲免。"② 次年颁布的"平南恩诏"重申："河南、江北、江南等处，人丁地亩钱粮及关津税银、各运司盐课，自顺治二年六月初一日起，俱照前朝《会计录》原额征解，官吏加耗重收或分外科敛者治以重罪。凡各派辽饷、剿饷、练饷、召买等项永行蠲免。即正项钱粮以前拖欠在民者亦尽行蠲免。"③ 这里提到的前朝《会计录》是万历年间编纂的，可见，清廷试图以明万历年间的赋税额度作为征税基准，剔除明季的赋税加派，以此构建新的赋税征收体系，并通过蠲免以往拖欠的赋税、减轻战乱破坏地区赋役额度等方式来赢得广大汉族官民

① 《汉书》卷二四上《食货志上》，中华书局，1962，第 1137 页。
② 《清世祖实录》卷九，顺治元年十月甲子，第 95 页。
③ 《清世祖实录》卷一七，顺治二年六月己卯，第 154 页。

的支持。①

在人丁编审和丁银征收制度上，清廷同样承继了明代的固有制度，并加以规范统一。顺治五年、十二年，清廷分别诏令各地实施人丁编审，并就编审的规范程式作了规定。与明代的丁银主要存留地方开支不同，清代的丁银有相当部分需要起运中央，因此人丁编审、丁银征收制度的规范统一非常必要。针对各地人丁编审周期不一的弊端，顺治十三年清世祖诏令将各地人丁编审周期统一为五年，同时将黄册的编纂周期由十年改为五年，与人丁编审周期一致，并大大简化了黄册内容。至此，清代人丁编审制度大体趋于完备定型。而轻徭薄赋的政策同样体现到了人丁编审和丁银征收上，"丁银原有定额，年来生齿凋耗，版籍日削，孤贫老幼尽苦追征，殊可悯恻。自今以后，各抚按官严行有司细加查核，凡幼未成丁、老残未豁者，悉与豁免。"② 对于部分因战乱而人丁锐减的地方，清廷对人丁的"原额"亦给予了除豁。此外，为招抚士绅阶层，顺治初年清廷在部分地区给予优免人丁较明代更多的税收优惠。必须指出的是，清初朝廷的轻徭薄赋与丁额豁免，与其说是"仁政"的彰显，不如说是对于哀鸿遍野、地荒人亡的现状无可奈何的承认。

清廷虽然将万历年间的赋税额度作为计税原额，但战乱的严重破坏和抗清势力的割据使地亩数和人丁数在当时远不能达到万历年间的额数，故清廷在入关之后的很长时期无法征收到这一额数的钱粮。作为外来的少数民族朝廷，清廷入关后强制推行的剃发易服、圈地、逃人法等举措，一度激起广大汉族人民的不满和抗争，南明及其他抗清势力的武装抵抗亦长期持续。顺治年间，清廷在军事上的开支节节攀升，军费赤字亦与日俱增。"方顺治八九年间，岁入额

---

① 顺治十四年清廷下诏编修《赋役全书》，重申"钱粮则例俱照明万历年间，其天启、崇祯时加增尽行蠲免。地丁则开原额若干，除荒若干，原额以明万历年刊书为准，除荒以覆奉俞（谕）旨为凭。"（《清世祖实录》卷一一二，顺治十四年十月丙子，第 878 页）

② 《清世祖实录》卷九，顺治元年十月甲子，第 95 页。

赋一千四百八十五万九千有奇，而诸路兵饷岁需一千三百余万，加以各项经费二百余万，计岁出至一千五百七十三万四千有奇。出浮于入者，凡八十七万五千有奇。至十三年以后，增饷至二千万，嗣又增至二千四百万。时额赋所入，除存留项外，仅一千九百六十万，饷额缺至四百万，而各项经费犹不与焉。国用之匮乏，盖视前代为独甚。"① 财政极度紧张，清廷不得不在构建正常赋税秩序的同时，采取各种手段筹措粮饷，如大幅度取消优免人丁的税收优惠，又如偷换概念，将"辽饷"改称"九厘银"，添加入赋税中。② 顺治十八年，又恢复征收练饷。③ 某些地区甚至对战乱抛荒地亩的赋税不加豁除，而是摊征到熟地上征收，以致百姓不堪负担，竞相逃亡，反而进一步加剧了赋税逋欠。

战乱从顺治年间蔓延到康熙前期，清廷的财政也越发捉襟见肘。三藩之乱时，由于叛军进展迅猛，清廷的军费再度骤然吃紧，乃至采取非常手段，征调了地方的全部存留，造成地方财政的长期亏空。"从前各省钱粮，除地丁正项外，杂项钱粮不解京者尚多。自三逆变乱以后，军需浩繁，遂将一切存留项款，尽数解部。其留地方者，惟俸工等项不可省之经费，又经节次裁减，为数甚少。此外则一丝一粒，无不陆续解送京师，虽有尾欠，部中亦必令起解。州县有司，无纤毫余剩可以动支，因而有挪移正项之事。此乃亏空之大根原也。"④

在顺治与康熙前期战乱交替、军费极度紧张之时，清廷竭尽所

---

① （清）张玉书：《纪顺治间钱粮数目》，贺长龄编《清经世文编》卷二九，第 713 页上栏。
② 《清世祖实录》卷一一二，顺治十四年十月丙子："至若九厘银，旧书未载者，今已增入。"（第 878 页）
③ 《车克题加征练饷之法及严禁各官作弊事本》："奉御前发下红本，该议政王、贝勒、大臣、九卿、科道等官公同会议得，本年不敷五百七十万有奇银两，今各省镇兵丁仍给操赏银两，应将明季所增练饷，照旧例暂增，于顺治十八年为始起征，俟钱粮充足之日，该部题请停止等因具题。奉旨：依议，钦此。即应遵此通行。"（顺治十八年七月初九日题，故宫博物院明清档案部编《清代档案史料丛编》第 4 辑，中华书局，1979，第 1~2 页）
④ 《清圣祖实录》卷二四〇，康熙四十八年十一月丙子，第 5333 页。

能筹措开支,轻徭薄赋终究成为一句空话。在人丁编审和丁银征收上,清廷制订了严格的人丁编审规则,力图将逃亡隐匿的人丁尽可能搜刮出来,征缴丁银。为了督促地方官依法清编,清廷不仅规定每届编审之后要将文册限期奏报到户部进行审核,而且将丁数增减与地方官的政绩挂钩,对增加丁口达到一定规模的州县官员给予议叙,其目的都旨在强化人丁编审的运作机制,增加纳税人口,扩充赋税收入。

然而事与愿违,清廷推出一系列旨在增加载籍人丁的措施,收效并不显著。从本书的研究来看,顺治和康熙前期,多数州县的丁数增长异常缓慢,甚至不少州县的载籍丁额在五六十年甚至更长的时段内,一丁未增,一丁未减。究其原因,清廷的人丁编审法规是在"执法"和"守法"两方面的"合力"之下,在实质上成为具文的。

(二) 民众与地方官吏所应对的人丁编审与丁银征收

某些法律缺乏实效,是中国古代法律史的一个重要现象。瞿同祖先生指出:"研究法律自离不开条文的分析,这是研究的根据。但仅仅研究条文是不够的,我们也应注意法律的实效问题。条文的规定是一回事,法律的实施又是一回事。某一法律不一定能执行,成为具文。社会现实与法律条文之间,往往存在着一定的差距。如果只注重条文,而不注意实施情况,只能说是条文的,形式的,表面的研究,而不是活动的、功能的研究。我们应该知道法律在社会上的实施情况,是否有效,推行的程度如何,对人民的生活有什么影响等等。"[1]

法规得到有效的实施,需要国家权威的立法、各级行政机关的执法与民众的守法三个环节构成一个有机的整体,缺一不可。"法律常常是无能为力的,法在制定之初就注定不会起作用,因为立法者对法律作用寄予过高的希望,而保证有效施行法律的必要条件,如适当的初步调查、宣传、接受及执行机构的不足,则注定了法的命运。"[2]

---

① 瞿同祖:《中国法律与中国社会》,中华书局,1981,导论第 2 页。
② 〔英〕罗杰·科特威尔:《法律社会学导论》,潘大松等译,华夏出版社,1989,第 58 页。

清代法典上的人丁编审流程是："编审天下户口，责成州县印官照旧例攒造黄册，以百有十户为里，推丁多者十人为长，余百户为十甲。城中曰坊，近城曰厢，在乡曰里，各设с长。每遇造册时，令人户自将本户人丁依式开写，付该管甲长。该管甲长将本户并十户造册，送坊厢里各长。坊厢里各长将甲长所造文册攒造，送本州县。该州县官将册比照先次原册，攒造类册，用印解送本府。该府依定式别造总册一本，书名画字用印申解本布政使司。造册时，民年六十以上者开除，十六以上者增注。"① 可见，人丁编审这一制度的执行和遵守牵扯民众（既有富有产业的士绅、地主，也有缺少产业的穷苦百姓）、里甲头目（甲长、坊厢里长）、各级地方官吏（包括省府州县的各级朝廷命官以及具体处理文牍与其他行政事务的吏员、衙役）等多个社会阶层。在具体执行中，不仅广大民众抵制人丁编审，逃避丁银负担，基层执法者——里甲头目、吏役对人丁编审制度的效果也产生了负面干扰。即便是受到增丁议叙机制激励的地方官员，对人丁编审往往也持敷衍、抵触的态度。清代人丁编审制度的具文化，实为"执法"、"守法"环节自始至终实行不力的结果。

从古至今，尽管国家都一再强调人民的纳税义务，而人民却总是倾向于逃避赋税，减轻自身负担。赋税的终极基础是人民的所得（不论是货币或实物），从这个意义上来说，所有的赋税归根到底都是所得税，将人民的所得转化为政府的税收。假如人民没有收入却仍要纳税，赋税势必将侵蚀人民原有的财产。对于缺乏产业，生计无着的"门面光丁"、"赤脚光丁"而言，丁银的存在乃是其负担的一项超经济剥削，长江以北的省区丁银税额普遍较高，甚至有三四钱以上直至数两银额之多的，则更是如此。面对清廷的人丁编审，普通百姓往往采用隐匿户口、潜避他乡、诈老诈小等方式加以抵制，州县官府受当时的客观条件和行政能力制约，对此一般并无约束良

① 乾隆《钦定大清会典则例》卷三三《户部·户口下》，《景印文渊阁四库全书》第 621 册，第 19 页下栏。

策。而那些地主大户，则通过贿赂胥役降低户则、隐瞒家属人口，减轻丁银负担，尤其是其中的士绅，一方面利用合法的优免特权豁免丁银负担，另一方面积极牟取不法利益，或追求超额优免，或将亲友乡邻的人丁田产包揽诡寄于自家门下，以逃避编审和赋税征收。多数地方官员尽管征缴丁银压力不小，但顾及士绅在当地乃至省里朝中的势力和威望，以及在地方公共事务上相当程度的支配权，对于他们的上述不法行为往往是无可奈何的。

在"立法"与"守法"矛盾尖锐的情况下，如果州县基层严格依法行事，强化"执法"，那么法律的实效尚可保障。然而，封建时代的各级地方官府是小政府，官吏数量、行政能力都相当有限，固然有少数勤政的州县官员亲自下乡组织开展人丁编审，但在多数州县，具体的人丁编审和丁银征缴事务是由里甲组织的头目和衙门吏胥主持操作的。人丁编审和丁银的征缴，对胥吏和里甲头目中的良善者，是一项苦差和险差，编审时的实地调查、登记、造册、核对，无不费时费力费钱，纳税人的流动外出或刻意逃税，使里长胥役等在征缴丁银时还存在包赔代偿的风险。有的里甲头目为每年征收一次丁银，不免长途跋涉、往返劳顿，而征得的税额远远抵不上车马饭食的支出，对于士绅的逃税漏税，则更不敢加以干涉。故他们对人丁编审往往抵触甚大，往往消极应对，在编审人丁时特意向上少报、漏报，以减少日后征缴丁银的麻烦。但是，对于胥吏和里甲头目中的奸诈者来说，人丁编审和丁银征收正是其坐收渔利的良机。他们不仅将造册所需的纸笔文具、车马饭食等一干费用悉数摊派到民间，而且多方需索加派，牟取私利，令民众负担进一步加重。更有甚者，他们与士绅大户勾结起来，大肆收受贿赂，在编审人丁之际放富差贫，纵容后者脱漏丁口的违法行为，而在丁银征收时将缺额丁银转嫁给其他民众。可见无论是里甲头目与胥吏中的良善者抑或奸诈者，实质上对于人丁编审的实际效果起到的都是负面作用。

州县官员尽管受到丁额考课的督促和增丁议叙政策的鼓励，但是，这一奖惩机制本身受到多方面因素的制约。增丁议叙原本旨在督促州县官认真执行人丁编审，将隐漏人丁尽可能清理出来，但这一政策能否真正达到目的，取决于客观的社会环境和作为执法者的州县官员的政治素质。州县官增丁议叙的政策本身存在利弊，兼有正负两方面的作用。一方面，少数地方官员为求自身考课成绩优良，不顾当地民生凋残，实在人丁锐减的现状，力求在编审册上增丁，而将缺额丁银转嫁给实在人丁，甚至将老幼残疾等本不应纳入编审的民众硬充作载籍人丁，强征丁银，如前文提到的康熙初年仁和县知县范永茂即是典型之例。这种欺下媚上的举动自然使得民不堪命，往往进而引发民众的各种抗争，终究反倒落下贪酷之名，断送前程。另一方面，多数州县官员对丁额考课和增丁议叙的政策存有被动接受的消极心理。他们固然明知督促胥吏里甲拼命搜刮，尽力增加载籍丁数，可以赢得勤政之名，但他们内心也清楚，日后要根据新增丁数征缴丁银，实非轻松之事。若丁银数额难以完纳，不仅无法议叙嘉奖，还要承担拖欠税银的渎职责任。如果因丁银负担激起民变，后果更不堪设想。对其而言，"增丁议叙"的动力，远不能抵消征缴丁银的压力。因而不少地方官员并不在编审时轻易增丁，而仅是以敷衍、因循的态度对待人丁编审，"不亏原额而已"，或是仅将那些拥有产业，能够负担丁银的人丁纳入编审，既应对了上面的考课，也使广大民众的税负不致难以胜任。

还有一些官员则走得更远，干脆将朝廷颁布的人丁编审规程抛在一边，开始尝试推行"丁从地起"或"丁随粮派"。明代后期一条鞭法推行之后，即有一些南方州县尝试将丁银归入田亩内征收。明末清初战乱，部分地区虽然实在人丁锐减，但清廷为筹措军费，不准除豁逃亡人丁，仍照原额征缴丁银。地方官员基于"有逃丁，无逃地"的实况，将缺额丁银部分或全数摊入现存地亩内征收，作为权宜之计。在照粮（田地）起丁的州县，丁银名义上是独立的税收名目，实际上则成为田赋的附加税。"照粮（田地）起丁"相比传统的"照人起丁"不仅节省了人丁编审时繁重的人力财力开支，而且有效避免了穷苦人丁逃亡隐匿导致丁银缺额无征的情况，既促进了征税的公平，也提高了征税的效率，顺治、康熙年间，越来越多的州县开始改行这一方法。而在这些地方，由于载籍人丁与实际的丁壮脱钩，转而与地亩或田赋挂钩，数额随后者的增减而相应增减，有些载籍人丁因而出现了"分厘毫丝"等零尾余数，"人丁"一词的含义由此更为复杂了。

三 人丁编审和丁银征收制度在康熙、雍正之际的根本变革

康熙二十二年，清军攻取台湾，消灭了国内最后一股反清势力。随着统一战争的结束，清政权趋于稳固，整个社会进入承平时期。一方面，清廷积极鼓励开垦，兴修水利，发展农业，使社会经济迅速恢复并得以发展，载籍地亩数和人丁数持续增加；另一方面，随着战乱的结束，清廷的军事开支大为下降，且清圣祖长期力行节省国家开支，使清廷的财政状况自康熙中期起有了显著的改善，国库盈余不断增加。在此基础上，清廷形成了以满足国用为目标的赋税固定化政策，积极实施轻徭薄赋，休养生息，其财政模式由扩张型逐渐转向保守型。

康熙中期以后清廷多次推行的赋税普免，是当时清廷保守型财政模式的最佳体现。清人王庆云系统整理了康熙时期历年普免赋税的情况：

> （顺治）十一年，免六七两年逋赋，十三年免八九两年逋赋。大抵逋欠在三年以前者，辄与停免。至圣祖初年，犹沿以为例。（康熙二年免顺治十五年以前民欠。四年免十八年以前民欠。）康熙十年圣祖东巡，免跸路所经今年租。（是为巡幸蠲免之始，余不具载。）十九年以江南赋重，免十二年以前民欠。二十三年免南漕三之一。二十四年免河南、湖北今年租及来年之半，又免直隶、江南今年秋冬、明年春夏之应纳者。二十五年免直隶、四川、贵州、湖广、福建明年额赋及今年赋之未入者。次年江苏、陕西亦如之。三载之内，布惠一周。后来普免之典，

实肇于此。时海内大定，诏用兵以来钱粮未清者，皆予除洗。二十七年上南巡，免安徽去年租，及江南积欠二百余万。凡直省十七年以前逋欠漕银米麦，悉蠲除之。二十九年免山东本年地丁。三十年谕曰："各省岁运漕米，向来未经议免，时切轸怀。今储积之粟，恰足供用，应将起运漕粮逐省蠲免。"自三十一年为始，以次各蠲一。三十二年以粤、蜀、滇、黔四省边土硗瘠，民生艰苦，免明年地丁银米。三十五年免各省漕赋宿逋，以军兴免陕西明年租赋。次年免山西、甘肃明年租。三十九年免湖广、甘肃各一。（甘肃免至四十一。）四十年免江苏、甘肃明岁地丁。四十一年免安徽及秦省河西明年田租。次年免山东、河南、云南、贵州、广西、四川六省明年租，免浙江、山东又明年租。四十四年免湖南北明年租，并停带征宿负。谕嗣后蠲免新粮之年，旧欠俟次年征纳。次年又以旧欠新征，势难兼纳，普免天下逋赋三百九十余万。已入者，作本年正赋。凡民欠赋粮，阅数年即蠲免一次。其在一省一隅者，尤不可悉载。四十七年免江南、浙江人丁银六十九万，又免明年江南地丁四百七十余万，浙江二百五十余万。四十九年谕曰："朕省方巳阅七省，民俗靡不周知。而民所以未尽殷富者，良由承平日久，户口殷繁，地不加增，产不加益，食用不给，理有固然。明年为康熙五十年，原欲将天下钱粮一概蠲免。廷臣集议，恐各处兵饷，拨解驿递烦苦，自明年始，三年以内，通免一周，俾远近均沾德泽。"三年中计免天下地丁粮赋新旧三千八百余万。（案谕旨只三千二百余万，此当是合旧欠计之，与《会典》同。）浩荡之恩，实史册所未有。初，稻谷例不入蠲，而台湾有谷无银，以巡抚黄秉中请，并除之。五十二年免天下明年房地租税一年，兼除逋欠。是年免山西、河南、陕西之西安等府今年田租。五十四五年再免直隶田租。五十六年免各省屯卫带征银二百三十九万，漕项银四十九万半除之。时大仓之粟有余，诏以陈粟四百三十余万石，格外赏给官兵。（此条见御制文四集。）是举也与普免漕粮同为旷典。五十七年以西边军兴（征策妄阿拉布坦），免陕甘明年地丁一百八十余万。频年供亿大兵之地，屡有蠲免。（《事例》五十六年所免之数，与五十八年同。）案圣祖六举南巡，再诣盛京，间幸五台以及秦、豫。翠华所指，蠲减兼行，恩典尤难殚述。尝读汉文帝赐民田租诏，叹曰："蠲租乃古今第一仁政，下至穷谷荒陬，皆沾实惠。然必宫廷之上力崇节俭，然后可以行此。"（见御制文三集）又常论本朝自入关以来，外廷军国之需，与明代略相仿佛。至宫中服用，则以各宫计之，尚不及当时妃嫔一宫之数。以三十六年计之，尚不及当时一年之数。盖在宥六十余年，一以恭俭为本。①

虽然顺治年间，清廷已有数次蠲免拖欠赋税的记录，但上文笔者已经指出，这实质上并非真正意义上的轻徭薄赋，而是面对持续战乱后地荒人亡，赋税无从征收的被动之举。康熙前期，海宇未靖，蠲免对象主要仍为包荒包课形成的逋欠。而在康熙二十三年天下统一后，清廷推行了第一次全国范围内各省轮替进行的赋税普免，与以往本质上不同的是，这一轮蠲免的对象不再是历年的拖欠赋税，而是对当年应征赋税的主动蠲免。此后，在康熙三十年、四十年、五十年上下，清廷又先后三次以在全国范围普免当年或次年的应征赋税，蠲免对象以田赋为主，时常兼及丁银。此外，各种灾害蠲免、逋欠豁免及针对特定省区的赋税减免也接连不断。清廷主动频繁地推行全国性的赋税普免，无疑必须以国帑充实、国用充足为前提。清圣祖时期，清廷"轻徭薄赋"的政策除了反映在频繁主动的蠲免钱粮外，还体现在对于赋税征收制度的改进，康熙五十一年颁布"滋生人丁永不加赋"诏就是最为典型的一例。

自康熙二十三年国内战争结束后，经济恢复发展，人口日渐增多，随着荒地渐次垦殖，人地矛盾日益凸现。康熙四十八年清圣祖

---

① （清）王庆云：《石渠余纪》卷一《纪蠲免》，第 11～15 页。

曾对大臣说道："本朝自统一区宇以来，于今六十七八年矣。百姓俱享太平，生育日以繁庶。户口虽增，而土田并无所增，分一人之产供数家之用，其谋生焉能给足？孟子曰无恒产者无恒心，不可不为之筹也。"① 而与此同时，缺少产业的穷苦人丁与丁银征收制度的矛盾也越发显著。以往地多人少之时，无地壮丁可以垦种闲田荒地，在获取生计之余以收成所得缴纳丁银。而经过几十年的休养生息，各处荒地已基本开垦完毕，正如清圣祖说的"户口虽增，而土田并无所增"，生产资料的匮乏导致无地少地的穷苦人民生计发生困难，如果继续依照增长丁数不断加征丁银，如上文提到的，赋税将侵蚀他们的原有财产，加剧他们的贫困，引发更多的人丁隐匿和逃亡。清圣祖对这一点可谓洞若观火，其"滋生人丁永不加赋"诏中称："一户或有五六丁，止一丁交纳钱粮，或有九丁十丁，亦止二三丁交纳钱粮。"综合看来，在这样的背景下继续加征丁银，不仅没有必要性，而且不具备合理性和可能性。因此说，康熙五十一年的"滋生人丁永不加赋"诏，是完全基于客观环境的应时之举。

清廷推行人丁编审，除了征缴丁银，还有掌管天下户口的目的，在清代中期保甲制度完善以前，许多地方的人丁编审亦发挥着年龄核实与身份稽核等社会功能。人丁编审法规的具文化，使清廷实际掌握的载籍丁数远远低于实在数额，上述社会功能的实际效果也可想而知。清廷推行"滋生人丁永不加赋"，既旨在固定丁银额，减轻民众负担，同时也是对人丁编审制度日益具文化采取的遏制对策，"查此特欲知各省人民之实数，并非视丁加赋之意。"为实现查清全国丁数的目的，"滋生人丁永不加赋"颁行后不久，许多已实施"照田地起丁"或"照粮起丁"的地域，"滋生人丁"仍回复到了成丁的本意。但由于机制的缺陷，"滋生人丁永不加赋"后许多地方的"实在人丁"实质上变成了赋税单位和成丁的复合概念，而并非成丁男子。因而清廷通过人丁编审掌握天下户口额数的初衷，始终未曾

① 《清圣祖实录》卷二四〇，康熙四十八年十一月庚辰，第 5334 页。

实现。

经过数十载的休养生息，内地的荒地闲田大抵垦殖完毕，地亩数的稳定使清廷的田赋税额长期处于稳定的态势，而"滋生人丁永不加赋"诏的颁布，使丁银的税额也基本固定下来。清廷的财政至此大体实现了赋税定额化。丁银税额的固定，使地方官为求考绩而滥增丁额的弊端得到遏制，但并未消除丁银税负固有的不合理性。按照清廷的规定，如果在人丁编审时一户之内开除较多，而新收人丁较少，不足抵补时，"以亲族之丁多者抵补，又不足即以同里同图之粮多者顶补"。可见，抵补当差人丁时首先考虑的是血缘关系，而非经济因素，如此则丁银负担仍有可能加在穷苦百姓身上。然而，"滋生人丁永不加赋"毕竟豁免了大批"滋生人丁"的丁银负担，更为重要的是，丁银税额的固定化为雍正年间全国性的摊丁入地做好了铺垫。

在雍正年间普遍推广摊丁入地之前，南方许多州县已尝试"照粮起丁"、"丁从地起"，不仅缓解了基层官吏征缴丁银的压力，更减轻了无地少地的贫苦人丁的负担，因而得到了广大下层民众的拥护。"滋生人丁永不加赋"形成的丁银定额化进一步促进了摊丁入地在全国范围的推广。然而，丁银全数转移到土地上，增加了丁少地多的大土地所有者的纳税负担，自然引发这一阶层的强烈不满，尤其是一部分士绅，在获得功名后通过包揽诡寄等不法手段将亲族的地产纳入名下，成为田连阡陌的地主，从而也是摊丁入地首当其冲的"受害者"。摊丁入地过程中，各地发生了一些群体性冲突，当事双方主要是拥护摊丁入地的下层民众和阻挠摊丁入地的士绅地主及受其煽动者。此外，也有一些地方（如本书提到的湖北钟祥），群体性事件的发生原因则是官府不合理的丁银摊征方式。而总体上，由于顺应了时代的进步，雍正年间推广摊丁入地的进程是顺利的，效果是成功的。

摊丁入地，是中国历史上财税制度经历的一次根本变革。以往历朝历代，朝廷对地亩和人丁的税收征派始终是分开的，载籍人丁均与一定的徭役、赋税直接联系挂钩。明代中后期的赋役制度改革，首先以徭役折银雇募的方式将人丁和大部分的徭役脱离开来，在"一条鞭法"颁行后形成了田赋、丁银两套赋税征收体系。而雍正年间丁徭银摊入地亩征收，则使载籍人丁和赋税最终完全脱钩。此后的丁银，尽管名义上仍是一项独立的税收项目，但实质上乃是田赋的附加税。田赋与丁银实质上的合二为一，使税收流程大大得到简化。此外，税收有调节收入的功能。以往计丁征银，对于地多丁少的地主阶层有利，而地少丁多的贫民大众则往往承担着过度的赋税压力。摊丁入地之后，不仅士绅经济上的优免特权完全被取消，丁银完全与地亩田赋挂钩，实质上也就是与纳税人的财产状况紧密相关，减轻了无地少地百姓的纳税负担，税收的公平性自然大大提升。

虽然摊丁入地之后，人丁编审制度继续保留下来，然而其对于清廷的实际意义已远不如昔。"滋生人丁永不加赋"和摊丁入地尽管消除了地方官吏在人丁编审时的顾虑和民众对于编审的抵触，隐匿人丁的现象大为减少，但是"滋生人丁永不加赋"诏颁布之后，随着丁银的定额化，人丁本身的财政意义消退；康熙末年增丁州县官员议叙停止后，附加于人丁的政治意义消除；乾隆初年推行民数奏报制度后，人丁仅存的统计意义也变得无关轻重，"五年编审不过沿袭虚文，无裨实政"。乾隆三十七年，人丁编审这一历时日久但徒具形式的制度，最终被清廷画上了句号，只有与漕运相关的屯丁编审一直持续到清末。但是，人丁编审废除之后，出于官僚体制的行政惰性，"人丁"一词在清代后期的《赋役全书》等官方册籍档案中依然时常可见，而其含义又增添了两种，即全体男性人口与全体人口。诚然，要准确解读清代"人丁"的具体含义，唯有根据具体的语境和时代背景、具体情况等具体分析，才能做出符合历史真相的判断。

清廷的人丁编审，自顺治年间形成统一的制度规范，直到乾隆三十七年基本废止。百余年间，人丁编审制度在形式上贯彻始终，任何无正当理由未如期上报编审册籍的地方官员将面临弹劾惩处。①
然而透过表象不难发现，朝廷的立法在许多地方的实际操作中，常
常是一纸空文，形式与实质之间存在着明显的脱节。

最后，笔者要说，不仅是清代，此前历朝历代人口管理的法规
制度，实际均存在着程度不同的形式化、具文化。任何历史时期，
但凡人口与赋税或徭役直接挂钩，百姓就会千方百计地隐匿户口，
逃避赋役。凭借传统时代官府的规模和行政能力，根本无法进行准
确的人口调查。在如此情况下，官方的载籍人口，恐怕也就仅能当
作"赋税单位"看待了。

---

① 即使在摊丁入地之后，无故未按期上报人丁编审册籍的地方官员仍难免处分。如
乾隆二十六年安徽的人丁编审"题报之限已届，尚有祁门、定远、虹县、滁州等
州县编审人丁清册未据册报，致难汇合大总。所有造册迟延之祁门县知县吴嘉
善、定远县知县郑基、虹县知县李允升，滁州知州僧额多尔济、署事德宁安、现
任知州刁世昌，督催不力之徽州府知府王尚湄、凤阳府知府项樟均难辞咎，相应
开列职名详请鉴核咨参。再查寿州、灵璧、怀远、阜阳、颍上、天长、五河七州
县并泗州卫虽未造册送直，但该州卫本年秋被偏灾，现在办理灾赈，不能兼顾
迟延有因，应俟灾案办竣补造，迟延职名例得邀免。"见《题为奉旨核查安徽上
年循例编审造报新增人丁实数事》，乾隆二十七年十一月十七日傅恒等题，中国
第一历史档案馆藏，档案号：02 - 01 - 04 - 15429 - 005。

主要参考文献

一 今人研究著作

〔日〕重田德:《清代社会经济史研究》,东京:岩波书店,1975。

瞿同祖:《中国法律与中国社会》,中华书局,1981。

黄冕堂:《明史管见》,齐鲁书社,1985。

庄吉发:《清世宗与赋役制度的改革》,台湾学生书局,1985。

萧一山:《清代通史》(卷中),中华书局,1986。

刘石吉:《明清时代江南市镇研究》,中国社会科学出版社,1987。

陈支平:《清代赋役制度演变新探》,厦门大学出版社,1988。

葛剑雄:《中国人口发展史》,福建人民出版社,1991。

唐文基:《明代赋役制度史》,中国社会科学出版社,1991。

姜涛:《中国近代人口史》,浙江人民出版社,1993。

袁良义:《清一条鞭法》,北京大学出版社,1995。

刘淼:《明清沿海荡地开发研究》,汕头大学出版社,1996。

何平:《清代赋税政策研究:1644~1840年》,中国社会科学出版社,1998。

何炳棣:《明初以降人口及其相关问题:1368~1953》,葛剑雄译,三联书店,2000。

葛剑雄主编，曹树基著《中国人口史》第4卷（明时期）、第5卷（清时期），复旦大学出版社，2001。

黄仁宇：《十六世纪明代中国之财政税收》，阿风等译，三联书店，2001。

樊树志：《晚明史（1573～1644年）》，复旦大学出版社，2003。

瞿同祖：《清代地方政府》，范忠信、晏锋译，何鹏校，法律出版社，2003。

柏桦：《明代州县政治体制研究》，中国社会科学出版社，2003。

连横：《台湾通史》，广西人民出版社，2005。

常建华：《清代的国家与社会研究》，人民出版社，2006。

二　研究论文

〔日〕栗林宣夫：《一条鞭法の形成について》（《论一条鞭法之形成》），《清水博士追悼纪念·明代史论丛》，东京：大安出版社，1962。

李华：《清代前期赋役制度的改革——从"滋生人丁永不加赋"到"摊丁入亩"》，《清史论丛》第1辑，中华书局，1979。

彭云鹤：《试论清代的"摊丁入亩"制度》，《北京师院学报》1979年第3期。

樊树志：《一条鞭法的由来与发展——试论役法变革》，《明史研究论丛》第1辑，江苏人民出版社，1982。

郭松义：《清初人口统计中的一些问题》，《清史研究集》第2辑，中国人民大学出版社，1982。

郭松义：《论摊丁入地》，《清史论丛》第3辑，中华书局，1982。

〔日〕岩见宏：《均徭法、九等法和均徭事例》，《明清史国际学术讨论会论文集》，南开大学出版社，1982。

史志宏：《从获鹿县审册看清代前期的土地集中和摊丁入地改

革》，《河北大学学报》1984 年第 1 期。

陈锋：《也谈清初的人丁统计问题》，《平准学刊》第 5 辑下，光明日报出版社，1989。另见武汉大学历史系编《史学文稿》第 4 集《清代财经史专辑》，武汉大学出版社，1984。

陈桦：《清顺治十三年前编审人丁年限考》，《清史研究通讯》1984 年第 3 期。

樊树志：《"摊丁入地"的由来与发展》，《复旦学报（社会科学版）》1984 年第 4 期。

史志宏：《山西摊丁入地若干问题辨析》，《历史档案》1984 年第 3 期。

陈启汉：《广东的"摊丁入地"》，广东历史学会编《明清广东社会经济形态研究》，广东人民出版社，1985。

潘喆、陈桦：《论清代的人丁》，《中国经济史研究》1987 年第 1 期。

陈桦：《清代人丁编审初探》，中国人民大学清史研究所编《清史研究集》第 6 辑，光明日报出版社，1988。

吴慧：《清代人口的计量问题》，《中国社会经济史研究》1988 年第 1 期。

顾诚：《卫所制度在清代的变革》，《北京师范大学学报（社会科学版）》1988 年第 2 期。

刘志伟：《广东摊丁入地新论》，《中国经济史研究》1989 年第 1 期。

顾诚：《谈明代的卫籍》，《北京师范大学学报（社会科学版）》1989 年第 5 期。

史志宏：《摊丁入地的过程和各地实施中的特点》，《平准学刊中国社会经济史研究论集》第 4 集下，光明日报出版社，1989。

陈桦：《清代户口统计制度的演变》，中国人民大学清史研究所编《清史研究集》第 7 辑，光明日报出版社，1990。

陈支平：《福建省"摊丁入地"时间补订》，《清史论丛》，辽宁古籍出版社，1994。

衣保中、孙淑萍：《清代吉林地区"摊丁入地"考》，《吉林大学社会科学学报》1995年第6期。

王跃生：《十八世纪初期中国的人丁数量与人口数量变动研究》，《中国人口科学》1996年第6期。

温春来：《清代广东盐场的灶户和灶丁》，《盐业史研究》1997年第3期。

耿占军：《试析清代陕西的折丁、折田问题》，《中国农史》2000年第1期。

魏光奇：《清代直隶的差徭》，《清史研究》2000年第3期。

聂红琴：《清代前期的户籍与赋役》，《史林》2001年第1期。

李三谋：《清代"摊丁入亩"制度》，《古今农业》2001年第3期。

张伟保：《明代江西役法之改革》，（香港）《新亚学报》第21卷，2001。

李巨澜：《清代卫所制度述略》，《史学月刊》2002年第3期。

高王凌：《清代初期的人口数量和人口控制》，载氏著《政府作用和角色问题的历史考察》，海洋出版社，2002。

王丽：《山西清代摊丁入亩政策初探》，《晋阳学刊》2004年第3期。

梁方仲：《一条鞭法》，刘志伟编《梁方仲文集》，中山大学出版社，2004。

丁光玲：《清朝前期的人口增长与人口压力（1644~1820）》，（台湾）《复兴岗学报》第82期，2004。

陈光焱：《摊丁入地的税制改革》，项怀诚主编，陈光焱著《中国财政通史清代卷》，中国财政经济出版社，2006。

陈桦：《语言与历史：清代"人丁"概念的异变》，《清史研究》2006年第4期。

戴辉：《清代"摊丁入亩"政策研究》，《广西社会科学》2007

年第 2 期。

付春杨：《明代一条鞭法之兴衰——立足于法律实效的分析》，《社会科学家》2007 年第 3 期。

侯玲：《论清朝前期四川的摊丁入亩》，四川师范大学硕士学位论文，2007。

吴政台：《清顺治朝的财税政策》，（台湾）《中兴史学》第 13 期，2007。

余艳：《清初"原额人丁"的性质——以直隶和江南省为例》，华东师范大学硕士毕业论文，2007。

焦培民：《人丁"赋税单位说"质疑——清初人丁尾数问题辨析》，《河南财政税务高等专科学校学报》2009 年第 2 期。

吴海波：《清代两淮灶丁之生存环境与社会功能》，《四川理工学院学报（社会科学版）》2009 年第 5 期。

张鑫敏、侯杨方：《〈大清一统志〉中"原额人丁"的来源——以江南为例》，《清史研究》2010 年第 1 期。

三 赋役册籍

嘉靖《江西赋役纪》，《天一阁藏明代政书珍本丛刊》第 8 册，线装书局，2010。

万历《江西赋役全书》，屈万里主编《明代史籍汇刊》第 25 册，台湾学生书局，1970。

万历《重订赋役成规》，《续修四库全书》第 833 册，上海古籍出版社，2002。

泰昌《徽州府赋役全书》，屈万里主编《明代史籍汇刊》第 24 册，台湾学生书局，1970。

顺治《江南简明赋役全书》，《北京图书馆古籍珍本丛刊》第 60 册（史部·政书类），书目文献出版社，1998。

顺治《江南赋役全书》，国家图书馆藏，索书号 A03623。

康熙《顺天府通州三河县赋役全书》，国家图书馆编《明清赋役全书》第 48 册，国家图书馆出版社，2010。

康熙《浙江赋役全书》，复旦大学图书馆藏，索书号 0127。

《清康熙十一年红册底》，上海图书馆藏，索书号：线普 563742。

《康熙六十年分杭、处等十一府属清编旧额人丁滋生增益人丁总数文册》，中国第一历史档案馆藏，第 320 册。

《雍正四年分杭、处等十一府属清编旧额人丁滋生增益人丁总数文册》，中国第一历史档案馆藏，第 332 册。

《乾隆元年休宁县十三都一图编审红册》，上海图书馆藏，索书号：线普 563300 - 01。

《江宁府乾隆十年分田地人丁清册》，《国家图书馆藏清代孤本内阁六部档案》第 5 册，全国图书馆文献缩微复制中心，2003。

《浙江杭州府於潜县乾隆二十六年分清编完赋人丁庄名户口数目文册》，《国家图书馆藏清代孤本内阁六部档案》第 5 册，全国图书馆文献缩微复制中心，2003。

道光《台湾府赋役册》，台湾文献丛刊第 139 种，孔昭明编《台湾文献史料丛刊》第 1 辑，台湾大通书局，1984。

道光《归安县赋役全书》，上海图书馆藏，索书号：线普 500358。

同治《江苏赋役全书》，上海图书馆藏，索书号：线普长 54599 - 639。

光绪《苏省赋役全书》，上海图书馆藏，索书号：线普长 54640 - 69。

道光《桐庐赋役全书》，浙江图书馆藏，索书号：普 915.1249/3031。

光绪《鄞县赋役全书》，杭州图书馆藏，索书号：141 - 3450 - 21325。

清后期《瑞安县赋役全书》，杭州图书馆藏，索书号：141 - 3451 - 21326。

四　题本、奏折、揭帖

《江宁巡按毛九华揭帖》，顺治二年十一月，台北：中研院历史语言研究所编《明清史料·丙编·中》，北京图书馆出版社，2008。

《顺治三年九月漕运总督王文奎揭为编泯赋税款项杂乱吏书加派贿赇奸弊丛滋请准议行一条鞭之法》，台北：中研院历史语言研究所藏，档案号：006105。

《题为再陈清理屯丁之法以杜扰害事》，顺治十二年十月初七日交罗郎丘等题，台北：中研院史语所内阁大库藏，档案号：006952。

《少傅兼太子太傅内翰林秘书院大学士管户部尚书事官车克等谨题为清理人丁地土以裕国用事》，顺治十三年九月，台北：中研院历史语言研究所藏，档案号：089124。

《巡视两浙盐课监察御史迟日巽谨揭为汇报沿海县场商灶迭难情形仰祈睿慈鉴恤事》，顺治十六年六月，台北：中研院史语所内阁大库藏，档案号：087110－001。

《车克题加征练饷之法及严禁各官作弊事本》，顺治十八年七月初九日，故宫博物院明清档案部编《清代档案史料丛编》第4辑，中华书局，1979。

《户科给事中彭之凤为楚省扣回优免仍派于民事题本》，康熙九年闰二月三十日，中国第一历史档案馆：《康熙前期有关赋税征收御史奏章》，《历史档案》1993年第1期。

《户科给事中彭之凤为粤东扣回优免仍派于民事题本》，康熙九年闰二月三十日，中国第一历史档案馆：《康熙前期有关赋税征收御史奏章》，《历史档案》1993年第1期。

《康熙十年三月二十九日御史奏》，中国人民大学清史研究所、档案系中国政治制度史教研室合编《康雍乾时期城乡人民反抗斗争资料》上册，中华书局，1979。

《山东道监察御史迈柱奏请摊丁入亩折》，雍正元年二月初九日，中国第一历史档案馆编《雍正朝满文朱批奏折全译》，黄山书社，

1993。

《陈奏管见二条折》，雍正元年二月初十日秦国龙奏，《宫中档雍正朝奏折》第 1 辑，台北：故宫博物院，1977。

《山东巡抚黄炳奏为敬陈穷民苦累请照按地摊丁以苏积困事》，雍正元年六月初八日，《朱批谕旨》卷二三，《景印文渊阁四库全书》第 417 册，台北：商务印书馆，1986。

《直隶巡抚李维钧题为降谕允准直属各地摊丁入亩士民恭谢天恩本》，雍正二年三月十二日，中国第一历史档案馆编《雍正朝内阁六科史书·户科》(9)，广西师范大学出版社，2007。

《署江苏巡抚何天培奏为请将灶丁归并灶地征收以免苦累事》，雍正二年闰四月二十六日，《朱批谕旨》卷二十，《景印文渊阁四库全书》第 417 册。

《掌江南道事监察御史段曦奏请停止造报滋生册折》，雍正三年正月十二日，《宫中档雍正朝奏折》第 3 辑，台北：故宫博物院，1978。

《两江总督查弼纳奏报惩处滋事之闲散漕丁事折》，雍正三年三月二十一日，中国第一历史档案馆译编《雍正朝满文朱批奏折全译》上册，黄山书社，1993。

《署浙江巡抚甘国奎题请杭州、嘉兴等七府灶丁归入灶地征收丁课银两本》，雍正三年七月二十九日，中国第一历史档案馆编《雍正朝内阁六科史书·户科》第 21 册。

《护理四川巡抚印务罗殿泰题请令川省州县革除绅衿贡监人等优免之名以均徭役本》，雍正四年二月二十六日，中国第一历史档案馆编《雍正朝内阁六科史书·户科》第 25 册。

《直隶总督李绂奏报地方丁银折》，雍正四年五月初十日，《宫中档雍正朝奏折》第 5 辑，台北：故宫博物院，1978。

《大学士管户部尚书事张廷玉等题令川抚严饬各属以粮载丁革除绅士优免之弊以恤穷黎本》，雍正四年五月二十六日，中国第一历史档案馆编《雍正朝内阁六科史书·户科》第 27 册。

《詹事府少詹事伊尔敦题令各省督抚将该省丁银照数摊征地亩本》，雍正四年七月十六日，中国第一历史档案馆编《雍正朝内阁六科史书·户科》第28册。

《总理户部事务和硕怡亲王允祥等题准浙抚所请将有地仓场应征灶丁银摊入给丁荡地征收本》，雍正四年七月二十九日，中国第一历史档案馆编《雍正朝内阁六科史书·户科》第31册。

《浙江巡抚李卫奏浙江摊丁入地事》，雍正四年八月初二日，《朱批谕旨》卷174之二，《景印文渊阁四库全书》第423册。

《闽浙总督高其倬奏浙江摊丁入地事》，雍正四年九月初二日，《朱批谕旨》卷176之五，《景印文渊阁四库全书》第423册。

《河南巡抚田文镜题请丁银均摊入地银输纳本》，雍正四年九月十九日，中国第一历史档案馆编《雍正朝内阁六科史书·户科》第30册。

《总理户部事务和硕怡亲王允祥等题准河南巡抚所请丁银摊入地粮统于雍正五年始照数征收本》，雍正四年十二月初四日，中国第一历史档案馆编《雍正朝内阁六科史书·户科》第31册。

《直隶总督李绂题为查报本省丁银俱已摊入地粮之内现无绅衿优免之事本》，雍正四年十二月初六日，中国第一历史档案馆编《雍正朝内阁六科史书·户科》第31册。

《总理户部事务和硕怡亲王允祥等题江西丁银并屯丁银本年为始准摊入地银屯粮银完纳本》，雍正五年三月二十七日，中国第一历史档案馆编《雍正朝内阁六科史书·户科》第34册。

《署两江总督印务范时绎题请江苏、安徽以明年为始丁随田办以广皇仁本》，雍正五年十一月二十六日，中国第一历史档案馆编《雍正朝内阁六科史书·户科》第42册。

《总理户部事务和硕怡亲王臣允祥等题准江南丁田各办州县明年为始将丁银匀入地亩摊征本》，雍正五年十二月二十日，中国第一历史档案馆编《雍正朝内阁六科史书·户科》第42册。

《总理户部事务和硕怡亲王允祥等题准湖北武郧等府州自本年为

始丁银照通省摊匀数目征收本》，雍正七年三月初六日，中国第一历史档案馆编《雍正朝内阁六科史书·户科》第 54 册。

《广东布政使王士俊奏报琼州黎民踊跃输纳丁银折》，雍正八年十一月十五日，《雍正朝汉文朱批奏折汇编》第 19 册，江苏古籍出版社，1991。

《湖广总督迈柱雍正九年四月初一日奏》，《朱批谕旨》卷 213 之四，《景印文渊阁四库全书》第 425 册。

《湖北巡抚王士俊奏为据实密奏事》，雍正九年十二月初六日，《朱批谕旨》卷七十三之四，《景印文渊阁四库全书》第 419 册。

《湖北按察使唐继祖奏明县官失职未行定拟缘由本》，雍正十年闰五月初八日，张伟仁主编《明清档案》，台北：中研院历史语言研究所 1986，卷册：A005 - 011。

《湖北巡抚王士俊奏请丁银各归各县本》，雍正十年闰五月十三日，张伟仁主编《明清档案》，卷册：A051 - 131。

《大学士鄂尔泰奏报湖北仍行均丁之法并惩治抗粮土棍本》，雍正十年六月初七日，张伟仁主编《明清档案》，卷册：A052 - 50。

《湖广总督迈柱奏为楚北丁银挂欠无几据实陈明仰祈睿鉴事》，雍正十年七月初四日，《朱批谕旨》卷 213 之五，《景印文渊阁四库全书》第 425 册。

《湖北总督迈柱题参黄州府参革知府康忱等违例实惠绅衿派累里民请照例究追本》，雍正十年十二月初七日，中国第一历史档案馆编《雍正朝内阁六科史书·户科》第 88 册。

《大学士兼管浙江总督巡抚嵇曾筠谨题为苦乐不均等事》，乾隆二年十月二十八日，台北：中研院史语所内阁大库藏，档案号：055711 - 001。

《题为遵旨核议起运漕粮额设黄快丁请归入民赋人丁项下一同办理事》，乾隆五年七月初五日讷亲、海望等题，中国第一历史档案馆藏，档案号：02 - 01 - 04 - 13237 - 002。

《题为请除运快之牵混以免贻误事》，乾隆六年七月讷亲、海望等题，台湾中研院史语所内阁大库藏，档案号：071157。

《题为查核浙江所属州县增益人丁事会议编审要务各省悬殊请旨事》，乾隆七年三月二十五日讷亲、海望等题，中国第一历史档案馆藏，档案号：02 - 01 - 04 - 13411 - 010。

《题为遵查乾隆二十一年分安省编审人丁并应征银两数目事》，乾隆二十六年三月二十二日傅恒等题，中国第一历史档案馆藏，档案号：02 - 01 - 04 - 15347 - 001。

《题为奉旨核查安徽上年循例编审造报新增人丁实数事》，乾隆二十七年十一月十七日傅恒等题，中国第一历史档案馆藏，档案号：02 - 01 - 04 - 15429 - 005。

《直隶总督周元理为复直隶新垦地亩丁银照旧田科则征收事折》，乾隆三十八年九月十四日，中国第一历史档案馆编《摊丁入亩后新垦地亩丁银征收史料》，《历史档案》1992 年第 3 期。

《江西巡抚海成为江西新垦地亩丁银仍每五年通省均摊事奏折》，乾隆三十八年十月十三日，中国第一历史档案馆编《摊丁入亩后新垦地亩丁银征收史料》，《历史档案》1992 年第 3 期。

《闽浙总督钟音等为复福建新垦地亩俱照额定科则征收事奏折》，乾隆三十八年十月十五日，中国第一历史档案馆编《摊丁入亩后新垦地亩丁银征收史料》，《历史档案》1992 年第 3 期。

五　通志、府州县志

(一) 江南 (南直隶、江苏、安徽)

成化《重修毗陵志》、正德《姑苏志》、隆庆《仪真县志》、万历《扬州府志》、万历《宁国府志》、万历《嘉定县志》、天启《凤阳新书》、崇祯《松江府志》、崇祯《砀山县志》、顺治《徐州志》、顺治《铜陵县志》、康熙《江南通志》、康熙《邳州志》、康熙《宝应县志》、康熙《安庆府潜山县志》、康熙《贵池县志》、康熙《建德县志》、康熙《当涂县志》、康熙《繁昌县志》、康熙《庐江县志》、康熙《宿州志》、康熙《临淮县志》、康熙《滁州志》、康熙

《广德州志》、雍正《江浦县志》、乾隆《江南通志》、乾隆《长洲县志》、乾隆《昆山新阳合志》、乾隆《太平府志》、乾隆《东流县志》、乾隆《含山县志》、乾隆《广德州志》、嘉庆《海州直隶州志》、嘉庆《南陵县志》、嘉庆《泾县志》、道光《重修宝应县志》、道光《休宁县志》、道光《颍上县志》、同治《宿迁县志》、光绪《松江府续志》、光绪《溧阳县志》、光绪《吴江县续志》、光绪《嘉定县志》、光绪《江阴县志》、民国《宿松县志》、民国《泗阳县志》

（二）浙江

弘治《赤城新志》、嘉靖《宁波府志》、万历《续修严州府志》、万历《新昌县志》、万历《仙居县志》、天启《慈溪县志》、崇祯《开化县志》、顺治《龙泉县志》、康熙《浙江通志》、康熙《杭州府志》、康熙《嘉兴府志》、康熙《金华府志》、康熙《衢州府志》、康熙《仁和县志》、康熙《钱塘县志》、康熙《重修富阳县志》、康熙《重修嘉善县志》、康熙《海盐县志》、康熙《桐乡县志》、康熙《武康县志》、康熙《孝丰县志》、康熙《萧山县志》、康熙《嵊县志》、康熙《临海县志》、康熙《黄岩县志》、康熙《太平县志》、康熙《宁海县志》、康熙《天台县志》、康熙《永康县志》、康熙《浦江县志》、康熙《常山县志》、康熙《建德县志》、康熙《平阳县志》、康熙《青田县志》、雍正《宁波府志》、乾隆《浙江通志》、乾隆《平湖县志》、乾隆《安吉州志》、乾隆《长兴县志》、乾隆《诸暨县志》、乾隆《慈溪县志》、乾隆《余姚志》、乾隆《鄞县志》、乾隆《遂昌县志》、乾隆《瑞安县志》、乾隆《重修景宁县志》、乾隆《宣平县志》、嘉庆《太平县志》、嘉庆《义乌县志》、嘉庆《武义县志》、道光《昌化县志》、道光《东阳县志》、光绪《归安县志》、光绪《上虞县志》、光绪《宁海县志》、光绪《永嘉县志》、光绪《乐清县志》、民国《新昌县志》、民国《象山县志》

（三）其他省区

万历《南昌府志》、雍正《江西通志》、乾隆《三河县志》、咸丰《济宁直隶州志》、康熙《麻城县志》、乾隆《襄阳府志》、乾隆《枣阳县志》、光绪《沔阳州志》、光绪《罗田县志》、乾隆《乐亭县志》、康熙《台湾府志》（周元文等修）、康熙《凤山县志》、乾隆《台湾府志》（范咸重修）、乾隆《台湾府志》（余文仪续修）、乾隆《重修凤县志》、乾隆《澎湖纪略》、同治《重纂福建通志》、同治《淡水厅志》

六　官修典籍

历代《明实录》，台北：中研院历史语言研究所，1962 年影印本。

（明）李东阳等撰，申时行等重修：《大明会典》，中华书局，1989 年影印本。

（明）杨鹤：《两浙订正鹾规》，《北京图书馆古籍珍本丛刊》第 58 册，书目文献出版社，1998 年影印本。

（明）施沛：《南京都察院志》，《四库全书存目丛书补编》第 73 册，齐鲁书社，1996 年影印本。

（清）张廷玉等：《明史》，中华书局，1974 年影印本。

历代《清实录》，中华书局，1985～1986 年影印本。

《清代起居注册·康熙朝》，台北故宫博物院藏，台北：联经出版事业公司，2009 年影印本。

《乾隆朝上谕档》，档案出版社，1997 年影印本。

《大清五朝会典》，线装书局，2006 年影印本。

《清会典事例》，中华书局，1991 年影印本。

《钦定大清会典则例》，《景印文渊阁四库全书》第 620～625 册，台北：商务印书馆，1986 年影印本。

《清朝文献通考》，《景印文渊阁四库全书》第 632 册。

（清）沈之奇：《大清律辑注》，法律出版社，2000。

马建石、杨育棠主编，吕立人等编撰《大清律例通考校注》，中国政法大学出版社，1992。

（清）李卫等：《敕修两浙盐法志》，台湾学生书局，1966 年影印本。

（清）方观承等：《敕修两浙海塘通志》，《故宫珍本丛刊》第 236 册，海南出版社，2001 年影印本。

（清）潘世恩等：《钦定户部漕运全书》，《故宫珍本丛刊》第 319 册，海南出版社，2000 年影印本。

《大清光绪新法令》，清宣统年间上海商务印书馆刊行本。

七　古人文集著述

（明）何乔远：《闽书》，厦门大学历史系古籍整理研究室、古籍整理研究所《闽书》校点组点校，福建人民出版社，1994。

（明）王世贞：《弇山堂别集》，魏连科点校，中华书局，1985。

（明）何孟春：《何文简疏议》卷三《议马政疏》，《景印文渊阁四库全书》第 429 册。

《海瑞集》，陈义钟编校，中华书局，1962。

（明）庞尚鹏：《题为均徭役以杜偏累以纾民困事》，陈子龙编《明经世文编》卷三五七，中华书局，1962 年影印本。

（明）庞尚鹏：《题为厘宿弊以均赋役事》，《明经世文编》卷三五七。

（明）何瑭：《均徭私议》，《明经世文编》卷一四四。

（明）刘光济：《差役疏》，陈梦雷编《古今图书集成·食货典》卷一五一《赋役部·艺文四》，鼎文书局，1977 年影印本。

（明）章潢：《图书编·赋役版籍总论》，《古今图书集成·食货典》卷一四二《赋役部·总论五》。

（明）佚名：《征丁议》，《古今图书集成·食货典》卷一五二《赋役部·艺文五》。

（明）罗洪先：《与台省诸公论核丁》，《古今图书集成·食货典》卷一五一《赋役部·艺文四》。

（明）任源祥：《赋役议》，贺长龄编《清经世文编》卷二九，中华书局，1992 年影印本。

（明）任源祥：《问条编征收之法》，《清经世文编》卷二九。

（明）顾炎武：《天下郡国利病书》，昆山顾炎武研究会点校，上海科学技术文献出版社，2002。

（明）朱长春：《舒城县丁役申文》，《朱太复文集》卷三〇七，四库禁毁书丛刊编委会《四库禁毁书丛刊》（集部 60），北京出版社，1997 年影印本。

（明）张萱：《西园闻见录》，周骏富辑《明代传记丛刊·综录类》第 30 册，台北：明文书局，1991 年影印本。

（明）顾起元：《客座赘语》，《元明史料笔记丛刊》，谭棣华、陈稼禾点校，中华书局，1987。

（明）黄克缵：《数马集》卷七《请挈卫军疏》，《福建丛书》，江苏广陵古籍刻印社，1997 年影印本。

（明）毕自严：《度支奏议》第 1 册《堂稿四》《会议边饷条陈六款疏》，上海古籍出版社，2008 年影印本。

（清）赵宏文：《请均赋役以收民心疏》，《清经世文编》卷二九。

（清）陆世仪：《论赋役》，《清经世文编》卷二九。

（清）苏霖渤：《请编审仍照旧规疏》，《清经世文编》卷三〇。

（清）盛百二：《编审论》，《清经世文编》卷三〇。

（清）曾王孙：《勘明沔县丁银宜随粮行议》，《清经世文编》卷三〇。

（清）黄六鸿：《论编审》，《清经世文编》卷三〇。

（清）张玉书：《纪顺治间户口数目》，《清经世文编》卷三〇。

（清）张玉书：《纪顺治间钱粮数目》，《清经世文编》卷二九。

（清）盛枫：《江北均丁说》，《清经世文编》卷三〇。

（清）叶梦珠：《阅世编》，来新夏点校，上海古籍出版社，1981。

（清）李延罡补编《靖海志》卷四，台湾银行经济研究室编

《台湾文献丛刊》第 35 种，台北：中华书局，1958。

（清）魏裔介：《兼济堂文集》卷二《兴利除弊之大疏》，魏连科点校，中华书局，2007。

（清）姚文然：《姚端恪公集》卷一七《加丁末议》，《四库未收书辑刊》第 7 辑第 18 册，北京出版社，1998 年影印本。

（清）韩世琦：《抚吴疏草》卷九《题明吏承革优免丁徭银两疏》，《四库未收书辑刊》第 8 辑第 5 册。

（清）黄六鸿：《福惠全书》卷九《编审部》，《四库未收书辑刊》第 3 辑第 19 册。

（清）陆陇其：《三鱼堂文集·外集》卷一《编审人丁议》，《景印文渊阁四库全书》第 1325 册

（清）宋荦：《西陂类稿》卷三○九《请免淮徐二属缺丁详文》，《清代诗文集汇编》第 135 册，上海古籍出版社，2010 年影印本。

（清）彭鹏：《古愚心言》，《四库全书存目丛书》集部第 232 册，齐鲁书社，1997。

（清）赵申乔：《赵恭毅公剩稿》卷五《清查仁、钱二邑光丁详》，《四库全书存目丛书》集部第 244 册。

（清）赵申乔：《赵恭毅公剩稿》卷五《丁粮不宜从田起赋详》，《四库全书存目丛书》集部第 244 册。

（清）查慎行：《敬业堂诗集》，周劭点校，上海古籍出版社，1986。

（清）杨锡绂：《四知堂文集》卷一二《通筹漕运全局急宜调剂疏》，《四库未收书辑刊》第 9 辑第 24 册。

（清）赵慎畛：《榆巢杂识》，徐怀宝点校，中华书局，2001。

（清）王庆云：《石渠余纪》，王湜华点校，北京古籍出版社，1985。

（清）蒋良骐：《东华录》，林树惠、傅贵九点校，中华书局，1980。

（清）冯煦主修，陈师礼总纂《皖政辑要》，徐辰等点校，黄山书社，2005。

索　引

《东方历史学术文库》书目

1994 年度

《魏忠贤专权研究》，苗棣著

《十八世纪中国的经济发展和政府政策》，高王凌著

《二十世纪三四十年代河南冀东保甲制度研究》，朱德新著

《江户时代日本儒学研究》，王中田著

《新经济政策与苏联农业社会化道路》，沈志华著

《太平洋战争时期的中英关系》，李世安著

1995 年度

《中国古代私学发展诸问题研究》，吴霓著

《官府、幕友与书生——"绍兴师爷"研究》，郭润涛著

《1895~1936 年中国国际收支研究》，陈争平著

《1949~1952 年中国经济分析》，董志凯主编

《苏联文化体制沿革史》，马龙闪著

《利玛窦与中国》，林金水著

《英属印度与中国西南边疆（1774~1911 年）》，吕昭义著

1996 年度

　　《明清时期山东商品经济的发展》，许檀著

　　《清代地方政府的司法职能研究》，吴吉远著

　　《近代诸子学与文化思潮》，罗检秋著

　　《南通现代化：1895～1938》，常宗虎著

　　《张东荪文化思想研究》，左玉河著

1997 年度

　　《〈尚书〉周初八诰研究》，杜勇著

　　《五六世纪北方民众佛教信仰——以造像记为中心的考察》，侯
　　　　旭东著

　　《世家大族与北朝政治》，陈爽著

　　《西域和卓家族研究》，刘正寅、魏良弢著

　　《清代赋税政策研究：1644～1840 年》，何平著

　　《边界与民族——清代勘分中俄西北边界大臣的察哈台、满、汉
　　　　五件文书研究》，何星亮著

　　《中东和谈史（1913～1995 年)》，徐向群、宫少朋主编

1998 年度

　　《古典书学浅探》，郑晓华著

　　《辽金农业地理》，韩茂莉著

　　《元代书院研究》，徐勇著

　　《明代高利贷资本研究》，刘秋根著

　　《学人游幕与清代学术》，尚小明著

　　《晚清保守思想原型——倭仁研究》，李细珠著

1999 年度

　　《唐代翰林学士》，毛雷著

　　《唐宋茶叶经济》，孙洪升著

《七七事变前的日本对华政策》，臧运祜著

《改良的命运——俄国地方自治改革史》，邵丽英著

2000 年度

《黄河中下游地区东周墓葬制度研究》，印群著

《中国地名学史考论》，华林甫著

《宋代海外贸易》，黄纯艳著

《元代史学思想研究》，周少川著

《清代前期海防：思想与制度》，王宏斌著

《清代私盐问题研究》，张小也著

《清代中期婚姻冲突透析》，王跃生著

《农民经济的历史变迁——中英乡村社会区域发展比较》，徐浩
著

《农民、市场与社会变迁——冀中 11 村透视并与英国农村之比
较》，侯建新著

《儒学近代之境——章太炎儒学思想研究》，张昭君著

《一个半世纪以来的上海犹太人——犹太民族史上的东方一页》，
潘光、王健著

《俄国东正教会改革（1861～1917）》，戴桂菊著

《伊朗危机与冷战的起源（1941～1947 年）》，李春放著

2001 年度

《〈礼仪·丧服〉考论》，丁鼎著

《南北朝时期淮汉迤北的边境豪族》，韩树峰著

《两宋货币史》，汪圣铎著

《明代充军研究》，吴艳红著

《明代史学的历程》，钱茂伟著

《清代台湾的海防》，许毓良著

《清代科举家族》，张杰著

《清末民初无政府派的文化思想》，曹世铉著

2002 年度

《唐代玄宗肃宗之际的中枢政局》，任士英著

《王学与晚明师道复兴运动》，邓志峰著

《混合与发展——江南地区传统社会经济的现代演变（1900 ~ 1950）》，马俊亚著

《敌对与危机的年代——1954 ~ 1958 年的中美关系》，戴超武著

2003 年度

《西周封国考疑》，任伟著

《〈四库全书总目〉研究》，司马朝军著

《部落联盟与酋邦》，易建平著

《1500 ~ 1700 年英国商业与商人研究》，赵秀荣著

2004 年度

《后稷传说与祭祀文化》，曹书杰著

《明代南直隶方志研究》，张英聘著

《西方历史叙述学》，陈新著

2005 年度

《汉代城市社会》，张继海著

《唐代武官选任制度》，刘琴丽著

《北宋西北战区粮食补给地理》，程龙著

《明代海外贸易制度》，李庆新著

《明朝嘉靖时期国家祭礼改制》，赵克生著

《明清之际藏传佛教在蒙古地区的传播》，金成修著

2006 年度

《出土文献与文子公案》，张丰乾著

《"大礼议"与明廷人事变局》，胡吉勋著

《清代的死刑监候》，孙家红著

《〈独立评论〉与 20 世纪 30 年代的政治思潮》，张太原著

《德国 1920 年〈企业代表会法〉发生史》，孟钟捷著

2007 年度

《中原地区文明化进程的考古学研究》，高江涛著

《秦代政区地理》，后晓荣著

《北京城图史探》，朱竞梅著

《中山陵：一个现代政治符号的诞生》，李恭忠著

《古希腊节制思想》，祝宏俊著

《第一次世界大战后美国对德国的政策（1918～1929)》，王宠
波著

2008 年度

《古代城市形态研究方法新探》，成一农著

《政治决策与明代海运》，樊铧著

《〈四库全书〉与十八世纪的中国知识分子》，陈晓华著

《魏晋南北朝考课制度研究》，王东洋著

《初进大城市》，李国芳著

2009 年度

《知识分子的救亡努力——〈今日评论〉与抗战时期中国政策的
抉择》，谢慧著

2010 年度

《冷战与"民族国家建构"——韩国政治经济发展中的美国因素

（1945～1987）》，梁志著

《清末考察政治大臣出洋研究》，陈丹著

2011 年度

《周道：封建时代的官道》，雷晋豪著

《民族主义政治口号史研究（1921～1928）》，王建伟著

2012 年度

《现代中国的公共舆论——以〈大公报〉"星期论文"和〈申报〉"自由谈"为例》，唐小兵著

《卜子夏考论》，高培华著

《东方历史学术文库》稿约

一、凡向本文库提出申请，经评审通过入选的史学专著（30 万字以内为宜），均获广东省东方历史研究基金会资助，由社会科学文献出版社出版。

二、收入文库的专著，研究方向以中国近现代史（1840～　）、世界近现代史为主，兼及历史学其他学科。

三、文库的学术追求是出精品。入选文库的专著，为有较高水平，或解决重大课题，或确立新观点，或使用新史料，或开拓新领域的专题研究成果；尤欢迎博士论文，但须经过至少一年的修改。

四、入选专著，必须遵守学术著作规范，须有学术史的内容和基本参考书目，引文、数据准确，注释规范，一律采取页下注。请勿一稿两投。

六、申请书稿应为已达到出版要求的齐、清、定作品，申请人须提供两份作品纸文本。申请书稿、申请表均不退还。

七、每年 3 月 1 日至 4 月 30 日为该年度申请受理时间。9 月，评审结果通知申请者本人。

八、欲申请者，可函索申请表，并提供作品题目、作者简介及联系方式。

联系地址：北京市西城区北三环中路甲 29 号院 3 号楼华龙大厦 B 座 1407#

邮编：100029

电话：010 - 59367256

电子信箱：jxd@ ssap. cn

联系人：王珏

图书在版编目（CIP）数据

清代人丁研究/薛理禹著. —北京：社会科学文献
出版社，2014.8
（东方历史学术文库）
ISBN 978 - 7 - 5097 - 6229 - 5

Ⅰ.①清… Ⅱ.①薛… Ⅲ.①农业税 - 税收制度 -
经济史 - 研究 - 中国 - 清代 Ⅳ.①F812.949

中国版本图书馆 CIP 数据核字（2014）第 146797 号

·东方历史学术文库·
清代人丁研究

著　　者／薛理禹

出 版 人／谢寿光
出 版 者／社会科学文献出版社
地　　址／北京市西城区北三环中路甲 29 号院 3 号楼华龙大厦
邮政编码／100029

责任部门／近代史编辑室　（010）59367256　　　　责任编辑／宋　超
电子信箱／jxd@ ssap. cn　　　　　　　　　　　　责任校对／李佳佳
项目统筹／宋荣欣　　　　　　　　　　　　　　　　责任印制／岳　阳
经　　销／社会科学文献出版社市场营销中心　（010）59367081　59367089
读者服务／读者服务中心（010）59367028

印　　装／北京季蜂印刷有限公司
开　　本／787mm×1092mm　1/16　　　　　　　印　张／20.5
版　　次／2014 年 8 月第 1 版　　　　　　　　　　字　数／281 千字
印　　次／2014 年 8 月第 1 次印刷
书　　号／ISBN 978 - 7 - 5097 - 6229 - 5
定　　价／69.00 元